RITA ROSENMAYER

DIDEROT

OBRAS VI

O ENCICLOPEDISTA

HISTÓRIA DA FILOSOFIA II

Coleção Textos

Dirigida por:

João Alexandre Barbosa (1937-2006)
Roberto Romano
Trajano Vieira
João Roberto Faria
J. Guinsburg

Equipe de realização – Preparação de texto: Luiz Henrique Soares; Revisão: Marcio Honorio de Godoy; Ilustrações: Rita Rosenmayer; Projeto de capa: Adriana Garcia; Produção: Ricardo W. Neves, Sergio Kon e Raquel Fernandes Abranches.

DIDEROT

OBRAS VI
O ENCICLOPEDISTA

ꕤ

HISTÓRIA DA FILOSOFIA II

J. GUINSBURG E ROBERTO ROMANO
Organização

NEWTON CUNHA
Prefácio, Tradução e Notas

PERSPECTIVA

Dados Internacionais de Catalogação na Publicação (CIP)
(Câmara Brasileira do Livro, SP, Brasil)

Diderot, Denis, 1713-1784.
Diderot: obras VI: o enciclopedista: história da filosofia II / Denis Diderot; J. Guinsburg e Roberto Romano, organização; Newton Cunha, prefácio,tradução e notas. – São Paulo: Perspectiva, 2009. – (Coleção textos; 12)

Título original: Enciclopédie.
Bibliografia.
ISBN 978-85-273-0877-9

1. Diderot, Denis, 1713-1784 2. Filosofia – História
I. Guinsburg, J. II. Romano, Roberto. III. Cunha, Newton.
IV. Título. V. Série.

09-10052 CDD-109

Índices para catálogo sistemático:

1. Filosofia: História 109

EDITORA PERSPECTIVA S.A.

Av. Brigadeiro Luís Antônio, 3025
01401-000 São Paulo SP Brasil
Telefax: (11) 3885-8388
www.editoraperspectiva.com.br

2009

SUMÁRIO

* A repetição do subtítulo está de acordo com o original francês (N. da E.).

3

NOTA DOS ORGANIZADORES

A *Encyclopédie* foi, sem nenhuma dúvida, um dos mais importantes empreendimentos intelectuais do século XVIII e suas influências se fizeram sentir em toda a história posterior. Por essa razão, a editora Perspectiva tem editado os verbetes que Diderot, além de figurar como seu principal mentor e organizador, para ela escreveu, sozinho ou em coautoria.

Entre os textos por ele elaborados, selecionamos aqueles que, em dois volumes, constituem a *História da Filosofia*, tanto por seu mérito intrínseco quanto por sua permanente atualidade.

Se no primeiro volume encontramos a própria concepção que Diderot empresta à filosofia e ao ofício do filósofo, assim como a maior parte do pensamento da Antiguidade, neste aqui se completa a apresentação dos principais pensadores gregos (Platão, Sócrates e Heráclito), cujas ideias se desdobram em análise e comentários a respeito dos modernos, como, entre outros, Copérnico, Bacon, Galileu, Hobbes, Descartes, Leibniz, Spinoza e Thomasius.

Percuciente, fino, irônico, combativo, e, acima de tudo, devotado à ideia do Iluminismo e da justiça social, Diderot encarna, na plena acepção, a figura do Filósofo, como foi, efetivamente, chamado e conhecido em seu tempo.

R. Romano e J. Guinsburg

CRONOLOGIA

1713 Nasceu em Langres, em uma família de artesãos abastados (o pai é mestre cuteleiro).

1726 Destinado pela família à carreira eclesiástica, estudou com os jesuítas, em Langres, e foi tonsurado.

1726 Prossegue os estudos em Paris, no colégio de Harcourt.

1732 Recebe o grau de bacharel em Artes pela Universidade de Paris.

1742 Trava amizade com Jean-Jacques Rousseau e Grimm.

1743 Casa-se com Anne-Toinette Champion, contra a vontade do pai.

1746 O editor Lebreton contrata-o para traduzir a *Cyclopaedia* de Chambers.

1747 É encarregado, com d'Alembert, de dirigir a redação da *Encyclopédie* (Enciclopédia).

1749 É detido e encarcerado em Vincennes por causa da publicação de *Lettre sur les aveugles* (Carta Sobre os Cegos).

1751 Sai o primeiro volume da *Enciclopédia*. Entre os seus verbetes mais célebres e de grande repercussão pública figura o artigo sobre a "Autoridade Política". Publica

Lettre sur les sourds et muets (Carta Sobre Surdos e Mudos) e suas *Additions* (Adições).

1753 Nascimento da filha, Marie-Angélique.

1756 Liga-se a Sophie Volland.

1757 Aparece o tomo VII da *Enciclopédia*. O artigo "Genebra" provoca vivos protestos do partido devoto e o rompimento com Rousseau.

1758 Aparece *De la poésie dramatique* (Da Poesia Dramática), cujo capítulo final discorre sobre "Autores e Críticos".

1759 A *Enciclopédia* é condenada como subversiva pelo Parlamento. O rei revoga a licença de impressão e ordena a queima dos sete volumes publicados. O Papa coloca a obra no *Index*. Os manuscritos em poder do Enciclopedista são apreendidos, mas seu amigo Malesherbes, chefe da polícia, os esconde em sua casa. Diderot lança-se à crítica de arte, iniciando *Les Salons* (Os Salões), série de nove ensaios publicados até 1781.

1760 Possível início da composição de *Jacques le fataliste* (Jacques, o Fatalista), cuja redação parece ter se estendido, intermitentemente, até 1780.

1761 Julga-se que neste ano ou em 1762, Diderot começou a redigir *Le Neveau de Rameau* (O Sobrinho de Rameau), obra cujo término é situado entre 1775 e 1776.

1762 Edição de *Éloge de Richardson* (Elogio a Richardson).

1765 Os dez últimos tomos da *Enciclopédia*, impressos secretamente na Holanda, aparecem com endereço falso. Catarina II compra a biblioteca de Diderot, para que ele possa prover o dote de casamento da filha.

1766 Término do *Salão de* 1765, que inclui o escrito intitulado "Fragonard" e os "Essais sur la peinture" (Ensaios Sobre a Pintura), editados separadamente em 1795.

1769 Composição do *Entretien entre d'Alembert et Diderot* (Diálogo entre d'Alembert e Diderot), do *Rêve de d'Alembert* (O Sonho de d'Alembert) e dos *Principes philosophiques sur la matière et le mouvement* (Princípios Filosóficos Sobre a Matéria e o Movimento). “Regrets sur ma vieille robe de chambre” (Lamentações sobre Meu Velho Robe), fragmento do *Salão de* 1767, é divulgado pela *Correspondance littéraire.*

1771 A *Correspondance littéraire* difunde o *Entretien d'un père avec ses enfants* (Colóquio de um Pai com Seus Filhos).

1772 Aparece *Sur les femmes* (Sobre as Mulheres). Conclusão de *Ceci n'est pas un conte* (Isto não é um Conto) e *Mme de La Carlière*. Primeira versão do *Supplément au Voyage de Bougainville* (Suplemento à Viagem de Bougainville). Edição de *Traité du beau* (Tratado Sobre o Belo).

1773 Esboça o *Paradoxe sur le comédien* (Paradoxo sobre o Comediante), viaja para a Rússia e para a Holanda.

1774 Delineia o *Entretien d'un philosophe avec Mme la maréchale* (Colóquio com a Marechala).

1784 Diderot morre em Paris, no dia 30 de julho.

PREFÁCIO

Se no início de sua vida como filósofo Diderot aceitou o deísmo de proveniência inglesa, tal como o de Anthony Shaftsbury, já a partir de sua *Carta sobre os Cegos* (1749) assumiu uma concepção claramente materialista do universo e da vida, ao mesmo tempo em que passou a depositar uma crescente fé na educação laica e na difusão do pensamento filosófico-cientifico, incluindo-se aqui a vulgarização dos saberes como antídoto às superstições religiosas, ao autoritarismo e à submissa ignorância política. Na qualidade de humanista e raro polímata, encontrava-se bastante familiarizado com as artes (tanto as belas artes quanto as artes aplicadas e mecânicas) e as ciências de seu tempo. Circunstância esta que lhe permitiu escrever, por exemplo, *Reflexões sobre a Interpretação da Natureza* (Pensées sur l'intérpretation de la nature), *O Sonho de d'Alembert* (Le Rêve de d'Alembert) e *Elementos de Fisiologia* (Éléments de physiologie), obra na qual antecipa, ainda que intuitivamente, certas concepções de Lamarck e de Darwin.

Sua maior contribuição, entretanto, dado o gigantismo do empreendimento, o modelo consagrado e a repercussão histórica alcançada, foi, sem dúvida, a concepção e a direção da Enciclopédia, ao lado de d'Alembert (a respeito das peripécias de sua realização e importância, há uma descrição concisa no primeiro volume desta série consagrada à *história da filosofia*). O empreendimento acabou por se tornar uma espécie de símbolo do Iluminismo, movimento que se disseminou internacionalmente. E se o fez com mais evidência nos países europeus, nem por isso deixou de influenciar as mudanças políticas e sociais das Américas.

Paul Hazard, autor de obras sobre a construção europeia do período moderno – *A Crise da Consciência Europeia* e *O Pensamento Europeu do Século* XVIII –, relata-nos, neste último, uma anedota criada por Voltaire a respeito do Dicionário Raciocinado, que não se aplicaria apenas ao cidadão do Terceiro Estado, mas igualmente aos bem-nascidos e poderosos. Diz o historiador:

> Como Luís XV ceava no Trianon com um pequeno e escolhido grupo, falava-se de caça e, logo, de pólvora para tiro. Aperceberam-se de que ninguém conhecia ao certo do que se compunha essa pólvora. Madame de Pompadour não sabia de onde vinha o *rouge* com que avermelhava as faces, nem como se fabricavam as meias de seda que ela mesma calçava. Ora, uma ignorância destas tem remédio; faz-se um sinal e os criados trazem os tomos da Enciclopédia. Informam-se sobre a pólvora, o *rouge* e os ofícios de tecer meias. Em breve, todos se lançam aos volumes como as filhas de Licomédio sobre as joias de Ulisses, e logo encontram o que procuravam... Enquanto continuam a folhear os livros, diz o conde C*** em voz alta: – Sire, bem feliz sois por haver em vosso reino homens capazes de conhecer todas as artes e de as transmitir à posteridade. Tudo está aqui, desde o processo de se fazer um alfinete até o de fundir e apontar os vossos canhões, desde o infinitamente pequeno ao infinitamente grande.

Ainda segundo Hazard, deve-se lembrar que a Enciclopédia procurou transformar o modo de se compreender e agir no mundo, contribuindo, talvez com excessos de esperança, para a edificação de uma nova e justa Cidade do Homem, na qual o sentido do divino perdesse sua supremacia em favor de um sentido sociopolítico imanente. Já Darton Thomas, em *Diderot: sua Vida e Sua Obra*, assegura que um dos fatores da elevada consideração obtida foi o fato da Enciclopédia dedicar-se às mais recentes ciências e tecnologias da época:

> esses temas são tratados com o cuidado do detalhe técnico que sempre constituiu uma de suas particularidades mais impressivas – particularidade representativa de uma nova classe social e de uma nova visão sobre o homem. Este cuidado com a tecnologia contemporânea encontra um admirável exemplo no artigo de Diderot sobre a máquina de fresar.

Já no âmbito da filosofia, os ensaios, acréscimos ou subsídios de Diderot foram dedicados à exposição das ideias e sistemas dos mais importantes pensadores da cultura ocidental, reunidos nesta versão da editora Perspectiva em dois volumes.

O primeiro contempla os escritos sobre o próprio conceito da palavra e da figura do filósofo, abarcando a grande maioria dos nomes representativos da Antiguidade e os primeiros da Renascença.

Quanto a este segundo, encontramos, dispostos igualmente em ordem alfabética, os artigos referentes aos formadores da época moderna – Bacon, Copérnico, Descartes, Galileu, Hobbes, Leibniz, Locke, Malebranche, Spinoza e Thomasius, além de três dos mais consagrados filósofos gregos: Aristóteles, Heráclito e Platão. Assumindo posições indisfarçáveis, tanto Diderot quanto d'Alembert revelam aqui, mais uma vez, suas preferências ou admiração pelos antiescolásticos, pelos propositores de um método experimental, pelos defensores do empirismo, mas de um empirismo ainda confiante, aquele que não deságua no ceticismo, algo que pode ser entrevisto nas teses de Berkeley e de Hume. É também perceptível não existir para eles uma contradição radical entre o racionalismo (Descartes, Leibniz, por exemplo) e o empirismo (Galileu, Locke), o que, em outros termos, poderia tornar definitivamente antitéticas a substância pensante (*res cogitans*) ou a subjetividade, de um lado, e a matéria e a objetividade, de outro. Aliás, como já sublinhou certa vez Roberto Romano:

> No entender diderotiano a matéria não é inerte, não ocorrendo descontinuidade entre vida e matéria. Todos os entes, e isto guarda bem as marcas spinozianas, tendem a perseverar em seu ser, associando-se aos outros. Esta cadeia não pode ser rompida sem danos para a unidade que rege a natureza. O automatismo é recomposição e dissolução perpétuas do elemento vital.
>
> A tendência materialista, em Diderot, recebe contrapeso de um impulso ideal[1]...

Daí que os modernos aqui reunidos sejam os *espíritos excelentes*, os *gênios* que anunciam com vigor, desde a Renascença, a saída de uma minoridade filosófica, pois até então eivada de aspectos teológicos e de abstrações improváveis. Justamente por tais motivos, tiveram seus nomes destacados no Discurso Preliminar da Enciclopédia. Aos olhos de ambos os organizadores, simbolizavam aqueles homens que, de modo definitivo, rompiam com o medievo, período caracterizado por inúmeros atributos negativos, já que contrários ao tribunal da razão e à conquista progressiva do conhecimento e ao domínio da realidade natural.

A título de ilustração, percebe-se que para os redatores da Enciclopédia o que os atrai em Bacon é a sugestão de um novo método reformulador do *Organon* de Aristóteles (compilado na Idade Média), no qual não apenas se criticam os antigos dogmas (*ídolos*), como se propõe um caminho indutivo gradualmente submetido a provas. Quanto a Descartes, também ele renova em profundidade a investigação filosófica, pois, "entre outros motivos", diz o artigo "nas escolas reinava então galimatias de entidades, de formas substanciais, de qualidades atrativas, repulsivas, expulsivas e outras não menos ridículas ou obscuras que

1. Diderot à Porta da Caverna Platônica..., *Diderot, Obras I: Filosofia e Política*, São Paulo: Perspectiva, 2000, p. 19.

esse grande homem rejeitava". Não por outros motivos, manifesta Diderot uma grande consideração por Hipócrates, discípulo de Heráclito, por ter sido ele um inovador em seu tempo, dedicando-se à observação, à comparação e à análise médico-científica. O sistema astronômico de Copérnico serve também para censurar a ingerência de concepções teológicas e de interesses institucionais na investigação livre da natureza:

> Tal sistema é hoje geralmente adotado na França e na Inglaterra, sobretudo depois que Descartes e Newton procuraram, um e outro, confirmá-lo por explicações físicas. O último destes filósofos desenvolveu, com admirável clareza e precisão surpreendente, os principais pontos do sistema de Copérnico [...].
>
> [...]
>
> Seria extremamente desejável que um país tão pleno de espírito e de conhecimentos como a Itália quisesse, por fim, reconhecer um erro tão prejudicial aos progressos da ciência, e que pensasse a respeito do mesmo modo como o fazemos na França![2]

De Galileu, diz Diderot, ao final de sua exposição:

> Devemos admirar em Galileu o filósofo, o geômetra, o mecânico e o astrônomo, a dominar tanto a teoria quanto a prática; aquele que se desvencilhou dos erros da escola antiga, o escritor mais sólido e elegante que a Itália produziu[3].

Sob outro ponto de vista, em autores como Platão, Hobbes ou Thomasius tornam-se mais evidentes dois outros aspectos importantíssimos e interligados do pensamento de Diderot. Um deles é enfatizado por Adorno (*Terminologia Filosófica*): o fato de que só se pode compreender com exatidão o iluminismo francês se a filosofia for vista em sua relação funcional com a práxis política, e não por uma autonomia a que aspiraram os grandes sistemas do racionalismo. O outro nos é lembrado por Jacó Guinsburg:

2. Cf. aqui o verbete "Copérnico (Sistema ou Hipótese de Copérnico)", p. 139 e 140.
3. Cf. aqui o verbete "Galileu", p. 190.

A virtude, que continua sendo a pedra de toque do universo moral de Diderot, é despida de sua estoica soberba antifísica, a fim de que possa integrar o ser humano. O homem perfeito, para não se converter em "uma estátua com consciência de existir", precisa aliar-se ao homem natural, Zenão a Epicuro, a razão ao instinto, a alma ao corpo[4].

Clarividente, portanto, o comentário de Diderot, segundo o qual:

> A filosofia do senhor Rousseau, de Genebra, é quase o inverso daquela de Hobbes. Um acredita que o homem natural seja bom; o outro, malvado. Segundo o filósofo de Genebra, o estado de natureza é um estado de paz; conforme o filósofo de Malmesbury, é o estado de guerra. São as leis e a formação da sociedade que tornaram o homem melhor, caso se acredite em Hobbes. Ou que o depravaram, se se crê em Rousseau [...].
>
> [...]
>
> Ambos foram exagerados. Entre os sistemas de um e de outro, existe um terceiro que talvez seja o verdadeiro: é que, embora o estado da espécie humana seja o de uma vicissitude perpétua, sua bondade e sua maldade são as mesmas; sua felicidade e seu infortúnio encontram-se circunscritos por limites que não pode ultrapassar. Todos os benefícios artificiais são compensados pelos males e todos os males naturais por outros bens[5].

Por intermédio de exemplos como esses, verifica-se que ambos os tomos consagrados à história da filosofia, pela primeira vez vertida para a língua portuguesa, evidenciam o extraordinário esforço crítico do pensamento iluminista do século XVIII.

Newton Cunha

4. Diderot: O Espírito das "Luzes", em J. Guinsburg (org.), op. cit., p. 82.
5. Cf. aqui o verbete "Hobbes", p. 228-229.

O ENCICLOPEDISTA:
HISTÓRIA DA FILOSOFIA
Parte II

Frontispício de edição da *Enciclopédia*.

Ao lado: Página de rosto da edição da *Enciclopédia*, de 1751.

ENCYCLOPÉDIE,

OU

DICTIONNAIRE RAISONNÉ

DES SCIENCES,

DES ARTS ET DES MÉTIERS,

RECUEILLI

DES MEILLEURS AUTEURS

ET PARTICULIEREMENT

DES DICTIONNAIRES ANGLOIS

DE CHAMBERS, D'HARRIS, DE DYCHE, &c.

PAR UNE SOCIÉTÉ DE GENS DE LETTRES.

Mis en ordre & publié par M. *DIDEROT;* & quant à la PARTIE MATHÉMATIQUE,
par M. *D'ALEMBERT,* de l'Académie Royale des Sciences de Paris
& de l'Académie Royale de Berlin.

Tantum series juncturaque pollet,
Tantum de medio sumptis accedit honoris! HORAT.

DIX VOLUMES IN-FOLIO,

DONT DEUX DE PLANCHES EN TAILLE-DOUCE,

PROPOSÉS PAR SOUSCRIPTION.

A PARIS, Chez
BRIASSON, *rue Saint Jacques, à la Science.*
DAVID l'aîné, *rue Saint Jacques, à la Plume d'or.*
LE BRETON, Imprimeur ordinaire du Roy, *rue de la Harpe.*
DURAND, *rue Saint Jacques, à Saint Landry, & au Griffon.*

M. DCC. LI.

AVEC APPROBATION ET PRIVILEGE DU ROY.

ARISTÓTELES E O ARISTOTELISMO[1]**.** Aristóteles, filho de Nicômaco e de Festis, nasceu em Estagira, pequena cidade da Macedônia. Seu pai era médico e amigo de Amintas, pai de Felipe. A morte prematura de Nicômaco fez com que Aristóteles fosse levado a um certo Próxeno, que se encarregou de sua educação, transmitindo-lhe os princípios de todas as artes e ciências. Aristóteles foi-lhe tão reconhecido que mandou erigir-lhe estátuas após sua morte e adotou a mesma atitude para com Nicanor, filho de Próxeno, a quem ensinou todas as artes liberais.

Não se sabe o bastante sobre o modo pelo qual passou os primeiros anos de sua juventude. Caso se creia em Epicuro, Ateneu e Elieno[2], teria sido muito mal educado por seu tutor.

1. O artigo tem por objetivo reiterar a importância do pensamento aristotélico como sistema filosófico de larga influência sobre épocas e personalidades posteriores. Quanto à autoria, tem sido atribuída, com maior probabilidade, ao abade Ivon, com modificações e acréscimos feitos por Diderot.

2. Ateneu e Elieno são do século III d.C. O primeiro é autor do *Banquete dos Sofistas* (Deipnosofistai) e o segundo da *Natureza dos Animais (*Natura animalium), *Histórias Variadas* (Variae historiae) e *Cartas Rústicas* (Epistolae rusticae).

E para confirmá-lo, dizem que, abandonado à própria sorte, dissipou seu patrimônio e abraçou o partido das armas por libertinagem. Não obtendo sucesso, foi obrigado, na sequência, e para poder viver, a fazer contrabando de cosméticos e de drogas medicinais. Mas há os que recusam o testemunho dos filósofos, conhecidos, aliás, por sua animosidade e pelos traços satíricos que pintaram de todos aqueles cujos méritos os infelicitavam. E apelam para o depoimento de Amônio, que narra o seguinte oráculo de Apolo, dado a Aristóteles: "Vai a Atenas e estuda com perseverança a filosofia; tereis mais necessidade de moderação do que de excitamento".

Era preciso que os oráculos estivessem muito ociosos para responder a perguntas semelhantes a essa.

A grande reputação que Platão adquirira levava todos os estrangeiros à sua escola. Aristóteles, portanto, veio à Academia, mas desde os primeiros dias ali se mostrou menos discípulo do que um gênio superior. Antecipava-se a todos os que com ele estudavam e, por isso, chamavam-lhe *o espírito*, ou *a inteligência*. Juntava a seus talentos naturais um ardor insaciável de saber e uma leitura permanente que lhe fazia percorrer todos os livros dos antigos. Sua paixão pelos livros ia tão longe que aceitou comprar, por três talentos[3], os livros de Spêusipos. Estrabão diz ter sido o primeiro a pensar em uma biblioteca.

Sua vasta literatura mostra-se nas muitas obras que dele nos restam. Quantas opiniões dos mais velhos não tirou do esquecimento – no qual teriam sido sepultadas –, se não as houvesse salvo, expondo-as com tanto critério quanto variedade? Seria desejável que a boa-fé demonstrada em suas argumentações igualasse sua grande erudição. Se nós nos reportarmos a Amônio, permaneceu vinte anos sob Platão, a quem honrou a memória, erigindo-lhe um altar no qual fez gravar esses dois

3. Trata-se de uma soma de vulto. O talento, moeda normalmente cunhada em prata, correspondia, à época da guerra do Peloponeso, a 6 mil dracmas, salário de um mês de toda a tripulação de um trirreme (cerca de cinquenta pessoas).

versos: *Gratus Aristóteles struit hoc altare Platoni, / Quem turbae injustae vel celebrere nefas* (Agradecido, Aristóteles erigiu este altar a Platão, a quem a turba injusta não cabe celebrar). Há outras provas de seu amor pelo mestre, entre elas a oração fúnebre que lhe compôs e mil epigramas nos quais fez justiça aos seus grandes talentos.

Mas há os que pretendem que esses testemunhos de afeição são desmentidos pelas desavenças que houve entre ambos. Com efeito, o mestre gostava de espicaçar seu discípulo; repreendia-o, entre outras coisas, pela afetação nos discursos e muita magnificência no vestir. Aristóteles, de sua parte, não cessava de fazer piadas e de provocá-lo em ocasiões possíveis. Esses desentendimentos foram tão longe que Platão deu preferência a Xenócrates, Spêusipos, Amiclas e a outros a quem melhor acolhia e com os quais não tinha segredos. Conta-se mesmo que Aristóteles aproveitou a ida de Xenócrates à sua cidade natal para cumprir uma visita a Platão, fazendo-se acompanhar por um grande número de discípulos; que aproveitou a ausência de Spêusipos, então doente, para provocar um debate com Platão, cuja idade já lhe dificultava a memória; que então lhe fez muitas perguntas sofísticas e embaraçosas; que o fez cair direitinho nas armadilhas sedutoras de sua dialética sutil, obrigando-o a deixar a arena da discussão. Acrescenta-se ainda que Xenócrates, tendo regressado de sua viagem após três meses, ficou bastante surpreso de encontrar Aristóteles no lugar do mestre e perguntou o motivo. Responderam-lhe que Platão havia sido obrigado a ceder o lugar no passeio[4]. Pois tendo ido procurar Aristóteles, encontrou-o rodeado de um grande número de pessoas muito estimadas, com as quais entretinha-se pacificamente em questões filosóficas; que Platão o saudou respeitosamente, sem transparecer nenhum sinal de espanto. Mas tendo reunido seus companheiros de estudo, repreendeu

4. *Peripátesis*, ou seja, o trajeto durante o qual as aulas e as discussões ocorriam. Daí a denominação de escola peripatética.

Spêusipos por haver deixado Aristóteles senhor do campo de batalha; que atacou Aristóteles e o obrigou a ceder, por sua vez, o lugar para o qual Platão era mais digno.

Outros dizem que Platão ficou bastante desgostoso pelo fato de, ainda em sua vida, ter Aristóteles se convertido em chefe de partido e criado no Liceu uma seita inteiramente oposta à sua. Comparava-o a essas crianças vigorosas que batem em suas amas após lhes terem sugado o leite. O autor de todas essas notícias tão desvantajosas para a reputação de Aristóteles é um certo Aristoxeno[5], cujo espírito de vingança contra o filósofo, segundo relato de Suidas[6], provinha do fato de Aristóteles ter preferido Teofrasto, designado como seu sucessor.

Não é verossímil, como, aliás, muito bem observou Amônio, que Aristóteles ousasse afastar Platão do lugar onde ensinava, para se fazer o mestre, ou que houvesse criado, durante sua vida, uma seita adversária. A grande consideração de Chabrias e de Timóteo, ambos parentes de Platão e que estiveram à frente dos exércitos atenienses, teria interrompido uma empresa tão audaciosa. Longe de ser um rebelde que se atreveu a combater a doutrina platônica, vemos que, mesmo após a morte deste, sempre falou em termos que mostram o quanto o estimava. É verdade que a seita peripatética apresenta-se bastante oposta à acadêmica, mas não se pode provar que tenha surgido antes da morte de Platão. E se Aristóteles abandonou Platão, nada fez senão gozar do direito dos filósofos: renunciou à amizade que devia a seu mestre pelo amor que se deve mais ainda à verdade. Pode ser, entretanto, que no calor da disputa não tenha sabido tratar o mestre; mas pode-se perdoá-lo, considerando-se o fogo da juventude e esta grande vivacidade de espírito que o conduzia além de limites moderados.

5. Aluno de Aristóteles e também músico, escreveu, entre vários outros textos, *Elementos de Harmonia* (Harmonika stoicheia), *Elementos de Rítmica* (Rytmika stoicheia), *Vida Pitagórica* e *Proposições Pitagóricas*.

6. Autor do século x, cujo *Dicionário da Língua Grega* traz citações literárias e informações históricas.

Ao morrer, Platão transmitiu a direção da Academia a Spêusipos, seu sobrinho. Chocado com essa preferência, Aristóteles tomou a decisão de viajar e percorreu então as principais cidades da Grécia, familiarizando-se com todos aqueles com os quais podia conseguir alguma instrução, não desdenhando nem mesmo esse tipo de gente que faz da volúpia toda a sua ocupação, e ao menos sabe agradar, embora nada ensine.

Durante suas viagens, Felipe da Macedônia, um apreciador justo dos méritos humanos, mandou buscá-lo, alegando que o destino do pensador era o de educar seu filho: "Dou menos graças aos deuses por me havê-lo dado", escreveu "do que por tê-lo feito nascer durante sua vida; acredito que por meio de seus conselhos ele se tornará digno de vós e de mim"[7]. Que honra para um filósofo ter o seu nome ligado ao de um herói como Alexandre, o Grande. E que recompensa mais lisonjeira para seus cuidados do que ouvir o jovem herói repetir frequentemente: "Devo o dia a meu pai, mas devo a meu preceptor a arte de conduzir-me; se reino com alguma glória, a ele devo todo o agradecimento".

Parece que Aristóteles permaneceu na corte de Alexandre e ali gozou de todas as prerrogativas devidas, até o momento em que o príncipe, destinado a conquistar a parte mais bela do mundo, levou a guerra à Ásia. Sentindo-se inútil, retomou então o caminho de Atenas. Lá foi recebido com grande distinção e deram-lhe o Liceu para que fundasse uma nova escola de filosofia. Embora o cuidado com os estudos o mantivesse extremamente ocupado, não deixou de participar de todos os movimentos e de todas as querelas que agitavam os diversos estados gregos. Desconfia-se que não ignorava nem mesmo a infeliz conspiração de Antipater, que envenenou Alexandre na flor de sua juventude, em meio às mais justas esperanças de assenhorear-se do mundo inteiro.

7. A citação encontra-se em Aulus Gellius, *Noctes atticae*, libro IX, sob o título *Epistula Philippi regis ad Aristotelem philosophum super Alexandro recens nato.*

Na época, Xenócrates havia sucedido Spêusipos e ensinava a doutrina de Platão na Academia. Aristóteles, que tinha sido seu discípulo enquanto vivera, tornou-se, desde então, seu rival. Esse espírito de emulação o levou a seguir um caminho diferente para a fama, dominando um território que ninguém ainda havia ocupado. Embora não pretendesse ser legislador, escreveu livros sobre leis e política, em franca oposição ao mestre. Levou em consideração o antigo método da dupla doutrina, habitual na Academia, mas com menos reserva e discrição do que os que o haviam precedido. Os pitagóricos e os platônicos tinham esse método como segredo de suas escolas, mas parece que Aristóteles desejou torná-lo conhecido, indicando publicamente a distinção que se deve fazer entre ambos os gêneros de doutrina. Daí investir sem rodeios e de modo o mais enfático contra a ideia de penas e de recompensas em outra vida. A morte, diz ele em seu Tratado da Moral[8], é de todas as coisas a mais terrível. É o fim de nossa existência e depois dela o homem não deve nem esperar o bem nem temer o mal.

Em sua velhice, Aristóteles foi perseguido por um sacerdote, que o acusou de impiedade perante os juízes. Como essa acusação podia ter consequências desagradáveis, o filósofo achou melhor retirar-se secretamente para Cálcis. Em vão seus amigos quiseram detê-lo. "Impeçamos", gritou-lhes ao partir, "impeçamos que se faça uma segunda injúria à filosofia". A primeira, sem dúvida, fora o suplício de Sócrates, que podia ser visto como mártir da unidade de Deus e da lei da natureza, se não houvesse tido a fraqueza, ao morrer, de ordenar que se sacrificasse um galo a Esculápio, para agradar seus concidadãos.

Conta-se a morte de Aristóteles de diferentes maneiras. Alguns dizem que, desesperado por não poder adivinhar a causa do fluxo e do refluxo do Euripo[9], acabou por se precipitar no desfiladeiro, dizendo essas palavras: "Já que Aristó-

8. *Etica Megala* ou *A Grande Ética*, obra em dois volumes.

9. Estreito entre a Eubeia e a Beócia, no qual existem correntes marinhas alternadas.

teles jamais pôde compreender o Euripo, que o Euripo compreenda a si mesmo". Outros relatam que, após ter suportado seu infortúnio por algum tempo, e lutado contra a calúnia, envenenou-se para acabar como Sócrates havia morrido. Outros, por fim, acham que morreu naturalmente, extenuado por longas vigílias e consumido por um trabalho duro. São as opiniões de Apolodoro, de Dioniso de Halicarnasso, de Censorino, de Laércio. Este último, para provar seu trabalho infatigável, conta que, quando se deitava para repousar, punha uma esfera de bronze na mão e a apoiava nas bordas de uma bacia, a fim de que o barulho que fizesse ao cair o acordasse. Entregou a alma invocando a causa universal, o Ser Supremo com quem iria reencontrar-se. Os estagiritas deviam muito a Aristóteles para não lhe oferecer grandes honrarias. Transportaram o corpo para Estagira e sobre seu túmulo erigiram um altar e uma espécie de templo, com seu nome, a fim de que se tornasse um eterno monumento à liberdade e a outros privilégios que Aristóteles obtivera para a cidade, de Felipe e de Alexandre. Caso se dê crédito a Orígenes (livro I, Contra Celso), Aristóteles havia dado oportunidade às censuras de impiedade que o fizeram abandonar Atenas para exilar-se em Cálcis. Em conversas particulares, não se precavia: ousava sustentar que oferendas e sacrifícios são absolutamente inúteis e que os deuses dão pouca atenção à pompa exterior que brilha nos templos. Uma consequência dessa opinião era a de que a providência não se estende às coisas sublunares. O princípio sobre o qual se apoia para sustentar um sistema tão favorável à incredulidade é este: Deus não vê e não conhece a não ser o que sempre viu e conheceu, e as coisas contingentes não são desta ordem. A Terra é o país da mudança, da geração e da corrupção e sobre ela Deus não tem poder algum. Ele se limita ao país da imortalidade, ao que é de natureza incorruptível. Aristóteles, para assegurar a liberdade do homem, cria não poder fazer melhor do que negar a providência. Seria preciso mais para armar contra si os padres do paganismo? Eles raramente perdoavam, sobretudo os que queriam reduzir seus direitos e prerrogativas.

Embora a vida de Aristóteles tenha sido bastante tumultuada, seja no Liceu, seja na corte de Felipe, o número de suas obras é prodigioso. Podemos verificar seus títulos em Diógenes Laércio e, mais corretamente, em Jérome Gémusaeus, médico e professor de filosofia na Basileia, que compôs um tratado intitulado *De vita Aristotelis et ejus operum censura*. E ainda assim não estamos certos de possuí-las todas. É provável que tenhamos perdido várias, pois Cícero cita, em suas conversações, determinadas passagens que não se encontram nas obras que sobraram. Estaríamos errados se concluíssemos, como alguns o fizeram, que nesta profusão de livros com o nome de Aristóteles, e que passa normalmente por lhe pertencer, que talvez haja algum cuja atribuição pareça duvidosa. Com efeito, seria fácil provar, caso nos déssemos a esse trabalho, a autenticidade das obras de Aristóteles pela autoridade dos autores profanos, percorrendo-se os séculos, depois de Cícero até o nosso. Mas contentemo-nos com os autores eclesiásticos. Não seria possível negar que suas obras não existissem ao tempo de Cícero, pois este autor fala de muitas delas, nomeia outras em outros livros, além dos que escreveu sobre *A Natureza dos Deuses*[10], alguns dos quais ainda permanecem entre nós. O cristianismo começou pouco tempo depois da morte de Cícero. Sigamos, pois, todos os Padres a partir de Orígenes e Tertuliano. Consultemos outros eclesiásticos, dentre os mais célebres de todos os séculos, e vejamos se as obras de Aristóteles foram por eles conhecidas.

Os escritos daqueles dois primeiros autores eclesiásticos estão repletos de passagens, de citações de Aristóteles, seja para refutá-lo, seja para contrapô-lo a outros filósofos. Tais passagens encontram-se hoje, exceto algumas, nas obras de Aristóteles. Não é natural então concluir-se que aquelas com as quais não mais nos deparamos foram retiradas de escritos

10. *De natura deorum*, escrito por volta de 44 antes da nossa era.

que não chegaram até nós? Por que, fossem as obras de Aristóteles apenas supostas, encontraríamos algumas passagens e outras não? Ter-se-iam enxertadas as primeiras para impedir que se descobrisse a falsificação? A mesma razão teria levado as demais a serem inseridas. É evidente que esta falta de certas passagens prova que as obras de Aristóteles são verdadeiramente dele. Se entre o grande número de passagens aristotélicas relatadas pelos primeiros Padres algumas foram extraídas de obras perdidas, o que impossibilitaria Cícero de mencioná-las em sua obra sobre *A Natureza dos Deuses*, retirando-as dos mesmos textos? Seria impossível ter a mínima prova do contrário, pois Cícero não citou os livros de onde as retirou.

São Justino[11] escreveu uma obra considerável sobre a física de Aristóteles; e ali reencontramos com exatidão não apenas as principais opiniões, como também numerosos fragmentos dos oito livros do filósofo. E em quase todas as outras obras de Justino, faz ele menção a Aristóteles. Santo Ambrósio e Santo Agostinho nos asseguram, em vinte trechos de suas obras, que leram os livros de Aristóteles. Eles o refutam, relatam passagens e nós vemos que tais citações se encontram nos escritos que nos chegaram, assim como que as refutações convêm perfeitamente às opiniões que eles contêm.

Vamos adiante e passemos ao século sexto. Boécio, que vivia no início daquele século, fala frequentemente dos livros que nos restam de Aristóteles e faz menção às suas opiniões principais. Cassiodoro, contemporâneo de Boécio, mas que morreu mais tarde, tendo vivido até o século seguinte, ainda é uma testemunha irreprochável das obras de Aristóteles. Faz-nos saber que havia escrito amplos comentários sobre o livro *Da Interpretação*, de Aristóteles, composto um outro tendo por tema a divisão (que se explica em lógica após a definição) e que seu amigo Boécio, a

11. Filósofo antes de se converter ao cristianismo, tornou-se apologista e morreu martirizado em 170. Autor de duas Apologias e de *Diálogo com Trifão*.

quem chama de "o magnífico", havia traduzido a *Introdução*[12], de Porfírio, as categorias de Aristóteles, seu livro sobre a interpretação e oito volumes dos *Tópicos*.

Se do sétimo século passo ao oitavo e ao nono, ali encontro Fócio[13], ao qual todos os sábios antigos e modernos elogiam. Este homem, de erudição profunda e cujo conhecimento da Antiguidade era tão vasto quanto seguro, ratifica o testemunho de São Justino e nos ensina que os livros escritos sobre a física de Aristóteles ainda existiam em sua época, tanto quanto os do próprio filósofo, e deles nos faz o resumo, palavra por palavra. Sabe-se que São Bernardo, no século XII, ergueu-se contra a filosofia de Aristóteles e fez condenar sua metafísica em um concílio. No entanto, pouco tempo depois, ela voltou a estar em voga. Pedro Lombardo, Alberto Magno e São Tomás a cultivaram cuidadosamente, como veremos na sequência. Em seus escritos, nós a encontramos quase por inteiro.

Mas a quem pareceram apócrifas as obras de Aristóteles? A uma multidão de pseudo-sábios arrogantes, que decidiram falar do que não entendem, conhecidos apenas dos que são obrigados, por seu trabalho, a falar dos bons e dos maus escritores. O autor mais respeitável a querer suspeitar de alguns livros que nos chegaram de Aristóteles foi Jâmblico[14], que rejeitou as *Categorias*. Mas os autores seus contemporâneos e os mais hábeis críticos modernos riram-se dele. Um certo Andrônico de Rodes[15], aparentemente o Hardouin[16] de sua época, também rejeitou a *Interpretação*, considerando-a suspeita. Estes são os

12. *Isagoge*, uma análise das categorias aristotélicas, de grande influência sobre o pensamento filosófico medieval.

13. Teólogo e patriarca bizantino (820-895), adversário do papa Nicolau I, e autor de *Myriobiblion, Lexicon* e *Amphilectia*.

14. Filósofo místico neoplatônico (250-328), discípulo de Plotino e autor de, entre outros, *Vida de Pitágoras* e *Mistérios dos Egípcios*.

15. Filósofo peripatético, viveu em Roma na época de Cícero.

16. Jean Hardouin (1646-1729), crítico literário, numismata e bibliotecário francês, convicto de que grande parte das obras da Antiguidade tinha sido escrita, na verdade, por monges medievais beneditinos, sob orientação

sábios sob cuja autoridade se passou a enxergar como apócrifos os livros de Aristóteles. Mas um pensador que vale mais do que todos e se mostra um juiz bastante competente na matéria é Leibniz. Permitindo-me citá-lo, eis como escreve no segundo tomo de suas Epístolas, pág. 115, da edição de Leipzig, 1738:

É tempo de voltar aos erros de Nizólio. Este homem afirmou que não possuíamos hoje os verdadeiros textos de Aristóteles. Mas acho lastimável a objeção em que se baseia, isto é, em passagens de Cícero, e com elas não soube convencer-me. É por demais surpreendente que um homem assoberbado de preocupações e encarregado de assuntos públicos, tal como Cícero o era, não tenha compreendido bem o verdadeiro sentido de algumas opiniões de um filósofo sutil, e que possa ter-se enganado, ao percorrê-las superficialmente? Que homem poderia acreditar ter Aristóteles chamado Deus de *ardor do céu*? Caso se creia em tal absurdo, deve-se concluir, necessariamente, que ele é um insensato. E, no entanto, vemos pelas obras que dele nos chegaram que Aristóteles era um gênio. Por que se quer então substituir à força, e contra a razão, um Aristóteles sábio por outro louco? É um gênero de crítica bem recente e singular este de julgar suspeitos os escritos de um autor, geralmente visto por todos como um gênio superior, em virtude de algum absurdo que nele mesmo não encontramos. Para que as obras de um filósofo tão sutil quanto profundo deixem de ser apócrifas, será necessário daqui para diante que se encontrem todos os erros e impertinências que lhe tenham sido atribuídas, seja por inadvertência, seja por malícia. É bom notar que Cícero foi o único que conhecemos a atribuir tais opiniões a Aristóteles. Quanto a mim, estou muito bem persuadido de que todas as obras que temos de Aristóteles sempre foram suas. E embora alguns as tenham visto de modo suspeito, como Jean-François Pic, Pierre Ramus, Patrizzi ou Naudé[17], não estou menos convencido de

de um certo Severus Archontius. Abria exceção apenas a textos de Homero, Heródoto, Cícero, Plínio, Virgílio, Horácio e Plauto.

17. Leibniz refere-se a Giovanni Francesco Pico, sobrinho de Pico della Mirandola, autor de tratados teológicos e de filosofia, de uma bibliografia

que os livros são verdadeiramente de Aristóteles. Vejo em todos uma ligação perfeita e uma harmonia que os une; descubro o mesmo método, a mesma sagacidade, a mesma habilidade.

Não é surpreendente que entre catorze ou quinze mil comentadores de Aristóteles não se achem alguns que, para se atribuir ares de grandes críticos e mostrar um gosto mais fino do que outros, tenham acreditado como apócrifo algum livro em particular. Mas o que podem dez ou quinze pessoas que assim pensaram contra mais de catorze mil cujas opiniões sobre a obra de Aristóteles é bem diversa? De resto, nenhum deles jamais sustentou serem todas as obras duvidosas. Cada um, segundo seu capricho ou fantasia, adotou umas e rejeitou outras. Prova de que apenas a fantasia ditou sua decisão.

Entre as mais importantes obras de Aristóteles, encontram-se aquelas sobre a arte oratória e sobre a poética. E parecem ser as suas primeiras obras, destinadas à educação do príncipe, aquela que lhe foi confiada. Ali se encontram coisas excelentes e as olhamos ainda hoje como obras-primas de gosto e de filosofia. Uma leitura assídua das obras de Homero formou-lhe o julgamento e transmitiu-lhe um gosto refinado para a literatura. Antes, ninguém jamais penetrara no coração humano, nem melhor conhecera as regiões invisíveis que o fazem mover-se. Abriu-se, pela força de seu gênio, uma rota segura até as fontes do verdadeiramente belo. E se hoje se quer dizer algo de bom sobre a Retórica e a Poética, nos vemos obrigados à repetição. Não tememos dizer que as duas obras são aquelas que lhe dão a maior honra. Seus tratados de moral vêm em seguida. O autor ali conserva o caráter

de seu tio e outra de Savanarola; Petrus Ramus escreveu duas obras contra Aristóteles: *Dialecticae partitiones* e *Aristotelicae animadversiones*; Francesco Patrizzi, neoplatônico, escreveu *Discussiones peripateticae* e *Philosophia nova*; quanto a Gabriel Naudé, trata-se do secretário de Mazarin, autor de *Proposta para se Organizar uma Biblioteca* (Avis pour dresser une bibliotèque).

de um *honnête-homme*[18], que agrada por completo. Mas, infelizmente, ele amorna o espírito, em lugar de aquecê-lo. A elas se concede apenas uma admiração estéril. Não voltamos a nos interessar pelo que já foi lido. A moral é seca e infrutífera quando tem a oferecer somente visões gerais e proposições metafísicas, mais apropriadas a ornamentar o espírito e a preencher a memória do que a tocar o coração e mudar a vontade. Tal é, em geral, o ânimo que reina nos livros de moral deste filósofo. Eis alguns de seus preceitos com o aspecto que ele lhes concede:

1. a felicidade do homem não se encontra nos prazeres, nas riquezas, nas honras, no poder, nem na nobreza ou nas especulações filosóficas, e sim nos hábitos da alma que a tornam mais ou menos perfeita
2. a virtude é cheia de encantos e atrativos; assim, uma vida na qual as virtudes se encadeiem será feliz
3. embora a virtude seja suficiente por si, não se pode negar que ela encontra um apoio poderoso no favor, nas riquezas, nas honras, na nobreza do sangue, na beleza do corpo e que todas essas coisas contribuem para que ela se desenvolva e aumentam a felicidade do homem
4. toda virtude se encontra situada a meio caminho entre um ato mau por excesso e um ato mau por defeito; assim, a coragem está entre o medo e a audácia; a generosidade, entre a avareza e a prodigalidade; a modéstia, entre a ambição e o desprezo soberbo das honras; a magnificência, entre o fausto rebuscado e a poupança sórdida; a doçura, entre a cólera e a insensibilidade; a popularidade, entre a misantropia e a lisonja rasteira. De onde se pode concluir que o número de vícios é o dobro do das virtudes, pois toda virtude é vizinha de dois vícios contrários
5. distingue ele dois tipos de justiça; uma universal e outra particular. A universal tende a conservar a sociedade civil

18. Pessoa íntegra e cultivada, assim conhecida nos séculos XVII e XVIII (*Dicionário Sesc, a Linguagem da Cultura*, São Paulo: Perspectiva, 2003).

pelo respeito que inspira por todas as leis. A justiça particular, que consiste em dar a cada um o que lhe é devido, é de dois tipos: a distributiva e a comutativa. A justiça particular distributiva dispensa as responsabilidades e as recompensas, segundo o mérito de cada cidadão; tem por regra a proporção geométrica. A justiça comutativa, que consiste na troca de coisas, dá a cada um o que lhe é devido e guarda uma proporção aritmética

6. ligamo-nos por amizade a alguém ou pelo prazer da companhia ou pela utilidade que dela decorre, ou ainda pelo mérito, fundado na virtude ou na excelência de sua qualidade. Esta última causa é a de uma amizade perfeita. A benevolência não é, propriamente falando, a amizade; mas a ela conduz e, de certa maneira, a esboça.

Aristóteles teve mais sucesso em sua lógica do que em sua moral. Lá encontrou as principais fontes da arte de raciocinar, sondou o fundo inesgotável dos pensamentos do homem, desembaraçou-os e fez ver os elos que têm entre si, seguindo-os em seus desvios e contradições e, finalmente, os conduziu de volta a um ponto fixo. Pode-se ter a certeza de que, se pudéssemos alcançar os limites do espírito, Aristóteles o teria alcançado. Não é algo admirável que por meio de diferentes combinações que fez de todas as formas que o espírito usa para raciocinar, o tenha encadeado e concatenado por regras das quais não pode se afastar e assim não raciocina de modo inconsequente? Mas seu método, embora elogiado por todos os filósofos, não está isento de defeitos:

1 ele se estende em demasia e por isso desencoraja; poder-se-ia resumir em poucas páginas todo o livro das categorias e o da interpretação, pois o sentido está sempre afogado em uma exagerada abundância de palavras

2. ele é obscuro e complicado; quer que adivinhemos e que o leitor produza com ele seus pensamentos. Por hábil que sejamos, não podemos nos vangloriar de tê-lo compreendido integralmente. São testemunhas os seus *Analíticos*, nos quais

se ensina a arte do silogismo. Todos os elementos que compõem sua lógica encontram-se dispersos nos vários artigos deste dicionário. Para não importunar o leitor com repetições inúteis, julgamos melhor que ele próprio os consulte.

Passemos agora à física de Aristóteles e, para o exame que iremos fazer, tomemos por guia o célebre Louis Visès, que pôs em uma ordem metódica as diversas obras pelas quais ela se espalha. Ele começa pelos oito livros dos princípios naturais[19], que parecem antes uma compilação de diferentes memórias do que uma obra planejada. Os oito livros tratam em geral do corpo extenso, que o faz objeto da física, e, em particular, dos princípios e de tudo o que está a eles ligado, como o movimento, o lugar, o tempo e as causas. Nada é mais emaranhado do que esta longa exposição de detalhes, na qual as definições tornam as coisas menos inteligíveis do que o seriam por elas mesmas, mais claras e evidentes.

Aristóteles censura primeiramente os filósofos que o precederam, e isso de modo bastante duro; alguns por terem admitido muitos princípios; outros, por terem indicado apenas um. Para ele, são três: a matéria, a forma e a privação. A matéria é, segundo ele, o sujeito[20] geral sobre o qual a natureza trabalha, um sujeito eterno e que jamais deixará de existir. É a matriz de todas as coisas, que anela pelo movimento e deseja ardentemente que a forma venha a ele unir-se. Não se sabe ao certo o que Aristóteles entendeu por esta matéria-prima que define como: *o que não é, não é quem, nem quão grande, nem qual, nem nada pelo qual o ser é determinado*[21]. Não se referiu assim à matéria porque estava acostumado a colocar seus pensamentos

19. Sobre o Céu, Sobre a Geração e a Corrupção e Sobre os Meteoros.

20. *Sujet*, no original, forma mantida apesar de, neste caso e modernamente, usar-se o termo *fenômeno*.

21. "Chamo matéria aquilo que por si não é nem existência determinada, nem uma certa quantidade, nem uma das outras categorias pelas quais o ser é determinado... O sujeito último não é, pois, por si, nem um ser determinado, nem uma certa quantidade, nem qualquer outra categoria; ele não consiste mesmo na simples negação destas categorias, pois as negações lhe pertencem apenas por acidente" (*Met.* 1029ª, 20, 25).

em uma ordem determinada e começava a encarar as coisas de um ponto de vista geral, antes de descer ao particular? Se ele quis dizer apenas isso, ou seja, se em seu espírito a matéria-prima não tinha por fundamento senão este método de organizar as ideias ou conceber as coisas, então nada disse que não estejamos de acordo. Mas essa matéria não passa de um ser imaginário. Uma ideia puramente abstrata. Ela não existe mais do que a flor ou o homem em geral. Eis porque vemos filósofos hoje que, tomando de Aristóteles a maneira de considerar as coisas em geral, antes de passar às suas espécies e dessas aos indivíduos, sustentam friamente, e mesmo com certa obstinação, que o universal está em cada objeto particular. Que a flor, em geral, por exemplo, é uma realidade verdadeira, existindo em cada junquilho ou violeta. A outros, parece que, por *matéria-prima*, Aristóteles chamava não apenas o corpo em geral, mas u'a massa uniforme com a qual tudo devia estar construído; uma cera obediente que ele via como o fundo comum dos corpos, como o termo derradeiro para onde retornava cada ser ao se destruir. Era o magnífico bloco de mármore do Escultor de La Fontaine: "Um bloco de mármore era tão belo / que um escultor o adquiriu. / O que dele fará, perguntou-se, o meu cinzel? / Será ele um deus, mesa ou bacia?".

Quebrai este deus de mármore, e o que restará dele? Pedaços de mármore. Quebrai a mesa ou a bacia, e ainda ficarão pedaços de mármore. No fundo, tudo se assemelha, pois as coisas não diferem senão por uma forma exterior. Assim acontece com todos os corpos; sua matéria é essencialmente a mesma e eles se diferenciam pelo aspecto, pela quantidade, pelo repouso ou movimento, coisas todas acidentais. Esta ideia, que devemos a Aristóteles, pareceu tão atraente a todos os filósofos, antigos e modernos, que muitos a adotaram. Mas essa ideia de uma matéria geral, para a qual retornam todos os corpos em última decomposição, é desmentida pela experiência. Se fosse verdadeira, eis o que deveria acontecer: como o movimento faz surgir desta cera um animal, um pedaço de madeira ou a massa do ouro, ao cessar e tirar-lhes a forma passageira deveria fazê-los retornar à cera original. Empédocles, Platão, Aristóteles e os escolásticos o afirmam, mas a coisa não funciona assim. Os corpos organizados se dissolvem em massas diversas de pele, de pelo, de carne, de osso ou de corpos misturados. O corpo misto decompõe-se em água, areia, sal, terra. Mesmo com os dissolventes mais fortes e o fogo mais vivo não conseguireis fazer com que esses corpos simples se modifiquem. A areia permanece areia, o ferro permanece ferro e o ouro depurado não muda mais. A terra morta será sempre terra e após todas as provas e esforços imagináveis vós os encontrareis ainda como antes. A experiência não vai adiante: os elementos são, cada um em separado, obras admiráveis que não podem mudar, a fim de que o mundo, que deles é composto, possa, por suas misturas, transformar-se e continuar, apesar disso, durável como os princípios que formam a sua base.

Para a forma, que é o segundo princípio de Aristóteles, ele a vê como substância, ou seja, um princípio ativo que constitui os corpos e sujeita, por assim dizer, a matéria. Disso se segue que deve haver tantas formas naturais que nascem e morrem quanto os corpos primitivos e elementares. Para a privação, diz o filósofo, ela não constitui uma substância; é até mesmo uma espécie de nada. Com efeito, todo corpo que recebe uma forma não devia, anteriormente, tê-la. E pode até mesmo existir uma que lhe seja absolutamente contrária. Assim, os mortos se tornam vivos e os vivos, mortos.

Estabelecidos estes três princípios, Aristóteles passa à explicação das causas, que trata de modo bem distinto, mas quase sem falar da primeira causa, que é Deus. Alguns aproveitaram essa ocasião – tanto da definição que dá de natureza, quanto do poder que a ela atribui – para dizer que ele desconhecia essa primeira causa. Mas nós justificaremos seu ateísmo na sequência do artigo.

Segundo ele, a natureza é um princípio efetivo, uma causa plena, que torna os corpos onde ela reside capazes, por si mesmos, de movimento e de repouso. O que não se pode dizer dos corpos nos quais ela se encontra apenas por acidente, e que pertencem à arte. Esses nada possuem, a não ser por empréstimo e, ouso dizer, em segunda mão.

Continuemos. Todos os corpos que possuem em si aquela força, que num certo sentido não pode ser enfraquecida, e uma tendência ao movimento sempre igual, constituem substâncias dignas deste nome. Por conseguinte, a natureza é um outro princípio de Aristóteles. É ela quem produz as formas, ou melhor, que se divide e se subdivide em uma infinidade de formas, consoante as necessidades requeridas pela matéria. Isto merece uma atenção particular e permite ao filósofo explicar todas as mudanças que acontecem com os corpos. Não há nenhum que esteja perfeitamente em repouso, pois não há nenhum que não faça esforço para se movimentar. De lá ele conclui que a natureza inspira não se sabe que necessidade à matéria. Efetivamente, não depende dela receber esta ou aquela forma, pois sujeita-se a receber todas as que se apresentem e se sucedam em uma ordem determinada e em certa proporção. Nisso reside aquela famosa enteléquia, que muito embaraçou os comentadores e que fez os escolásticos dizerem tantas extravagâncias.

Após ter explicado qual é a causa eficiente, qual é o princípio de toda a força que se acha difundida no universo, Aristóteles vai adiante e procura desenvolver a reflexão sobre o que é o movimento. Vê-se que faz esforço de gênio, mas eles terminam em uma definição muito obscura, e até mesmo famosa por sua obscuridade. Quanto mais avança, mais Aristóteles abarca elementos: o finito e o infinito, o vácuo e os átomos, o espaço e o tempo, o lugar e os corpos que ali se encontram. Tudo se apresenta aos seus olhos de observador. Nada confunde; uma proposição leva a outra e, ainda que de modo rápido, sempre se percebe uma espécie de liame.

A doutrina compreendida nos dois livros *Sobre a Geração e a Corrupção* prende-se àquilo que já expusemos de seus princípios. Antes de Sócrates, acreditava-se que nenhum ser pereceria e que não reproduziria um outro; que todas as mudanças que ocorressem nos corpos seriam apenas novos arranjos, uma nova distribuição das partes de matéria que compõem os corpos. Admitiam-se no universo apenas acréscimos e reduções, reuniões e divisões, misturas e separações. Aristóteles rejeitou todas essas ideias, embora simples e, por isso, verossímeis, e estabeleceu uma geração e uma corrupção propriamente ditas. Reconheceu que novos seres se formavam no seio da natureza e que, por sua vez, também desapareciam. Duas coisas o conduziram a este pensamento. Uma, o imaginar que a matéria é algo de igual e constante em todos os corpos ou sujeitos, e que os tais corpos, como já observamos, só se diferenciam pela forma, vista então como sua essência. A outra pretendia que os contrários nascem dos contrários, como o branco do negro. Donde se segue que a forma do branco deve ser aniquilada antes que a do negro se estabeleça. Para finalizar o esclarecimento deste sistema, acrescentarei ainda duas observações. A primeira é que a geração e a corrupção não têm nenhuma relação com as outras modificações dos corpos, como o crescimento e o decréscimo, a transparência, a durabilidade, o caráter de liquidez. Em todas essas modificações, a primeira forma não se apaga, embora se possa diversificar ao infinito. A outra observação segue-se da anterior. Como todo o jogo da natureza consiste na geração e na corrupção, não há senão corpos simples e primitivos que sejam sujeitos. Apenas eles recebem as novas formas e passam por metamorfoses inumeráveis. Todos os demais corpos são misturas ou entrelaçamentos dos primeiros. Embora nada seja mais quimérico do que este aspecto do sistema de Aristóteles, foi ele o que mais surpreendeu os escolásticos, dando lugar às suas expressões bárbaras e ininteligíveis. Dali nasceram as formas substanciais, as entidades, as modalidades, as intenções reflexas e todos os termos que, não despertando qualquer ideia, perpetuam inutilmente as disputas e o desejo de discuti-las.

Aristóteles não se fecha em uma teoria geral, mas desce a um grande número de explicações da física particular. E pode-se dizer que ali dispõe a matéria e faz mais observações do que em todo o resto, não se deixando levar pela imaginação. Nos quatro livros dos Meteoros, conforme a judiciosa opinião do padre Rapin, ele explicou mais os efeitos da natureza do que todos os filósofos modernos em conjunto. Esta abundância concede-lhe certo mérito e, certamente, desculpas. À parte todos os erros que lhe escaparam na falta de experimentos e de algumas descobertas com que o acaso presenteou os modernos, percebe-se que ele acompanha o fio da natureza e adivinha coisas que, certamente, lhe eram desconhecidas. Por exemplo, detalha com muita habilidade tudo o que diz respeito aos meteoros aquosos, como a chuva, a neve, o granizo e o orvalho, e dá uma explicação engenhosa do arco-íris, que não se distancia muito daquela de Descartes. Define o vento como corrente de ar e menciona que sua direção depende de uma infinidade de causas externas e pouco conhecidas então. O que impede, diz ele, de dar-lhe um sistema geral.

Pode-se relacionar com a física particular o que o filósofo publicou sobre a história dos animais. Eis aqui o julgamento favorável que lhe deu o senhor Buffon[22] em seu primeiro discurso sobre a *História Natural*:

> A história dos animais de Aristóteles talvez seja, ainda hoje, o que de melhor temos no gênero. E seria desejável que nos houvesse deixado algo tão completo sobre os vegetais e os minerais; mas os dois livros sobre as plantas que alguns lhe atribuem não se parecem com aquela obra e, com efeito, não são dele (veja-se o comentário de Scaliger[23]).

22. Georges Louis Leclerc, conde de Buffon, autor de *Histoire Naturelle*, contendo 36 volumes, publicados entre 1749 e 1778.

23. Jules César Scaliger, erudito de origem italiana (1484-1558), autor de, entre outros, *De causis linguae latinae, Poetices* e *Theoprasti de causis plantarum comentarii.*

É verdade que a botânica não tinha importância em seu tempo. Os gregos e os romanos não a viam como uma ciência que deveria existir por si mesma. Consideravam-na apenas com relação à agricultura, à jardinagem, à medicina ou mesmo às artes. E embora Teofrasto, discípulo de Aristóteles, conhecesse mais de quinhentos tipos de plantas, e que Plínio cite mais de mil, eles se referem a elas para nos ensinar a cultivá-las, ou para dizer que entram na composição de drogas, são de uso nas artes ou ornamentam os jardins. Em uma palavra, as consideram pela utilidade que se possa obter e não se prendem muito a uma exata descrição.

A história dos animais era-lhes mais conhecida do que a das plantas. Alexandre deu ordens e fez gastos consideráveis para reunir animais e trazê-los de todos os países, permitindo a Aristóteles observá-los. Parece, por sua obra, que ele os conhecia melhor e, sob aspectos gerais, mais do que os conhecemos hoje. Enfim, embora os modernos tenham juntado suas descobertas às dos antigos, não vejo obras modernas sobre história natural que possamos considerar superiores às de Aristóteles e Plínio. Mas como a prevenção natural que se tem pelo século em que se vive poderia levar à crença de que avanço temerariamente, farei em poucas palavras uma exposição do plano da obra de Aristóteles.

Ele começa sua história dos animais por estabelecer diferenças e semelhanças gerais entre os vários gêneros, em lugar de dividi-los por pequenas características particulares, como o fazem os modernos. Relaciona historicamente todos os fatos e observações a respeito de relações gerais e caracteres sensíveis. Extrai esses caracteres da forma de seus membros, da cor, do tamanho e de todas as qualidades aparentes da totalidade do animal, tanto quanto da quantidade e da posição de suas partes, da dimensão, do movimento e forma dos membros; também das relações de semelhança ou de diferenciação que se encontram nas partes comparadas, dando sempre exemplos para melhor se fazer entendido. Considera também as diferenças dos animais por seus modos de vida, suas ações, hábitos e moradas, além das partes que lhe são comuns e essenciais, das que podem faltar e, efetivamente, faltam a muitas espécies.

O sentido do tato, diz, é a única coisa que se deve observar como necessária e que não pode faltar a nenhum animal. E como esse sentido é comum a todos os animais, não é possível dar um nome à parte do corpo na qual se encontra a faculdade de sentir. As partes essenciais são aquelas pelas quais o animal faz a sua alimentação – as que recebem, as que digerem e aquelas pelas quais se desfaz do supérfluo. Examina em seguida as variedades da geração dos animais – de seus membros e das diferentes partes que servem às funções naturais. Estas observações gerais e preliminares compõem um quadro no qual todas as partes são interessantes. E este grande filósofo diz também que as apresentou sob tal aspecto para dar um sabor antecipado do que se segue e despertar a atenção que exige a história particular do animal ou, antes, de cada coisa.

Começa pelo homem e o descreve em primeiro lugar antes talvez por ser o mais conhecido do que o mais perfeito. E para tornar sua descrição menos seca e mais atraente, procura extrair conhecimentos morais ao percorrer as relações físicas do corpo humano, indicando os caracteres dos homens pelos traços de sua fisionomia. Se se pudesse conhecer bem por meio da fisionomia, seria com efeito uma ciência muito útil a quem a adquirisse. Mas pode-se tirá-la da história natural?

Descreve pois o homem por todas as partes interiores e exteriores. E esta descrição é a única que faz de modo integral. Ao invés de descrever cada animal em particular, ele os faz serem conhecidos pelas relações que todas as partes de seus corpos têm com o corpo do homem. Quando descreve, por exemplo, a cabeça humana, ele a compara com todas as cabeças de todas as espécies conhecidas. Na descrição do pulmão humano, ele o relaciona com a história do que então se sabia dos pulmões dos animais. E faz a história daqueles que não o possuem. Quando chega às partes da geração, relata todas as variedades dos animais segundo as formas do acoplamento, da fecundação e do parto. Quando fala do sangue, historia aqueles que não o possuem. Seguindo este plano comparativo, no qual, como se vê, o homem serve de modelo, e no qual não apresenta senão as diferenças entre os animais e o homem, e de cada parte dos animais com a parte correspondente do homem, suprime toda descrição particular e evita a repetição. Acumula os fatos e não escreve nenhuma palavra inútil, incluindo, em um pequeno volume, um número enorme de fatos diversos. E não creio que seja possível reduzir ainda mais o que tinha a dizer sobre a matéria, que parece pouco suscetível desta precisão, e seria preciso um gênio como o seu para ali conservar ao mesmo tempo ordem e clareza. Esta obra de Aristóteles apresentou-se aos meus olhos como um compêndio de matérias cuidadosamente retiradas de entre milhares de volumes cheios de descrições e observações de todas as espécies. É o resumo mais sábio jamais feito, se a ciência for realmente a história dos fatos. E mesmo supondo que Aristóteles tenha retirado dos livros de seu tempo tudo o que colocou no seu, o plano da obra, sua distribuição, a escolha dos exemplos, a justeza das comparações, uma certa feição nas ideias, que chamaria de bom grado *caráter filosófico*, não deixam dúvidas de que tenha sido mais fecundo do que os livros que tenha emprestado.

Eis aqui novos dogmas. Vimos que a matéria que entra na composição de todos os corpos é a mesma, segundo Aristóteles, e que ela deve todas as formas que adota sucessivamente à combinação diferente de suas partes. Ele contentou-se em dela derivar quatro elementos – a terra, a água, o ar e o fogo – embora fosse livre para obter ainda mais. Aparentemente, acreditou que fossem suficientes para formar o que vemos. No entanto, a beleza dos céus fez-lhe suspeitar que pudessem estar compostos de algo mais bonito e formou assim a quinta-essência para construí-los. Desde sempre, os filósofos acreditam que quando inventam uma nova palavra, descobrem também uma coisa nova e o que dispõem claramente no pensamento deve, imediatamente, encontrar-se na natureza. Mas nem a autoridade de Aristóteles ou a de outros filósofos, nem a clareza de suas ideias ou a pretendida evidência de seus raciocínios nos garantem nada de real. A natureza pode ser totalmente diferente. Apesar desta reflexão, Aristóteles cria que não houvesse mais do que cinco espécies de corpos: os primeiros, que são a matéria que formam todos os corpos celestes, se movem circularmente; e os demais, dos quais são compostos os seres sublunares, têm movimento em linha reta. A quinta-essência não possui nem leveza nem peso; é incorruptível e eterna e segue em movimento igual e uniforme. Quanto aos demais quatro elementos, dois são pesados e dois, leves. Os dois primeiros descem e são empurrados em direção ao centro, e os dois outros tendem para cima e vão colocar-se na circunferência. Embora seus lugares sejam precisos e demarcados, podem, entretanto, trocá-los e, efetivamente, os trocam, dada a extrema facilidade que têm de se transformar mutuamente e de comunicarem seus movimentos.

Isso dado, Aristóteles assegura que todo o universo não é igualmente governado por Deus, embora seja ele a causa de tudo. Os corpos celestes, os que são compostos da quinta-essência, merecem seus cuidados e atenção. Mas ele não se imiscui naquilo que está abaixo da lua, daquilo que diz respeito aos quatro elementos. Toda a Terra escapa, assim, à sua providência. Aristóteles, diz Diógenes Laércio, acreditava que o poder divino regulava as coisas celestes e que as da Terra eram governadas por uma espécie de simpatia com o céu. Seguindo o mesmo raciocínio, prova-se, segundo Aristóteles, que a alma é mortal. Com efeito, não sendo Deus testemunha de sua conduta, não pode recompensá-la ou puni-la; se o fizesse, seria por capricho e sem qualquer conhecimento. Além disso, Deus não pretende misturar-se com as ações humanas. Se o fizesse, ele as preveria e o homem não seria livre. Se o homem não fosse livre, tudo estaria bem planejado na Terra. Ora, tudo o que se passa aqui em baixo é pleno de mudanças ou de variações, de males e desastres. Logo, o homem determina-se a si mesmo e Deus não lhe tem poder algum. Outra razão pela qual Aristóteles negava a imortalidade da alma, opinião que tinha com outros filósofos, era a de que nossa alma seria uma porção extraída ou destacada da divindade. Após um certo número de revoluções em corpos diferentes, ela voltava a reunir-se-lhe e ser ali absorvida, assim como uma gota de água vai reunir-se ao oceano, quando o vaso que a contém se quebra. Esta eternidade atribuída à alma era precisamente o que destruía a sua imortalidade.

As falsas ideias que Aristóteles teve sobre o movimento o conduziram a crer na eternidade do mundo. O movimento, dizia, deve ser eterno, tanto quanto o céu ou o mundo, no qual ele se encontra. Eis aqui a prova. Se houve um primeiro movimento, e como todo movimento supõe uma causa, é preciso, necessariamente, que a causa seja engendrada ou eterna, mas que estivesse antes em repouso, por causa de algum impedimento. Ora, de qualquer maneira segue-se daí um absurdo. Pois se o primeiro movimento é criado, ele o é pelo movimento, o qual será, portanto, anterior ao primeiro. E se estivesse antes em repouso eterno, o obstáculo não poderia ter sido retirado sem movimento, o qual seria, de novo, anterior ao primeiro. A esta razão Aristóteles acrescenta muitas outras para provar a eternidade do mundo. Sustentava que Deus e a natureza não seriam sempre o que há de melhor se o universo não fosse eterno, pois Deus, tendo julgado desde sempre que o arranjo e a ordem do mundo eram um bem, ele o teria adiado durante a eternidade anterior. Eis aqui um de seus argumentos sobre o mesmo assunto: se o mundo foi criado, pode ser destruído, pois tudo o que teve começo deve ter um fim. O mundo é incorruptível e inalterável. Logo, é eterno. Eis a prova de que o mundo é incorruptível: se o mundo pode ser destruído, isto deve ser feito naturalmente por aquele que o criou. Mas ele não tem poder para tanto, o que Aristóteles prova assim: caso se suponha que Deus tenha o poder de destruir o mundo, é preciso saber se o mundo era perfeito. Se não o era, Deus não podia criá-lo, pois uma causa perfeita não pode produzir nada de imperfeito e seria preciso que, para isso, Deus fosse defeituoso, o que é absurdo. Se, ao contrário, o mundo fosse perfeito, então Deus não poderia destruí-lo, pois a maldade é contrária à sua essência, característica de um ser mau que só quer prejudicar as coisas boas.

Podemos agora considerar a doutrina de Aristóteles sobre a divindade. Erroneamente, alguns o acusaram de ateísmo, por ter acreditado num mundo eterno. Por outra lado, seria necessário fazer a mesma repreensão a quase todos os antigos filósofos, infectados pelo mesmo erro. Aristóteles estava tão distante do ateísmo que nos representa Deus como um ser inteligente e imaterial, o primeiro motor de todas as coisas e que se move apenas por si mesmo. Afirma de maneira expressa que se no universo houvesse apenas matéria, o mundo encontrar-se-ia sem causa primeira e original e que, por conseguinte, seria necessário admitir-se um progresso de causas ao infinito, um absurdo que ele refuta por si mesmo. Se me perguntassem o que penso da criação de Aristóteles, responderia que ele admite uma, mesmo em relação à matéria, pois acreditava ter sido ela produzida. Diferia de Platão, seu mestre, pois cria no mundo como sendo uma emanação natural e impetuosa da divindade, mais ou menos como a luz é uma emanação natural do sol. Já segundo Platão, o mundo era uma emanação eterna e necessária, mas voluntária e refletida por uma causa sapiente e todo-poderosa. Uma e outra criação, como se vê, traz consigo a eternidade do mundo e é bem diferente daquela de Moisés, em que Deus é tão livre perante a produção do mundo que poderia tê-lo deixado eternamente no nada.

Mas se Aristóteles não é ateu, no sentido de atacar direta e frontalmente a divindade, e não reconhece senão este universo, pode-se dizer que ele o é em um sentido mais amplo, pois as ideias que tem da divindade tendem, indiretamente, a abalá-la e destruí-la. Com efeito, Aristóteles nos representa Deus como o primeiro motor de todas as coisas, mas quer que o efeito impresso por Deus à matéria não seja, ao mesmo tempo, o efeito de sua vontade, mas algo decorrente da necessidade de sua natureza. Doutrina monstruosa que retira de Deus a liberdade e do mundo a sua dependência do criador, pois se Deus está ligado e encadeado a tais operações, ele não pode fazer o que faz e da maneira como o faz. O mundo é, portanto, tão eterno e necessário quanto ele. De outro lado, o Deus de Aristóteles não pode ser imenso e estar a tudo presente, pois encontra-se como que pregado ao céu mais elevado, lá onde começa o movimento, para comunicar-se com os céus inferiores. Mergulhado desde a eternidade na contemplação de suas divinas perfeições, ele não se digna informar-se sobre o que se passa no universo, deixando-o girar ao sabor do acaso. Não pensa nem mesmo nas demais inteligências que estão ocupadas, como ele, a fazer girar as esferas às quais estão presas. É, para o universo, o que o primeiro móbil é para a máquina: fornece o movimento a toda ela, e o faz necessariamente. Um Deus tão afastado dos homens não pode ser honrado por suas preces ou acalmado por sacrifícios; não pode punir os vícios ou recompensar as virtudes. De que serviria aos homens honrar um Deus que não os conhece, que não sabe nem mesmo se existem, cuja providência se limita a fazer mover o primeiro céu ao qual se encontra apegado? O mesmo se dá com as demais inteligências que contribuem para o movimento do universo, assim como as diferentes partes da máquina, cujos papéis estão subordinados ao primeiro que lhes imprime o movimento. Acrescentai que acreditava nas almas como mortais, rejeitando igualmente o dogma das penas e das recompensas eternas, consequência, como já observamos, da monstruosa opinião que fazia de nossas almas porções da Divindade. Julgai, depois de tudo, se Aristóteles poderia ser muito devoto dos deuses. Não é engraçado ver que nos séculos de esplendor da Igreja houve homens acusados, não menos ímpios que insensatos, alguns de elevar os livros de Aristóteles à dignidade de textos divinos e outros de fazer comparações entre sua imagem e a de Jesus? Nos séculos seguintes, e mesmo após o nascimento das letras na Itália, não se hesitou em ter-se o filósofo como um dos bem-aventurados. Temos duas obras justamente sobre esse assunto, uma atribuída aos teólogos de Colônia, intitulado *Da Salvação de Aristóteles*; e outra composta por Lambert Dumont, professor de filosofia, e publicado sob o título *O Que se Pode Adiantar de Mais Provável no que Concerne à Salvação de Aristóteles, tanto pelas Provas Tiradas das Escrituras Santas quanto por Testemunhos Emprestados dos Mais Dignos Teólogos*. E, no entanto, evidencia-se, pela exposição de seu sistema, que não teve uma ideia saudável da divindade e que não chegou a conhecer a natureza da alma nem sua imortalidade, ou o fim para o qual nasceu. Supõe-se nas duas obras, como princípio claro e evidente, que ele teve conhecimento antecipado de todos os mistérios do cristianismo, preenchido por uma força natural. A que excessos o desejo obstinado de cristianizar os antigos filósofos não levaram. Os que tenham o espírito voltado para este lado não fariam mal em ler o excelente tratado de Jean-Baptiste Crispus[24], italiano que floresceu no começo do século XVI. O tratado é pleno de uma crítica fina e delicada, na qual o discernimento do autor brilha a cada página. Intitula-se *Das Precauções que é Preciso Tomar ao se Estudarem os Filósofos Pagãos*.

Se para Aristóteles foram erguidos templos, houve também infiéis que zombaram de sua divindade. Uns o viram como um gênio da natureza e semideus. Mas os outros mal se dignaram a dar-lhe o título de físico. Nem os panegiristas nem os críticos falaram dele como se devia. Os primeiros por terem exagerado o mérito do filósofo, e os demais por censurá-lo sem nenhum cuidado. O desprezo que lhe foi devotado nos últimos séculos vem do fato de que, em lugar dos originais, que ninguém lia por estarem em grego, eram consultados os comentadores árabes e escolásticos, entre os quais não se pode duvidar ter o filósofo perdido muitos de seus principais traços. Na verdade, emprestaram-lhe ideias monstruosas e fizeram-no falar uma língua ininteligível. Mas os erros atribuídos por tais desvios e quimeras não são de sua responsabilidade. Um mestre deve assumir as extravagâncias de seus discípulos? Os que leram suas obras no original fizeram-lhe mais justiça. Admiraram-lhe um espírito elevado, conhecimentos variados, profundos e vistas gerais. E se a respeito da física não levou as pesquisas tão longe quanto a dos dias de hoje, é porque essa ciência se aperfeiçoa com a ajuda de experiências, o que depende, como se vê, do tempo. Confessaria, no entanto, segundo o famoso chanceler Bacon, que o defeito essencial da filosofia aristotélica é que ela se habitua, pouco a pouco, a esquecer a evidência e a pôr as palavras no lugar de fatos. Pode-se reprovar-lhe ainda essa obscuridade que ele sempre afeta e com a qual recobre suas matérias.

Não posso terminar de modo melhor nem fazer conhecer o mérito de Aristóteles do que relatando aqui o paralelo engenhoso

24. Trata-se de Giovanni Battista Crispo (1550-1595?), matemático, teólogo e literato nascido em Gallipoli e falecido em Roma. Fonte: *Memorie storiche degli scrittori nati nel regno di Napoli*.

que R. Rapin[25] faz dele com Platão, sempre considerado um dos maiores filósofos. Eis como, aproximadamente, se exprime: as qualidades de espírito eram extraordinárias em um e outro; tinham o gênio elevado e apropriado às grandes coisas. É verdade que o espírito de Platão era mais polido e aquele de Aristóteles mais vasto e profundo. Platão tem a imaginação viva, abundante, fértil em invenções, ideias, em expressões e figuras, com as quais dá inúmeras voltas e oferece cores diversas e agradáveis a cada coisa. Mas, antes de tudo, é apenas imaginação. Aristóteles é duro e seco em tudo o que diz. Mas esclarece as razões do que diz, embora secamente. Sua dicção pura tem um não-sei-quê de austero, e suas obscuridades naturais ou afetadas aborrecem e cansam os leitores. Platão é delicado em tudo o que pensa e em tudo o que diz. Aristóteles nunca o é, por ser natural; seu estilo é simples e uniforme, mas compacto e nervoso. O de Platão é grande e elevado, mas fluido e difuso – diz sempre mais do que é preciso. Aquele jamais diz o suficiente e sugere mais do que diz. Um surpreende o espírito e o deslumbra com sua característica ruidosa e florida; o outro o esclarece e instrui por um método justo e sólido. E como os raciocínios deste último são mais diretos e simples, os do outro são mais engenhosos e complexos. Platão fornece graça pela fecundidade de seu espírito, e Aristóteles oferece juízo e fundamento pela impressão de bom senso que parece estar em tudo o que diz. Enfim, Platão pensa mais frequentemente em dizer bem, e Aristóteles preocupa-se mais em pensar bem, a penetrar nas matérias, a pesquisar seus princípios e destes retirar consequências infalíveis. Enquanto que Platão, dando-se mais liberdade, embeleza seu discurso e agrada mais. Mas pela grande vontade que tem de agradar, se deixa levar pela eloquência e por figurações. Aristóteles sempre se autodomina e chama as coisas apenas por

25. René Rapin (1621-1687), teólogo, poeta, memorialista e crítico literário, autor, entre outros, de *Eclogae sacrae* (poemas), *A Fé dos Últimos Séculos*, *O Espírito do Cristianismo* e de *Memórias da Igreja, da Sociedade, da Corte, da Cidade e do Jansenismo*.

seu nome. Como não se eleva, jamais se dispersa e está assim menos sujeito ao erro que Platão, que a ele conduz todos os que o seguem. Pois ele seduz por sua maneira de instruir, bastante agradável. Mas ainda que Platão excele em todas as partes da eloquência, que tenha sido um orador perfeito na opinião de Longino, e que Aristóteles não seja nada eloquente, este aqui oferece, comumente, fundo e corpo ao discurso, enquanto que o outro não lhe dá muito além da cor e da graça.

Quando as perseguições injustas dos sacerdotes de Ceres constrangeram Aristóteles a retirar-se para Cálcis, nomeou Teofrasto[26] seu sucessor e a ele legou todos os seus manuscritos. Este filósofo gozou toda a sua vida de uma grande reputação. Comparava-se a doçura de sua eloquência à do vinho de Lesbos, sua pátria. Cortês por natureza, falava de modo propício de todos e as pessoas letradas, sobretudo, encontravam em sua generosidade um apoio tão seguro quanto obsequioso. Sabia valorizar seus méritos, mesmo quando os esqueciam ou pareciam tê-los esquecido por modéstia. Enquanto Teofrasto distinguia-se assim em Atenas, Sófocles, filho de Anfictido, fez votar uma lei pela qual era proibido a todo filósofo ensinar publicamente, sem permissão expressa do senado e do povo. Até mesmo a pena de morte poderia ser atribuída a todos os que não obedecessem a tal regulamento. Indignados com um procedimento tão violento, os filósofos se retiraram de Atenas e deixaram o campo livre a seus rivais e inimigos, quero dizer, aos retores e a outros sábios imaginativos. Enquanto esses gozavam seu triunfo, um certo Fílon, que era amigo de Aristóteles e se gabava de desprezar as belas-artes, compôs uma apologia dos filósofos que se haviam retirado. A apologia

26. Seu nome é uma alcunha, dada por Aristóteles ("de eloquência divina"). Chefe da escola peripatética durante cerca de trinta e cinco anos, viveu entre 371 e 287. Sua produção literária parece ter sido imensa, mas nos chegaram completos apenas *Investigações sobre as Plantas* e *Causas do Crescimento das Plantas*. E grande parte de *Caracteres, Das Sensações, Dos Odores* e *Metafísica*.

foi atacada por Demócaro, homem de prestígio e sobrinho de Demóstenes. A crítica, amarga, não poupava, e fazia um retrato odioso de todos os filósofos vivos. E mais odioso porque não tinha muita semelhança com os criticados. O que ele acreditava fazer em favor da causa, a estragou e a perdeu sem remédio. O povo, mais calmo após o primeiro fervor, aboliu a lei indecente de Sófocles, e até mesmo o condenou à multa de cinco talentos. Os dias tranquilos retornaram a Atenas e, com eles, a razão – os filósofos recomeçaram seus exercícios.

O Liceu perdeu muito com a morte de Teofrasto. Mas ainda que decaído do antigo esplendor, ali se continuou a ensinar. Os professores foram Demétrio de Falero, Estratão, apelidado o *Físico*, Lícon, Aríston, da ilha de Cea, Critolaus e Diodoro, que viveu no fim da centésima sexagésima olimpíada. Mas de todos esses professores, apenas Estratão trouxe algo de novo, atraindo a atenção dos outros filósofos, pois daqueles que acabo de citar sabe-se o nome, as épocas de nascimento e morte e que foram sucessores de Aristóteles no Liceu.

Estratão não se incomodou em seguir um peripatetismo puro. Fez-lhe inovações, mudando, por exemplo, o dogma sobre a existência de Deus. Não reconheceu outra potência divina a não ser a natureza e, sem esclarecer o que ela podia ser em seus fundamentos, a encarava como uma força universalmente difusa e essencial à matéria, uma espécie de simpatia que liga todos os corpos e os mantém em equilíbrio. Uma potência que, sem se decompor, possui o maravilhoso segredo de variar os seres ao infinito; princípio de ordem e de regularidade que produz eminentemente tudo o que se pode produzir no universo. Mas acaso existe algo mais ridículo do que dizer que uma natureza que nada sente e nada conhece se conforma de modo perfeito a leis eternas, que ela tem uma atividade que jamais se afasta das rotas que mantém e que na profusão de faculdades de que é dotada não há nenhuma que não execute suas funções com regularidade? Concebem-se leis que não foram estabelecidas por uma causa inteligente? Concebe-se que possam ser executadas regularmente por uma causa que não as conhece e que nem mesmo sabe que faz parte do mundo? Eis, metafisicamente falando, a posição mais frágil do estratonismo. É uma objeção insolúvel, um escolho do qual não se sai. Todos os ateus que sucederam Estratão, deslumbrados por discursos nos quais o detalhe é sedutor, embora frívolo, adotaram seu sistema. É sobretudo o sistema que Spinoza renovou em nossos dias e ao qual deu aparência de uma forma geométrica, para impô-lo mais facilmente àqueles que têm a imprudência de se deixar prender em suas armadilhas. Entre os dois sistemas não vejo outra diferença senão que Spinoza fazia de todo o universo uma só substância, dogma que emprestou de Xenófanes, de Melisso[27] e de Parmênides, enquanto Estratão reconhecia tantas substâncias quantas as moléculas na matéria. Afora isso, pensavam precisamente de modo idêntico.

Restauradores da Filosofia de Aristóteles

Jamais cultivou-se tanto a filosofia quanto sob os imperadores romanos. Vêmo-la sobre o trono e nas cátedras dos sofistas. Tal gosto parece, em primeiro lugar, anunciar progressos rápidos, mas lendo-se a história daqueles tempos logo nos desenganamos. Sua decadência seguiu a do império romano e os bárbaros deram, em ambos, o último golpe. Por longo tempo os povos se estagnaram na mais crassa ignorância. Dava-se valor a uma dialética cuja fineza consistia no equívoco de palavras e em distinções que nada significavam. Porém, o verdadeiro gênio manifesta-se e os bons pensadores, desde que reflitam conscientemente, logo percebem e se põem no verdadeiro caminho que conduz à verdade. No renascimento das letras, alguns sábios instruídos na língua grega e conhecedores da força do latim empreenderam uma versão correta das obras de Aristóteles, da qual seus discípulos falavam mal,

27. Melisso de Samos, século v, comandante naval e filósofo sob influência da Parmênides, autor de *Sobre a Natureza*, livro cujos fragmentos sugerem uma teoria do ser como algo uno e infinito.

por terem entre as mãos apenas traduções bárbaras e que representavam mais o espírito tudesco dos tradutores do que o belo gênio daquele filósofo. Mas isso não foi suficiente para remediar inteiramente o mal. Era preciso divulgar as obras de Aristóteles, um dever dos príncipes, pois tratava-se apenas de fazer certas despesas. A solicitude era útil e fizeram vir do oriente, a custos elevados, muitos manuscritos e os puseram entre as mãos de gente versada em grego para traduzi-las. Por isso, Paulo v adquiriu grande respeito. Ninguém ignora o quanto as letras devem a esse pontífice. Amava os sábios e a filosofia de Aristóteles tinha para ele especial atrativo. Os sábios se multiplicavam e com eles as versões. Recorria-se aos intérpretes sobre trechos difíceis de entendimento. E até então, havia-se consultado apenas Averróis e era nele que terminavam as disputas entre os pensadores. Na sequência, foi ele tido por bárbaro e, tornando-se o gosto mais refinado, as pessoas de espírito procuraram um intérprete mais polido e elegante. Escolheram pois Alexandre, que passava no Liceu por ser o intérprete mais puro e exato. Ambos eram chefes do peripatetismo e haviam contribuído para dar um grande brilho à seita. Mas seus dogmas sobre a natureza da alma não eram ortodoxos, pois Alexandre a cria imortal e Averróis a tinha como imortal, mas entendendo-a como alma universal, da qual todos os homens participam. Tais opiniões estavam muito difundidas ao tempo de São Tomás, que as recusava com veemência. A seita de Averróis ganhou relevo na Itália, onde Leão x, pontífice soberano, acreditou ser necessário interromper o curso de opiniões tão contrárias aos dogmas do cristianismo. Fez reunir o concílio de Latrão e ali condenar como ímpia a doutrina averroísta.

Em nossos dias, disse o soberano pontífice, os que semeiam o joio no campo do Senhor divulgaram muitos erros, em particular sobre a natureza da alma racional, dizendo que é mortal ou que uma só e mesma alma alenta o corpo de todos os homens. Outros, contidos pelo evangelho, ousaram expressar que se podia defender tais opiniões apenas na filosofia, crendo poder dividir a fé e a razão. Acreditamos que seja dever de nossa vigilância pastoral deter o progresso de tais erros. Nós os condenamos, se o santo concílio aprovar nossa censura, e definimos que a alma racional é imortal e que cada homem é animado por uma alma que lhe é própria, distinta individualmente de outras. E como a verdade não poderia ser oposta a ela mesma, nos defendemos do ensino de qualquer coisa contrária às verdades do evangelho.

Os doutores acreditaram que as condenações da igreja não seriam suficientes para que os sábios abandonassem tais opiniões perigosas. Contra eles opuseram pois a filosofia de Platão, tida como apropriada para remediar o mal. Outros, para quem a filosofia de Aristóteles possuía muitos atrativos, e que, no entanto, respeitavam o evangelho, quiseram conciliá-la com a de Platão. Outros, por fim, suavizaram as palavras de Aristóteles e as dobraram aos dogmas da religião. Creio que não será fastidioso enumerar aqui aqueles que se distinguiram em tais tipos de controvérsias.

Entre os gregos que abandonaram sua pátria e vieram, por assim dizer, transplantar as letras para a Itália, Teodoro Gaza[28] foi um dos mais célebres. Conhecia todas as opiniões das diferentes seitas da filosofia. Era um grande médico, um teólogo profundo e, sobretudo, muito versado nas belas-letras. Era de Tessalônica e os exércitos vitoriosos de Amurat, que flagelavam o oriente, fizeram-no refugiar-se na Itália. O cardeal Bessarion o recebeu com amizade e ordenou-lhe padre. Traduziu a *História dos Animais* de Aristóteles e aquela de Teofrasto

28. Humanista bizantino nascido em 1398 e falecido em 1475. Na qualidade de teólogo, participou do concílio de Ferrara-Florença (1438-1442). Foi professor de grego em Ferrara e traduziu obras de Aristóteles, Teofrasto, Dionísio de Halicarnasso e João Crisóstomo para o latim, assim como obras de Cícero para o grego. A partir de 1462 e até sua morte, viveu no Cenóbio de San Giovanni a Piro, na Sicília. Inscrito no livro *Regno delle due Sicilie descritto ed illustrato*, dele se diz ali que era "primo tra tutti per tempo e per sapere, uomo di greca eccellenza".

sobre as plantas. Suas traduções agradaram tanto ao cardeal que este julgou ter conseguido um tão bom latim de Aristóteles quanto este havia escrito em grego. Embora passe por um dos melhores tradutores, é preciso confessar, com Erasmo, que se observa em seu latim uma tendência grega e que se mostra impregnado das opiniões de seu século. Cosme de Médici somou-se ao cardeal Bessarion para ajudá-lo. Prodigalizado por seus benefícios, poderia ter levado uma vida agradável e cômoda. Mas a economia não foi nunca seu defeito: a avidez de certos gregos pequenos e dos habitantes de Brucio[29] não lhe deixou jamais aparar os golpes da fortuna. Foi reduzido a uma extrema pobreza e então, para aliviar sua miséria, traduziu a *História dos Animais*, da qual já falamos, dedicando-a a Sixto IV. Todas as esperanças de seu destino estavam fundadas nesta dedicatória. Mas muito se enganou, pois não recebeu senão cem pistolas[30] em retribuição. Grandemente indignado ao perceber que trabalhos tão difíceis e úteis pudessem ser mal pagos, jogou o dinheiro no Tibre. Retirou-se para Brucio, onde teria morrido de fome se o duque de Ferrara não lhe socorresse. Morreu pouco tempo depois, devorado pelo desgosto, deixando um exemplo memorável de má fortuna.

Jorge de Trebizonda[31] dedicou-se, como Gaza, à filosofia dos peripatéticos. Era cretense de nascimento, mas se dizia de Trebizonda por ser a pátria de seus ancestrais. Foi à Itália durante o concílio de Florença, momento em que também se tratava da reunião das igrejas grega e latina. Foi primeiramente a Veneza e daí a Roma, onde ensinou retórica e filosofia. Foi um dos mais zelosos defensores da filosofia peripatética, não suportando nada que lhe causasse ofensa. Escrevia com muito

29. Cidade da Calábria.

30. Escudo de ouro ou de prata, ou seja, moeda contendo os brasões da autoridade ou da família que a cunhava.

31. Tradutor, entre outros livros, dos *Problemas* e da *Retórica*, de Aristóteles, do *Almagesto* de Ptolomeu e autor de *Comparatio philosophorum Platonis et Aristotelis*.

azedume e fel contra os que, em seu tempo, seguiram a filosofia de Platão. Com isso, atraiu muitos inimigos. Nicolau v, seu protetor, desaprovava sua conduta, apesar do apreço que tinha pela filosofia de Aristóteles. Seu mais temível adversário foi o cardeal Bessarion, que escreveu contra ele e o refutou sob o nome de *Caluniador de Platão*. E, no entanto, teve uma inimiga ainda mais pavorosa que o cardeal – a miséria. Esta contenda, infelizmente para ele, cortou todos os canais pelos quais lhe chegavam os víveres. A pena de um sábio, se não é dirigida por gente rica, deve ao menos não lhe ser desagradável. É preciso assegurar a vida, antes de filosofar, de modo semelhante aos astrônomos que se asseguram da firmeza de seus pés quando devem erguer a cabeça para observar os astros. Assim, morreu como mártir do peripatetismo. A posteridade perdoa-lhe mais facilmente as injúrias contra os platônicos de sua época que a pouca exatidão de suas traduções. A atenção, a erudição e, mais do que isso, a boa-fé faltam nas versões que fez das *Leis*, de Platão, e da *História dos Animais*, de Aristóteles. Tomava até mesmo a liberdade de acrescer o texto, modificá-lo ou omitir algo de interessante, como podemos nos convencer pela tradução que nos deu de Eusébio.

Pudemos ver até aqui que os sábios do Renascimento estavam divididos entre Platão e Aristóteles e se mantinham como dois partidos em guerra cruel. Os seguidores de Platão não admitiam que o mestre, o divino Platão, tivesse um rival em Aristóteles. Achavam que só a barbárie podia ter dado força àquela filosofia. Depois que um novo dia raiasse sobre o mundo culto, o peripatetismo devia desaparecer. Os peripatéticos, de seu lado, defendiam seu mestre com o mesmo zelo. Fizeram-se livros de parte a parte nos quais encontrareis mais facilmente injúrias do que bons argumentos. De sorte que, se em alguns vós trocais o nome das personagens, em lugar de ser contra Aristóteles sereis contra Platão. As ofensas são comuns a todas as seitas e só quando se apresentam razões é que defensores e agressores se diferenciam.

Filósofos Recentes Aristotélico-Escolásticos

As disputas desses pensadores atrabiliários de que acabamos de falar nada ensinavam ao mundo. Ao contrário, pareciam mergulhá-lho novamente na barbárie da qual se havia saído após algum tempo. Muitos sábios fizeram esforços para dissuadir aqueles que se dedicavam a essas sutilezas escolásticas miseráveis, as quais consistem mais em palavras do que em fatos. Eles demonstraram com muita arte a vaidade daquele método. Suas lições corrigiram alguns erros, mas ficou um certo fermento que se fez sentir durante longo tempo. Alguns teólogos até mesmo elogiaram seus livros, mesclando sutilidades a bons argumentos, os quais revelaram a solidez de seus espíritos.

Mas aconteceu o que sempre acontece: passa-se de uma extremidade a outra. Quis-se mudar apenas palavras e, com isso, passou-se a dizer-se apenas fatos, como se os fatos pudessem dizer claramente, sem que se adote um certo método.

É a extremidade na qual se deteve Lutero, que quis banir toda escolástica da teologia. Jerônimo Angeste, doutor de Paris, contrapôs-se-lhe e demonstrou que não eram os silogismos ruins por si mesmos, mas o uso dos quais se fazia. Alguém dirá que o método geométrico é viciante e que é preciso bani-lo do mundo porque Spinoza serviu-se dele para atacar a existência de Deus, algo que a razão concede? É necessário cxtirpar a escolástica porque alguns teólogos dela abusaram? A experiência, depois de Lutero, nos ensinou que podemos usá-la de maneira útil. Mesmo ele podia convencer-se disso ao ler São Tomás. A definição da igreja, por sinal, pôs a questão fora de controvérsia. Conforme Brucker, esta decisão da igreja em manter a teologia escolástica fez mal à boa filosofia. Enquanto nas universidades que não mais obedeciam à corte de Roma ditava-se uma filosofia da razão, naquelas que, ao contrário, não se haviam livrado do jugo, a barbárie continuava a reinar. Mas é preciso estar cego pelos preconceitos para pensar algo semelhante. Creio que a universidade de Paris foi a primeira a ensinar a boa filosofia. E para retornar à fonte, não foi nosso Descartes quem primeiro definiu a rota que conduz à boa filosofia? Que mudança fez Lutero na filosofia? Nada escreveu a não ser sobre temas de teologia. Basta ser herético para ser bom filósofo? Não encontramos uma boa filosofia nas memórias da Academia? Não há nada, portanto, que a igreja romana não possa reconhecer. Em uma palavra, os grandes filósofos podem ser bons católicos. Descartes, Gassendi, Varignon, Malebranche, Arnaud e o célebre Pascal comprovam essa verdade mais do que todos os nossos argumentos. Se Lutero e os protestantes não admitem precisamente a teologia escolástica, veremos, por aqueles de que vamos falar, se suas opiniões têm um fundamento mínimo.

À frente dos escolásticos devemos colocar sem dúvida São Tomás e Pedro Lombardo[32]. Mas falemos de uma época bem mais recente, a dos escolásticos que viviam no tempo da celebração do concílio de Trento.

Domingos Soto[33] foi um dos mais célebres, nascido na Espanha de pais pobres. A pobreza retardou o progresso de seus estudos, mas conseguiu estudar em Alcalá de Naris, tendo por mestre o conhecido Tomás de Villa-Nova. De lá veio a Paris onde conseguiu o barrete de doutor. Voltou à Espanha e tomou o hábito dominicano em Burgos. Pouco tempo depois, sucedeu a Tomás de São Vítor numa cadeira de professor em Salamanca. Adquiriu tão grande reputação que Carlos V o enviou, como deputado, ao concílio de Trento, na qualidade de teólogo. A cadeira de professor tinha mais atrativos para ele. Por isso, retornou às suas funções e morreu pouco tempo depois. Além dos livros de teologia que o tornaram tão famoso, escreveu comentários sobre Aristóteles e Porfírio. Redigiu também

32. Petrus Lombardus, natural de Lumello (1.100?-1160), foi professor em Notre Dame e autor, entre outros, de *Libri quatuor setentiarum* e *Semones*, tendo chegado a bispo de Paris. Contribuiu para acentuar o caráter racionalista da teologia escolástica, combinando-o com o princípio da autoridade.

33. Teólogo dominicano (1494-1570), autor de *Summulas*, *In dialecticam Aristotelis conmentarii*, *Deliberatio in causam pauperum* e *De natura et gratia libri tres*.

em sete livros um *Tratado do Direito e da Justiça*, onde se encontram coisas excelentes e raciocínios que revelam um espírito refinado. Teve por discípulo Francisco Toledo[34], do qual falaremos adiante.

Francisco de S. Victor viveu no tempo de Domingos Soto. Nasceu na Cantábria e fez seus estudos em Paris, onde tomou o hábito de São Domingos. Foi enviado a Salamanca como professor de teologia, onde se tornou conhecido. Entre outras obras, compôs seus livros sobre os poderes civil e eclesiástico. Vários asseguram que eles serviram muito a Grotius para escrever seu direito da guerra e da paz. Na verdade, encontram-se muitas observações e ideias que são tão análogas a certas de Grotius que seria difícil para este não lhes ter sido sugeridas.

Bañez[35] foi ainda um dos mais célebres teólogos da universidade de Salamanca. Era um espírito sutil e encontrava comumente nos Pais da igreja o que antes havia pensado, de modo que tudo parecia curvar-se às suas opiniões. Sustentava novas ideias, crendo não ter outro mérito senão havê-las descoberto nos Pais. Quase todo o mundo o vê como o primeiro inventor da premonição física, exceto a escola de São Tomás, que a atribui ao próprio São Tomás. Mas queria saber, de verdade, por que os dominicanos se obstinam em recusar a Bañez o mérito de havê-la formulado há tanto tempo. Se São Tomás é o inventor da premonição física, ela não adquirirá mais certeza do que se fosse Bañez.

Não são os homens que tornam boas as opiniões, mas as razões que defendem. E o que quer que digam todas as diferentes escolas, as opiniões que defendem não devem sua origem nem

34. Nascido em Córdoba (1532-1596), foi teólogo, exegeta e filósofo. Autor, entre outros, de *De anima* (livro de referência na Universidade de Salamanca), *Introductio in dialecticam Aristotelis* e *Commentaria una cum quaestionibus in universam Aristotelis logicam*.

35. Teólogo dominicano nascido em Medina Del Campo, Castela (1528-1604). Grande comentador da *Summa* de Tomás de Aquino, foi professor em Ávila, Salamanca, reitor em Valladolid e confessor de Santa Teresa de Jesus.

à tradição escrita nem à tradição oral. Não há nenhuma que não traga o nome de seu autor e, por consequência, o caráter de novidade. E, no entanto, todas vão procurar provas nas Escrituras e nos Pais da Igreja, que jamais tiveram ideia de suas opiniões. Não acho mau que se fale das Escrituras nessas questões teológicas. Gostaria somente que se fizesse ver que o que está nas Escrituras e nos Pais não se opõe de forma alguma à nova opinião que se quer defender. É justo que aquilo que se defenda não contradiga a Escritura e os Pais. E quando digo os Pais, falo deles como pensadores que constatam a tradição, sem me referir a suas opiniões particulares, pois, enfim, não sou obrigado a ser platônico como os primeiros Pais da Igreja. Todas as escolas devem dizer: eis aqui uma nova opinião que pode ser defendida, pois não contradiz a Escritura e os Pais; e não perder tempo em fazer com que as passagens digam o que não podem dizer.

Seria demasiado longo nomear aqui todos os teólogos que a ordem de São Domingos produziu. Todo o mundo sabe que esta ordem fez da teologia seu estudo principal e nisso eles seguem o espírito de sua instituição. Pois é certo que São Domingos, seu fundador, era mais predicador polemista que predicador de moral e somente associou-se a companheiros do mesmo ponto de vista.

A Ordem de São Francisco teve escolásticos bastante célebres. O primeiro de todos é o famoso Scot[36], denominado o *doutor sutil*. Seu mérito consistia em contradizer São Tomás. Nele se encontram apenas sutilezas vãs e uma metafísica que todo homem de bom senso rejeita. E, no entanto, encontra-se à frente da escola de São Francisco, sendo para eles uma autoridade respeitável. Há mais. Não é permitido pensar de modo diferente dele. E ouso dizer que um homem que soubesse tudo o que ele fez não saberia nada. Que me seja permitido fazer

36. Duns Scot (1266?-1308), teólogo escocês, cujas obras principais, na forma de comentários, são: *De primo principio*, *Quaestiones in metaphysicam*, *Opus oxoniense*, *Quodlibet*, *De perfectione statuum*.

algumas reflexões aqui sobre esta mania que as ordens possuem de defender um sistema que alguém da própria ordem encontrou. É preciso ser tomista entre os jacobinos, escotista entre os franciscanos, molinista com os jesuítas. De início, é evidente que isso não só retarda os progressos da teologia, mas os impede. Não é possível pensar melhor que Molina entre os jesuítas, pois é preciso pensar como ele. Quanta gente hoje em dia zomba do respeito que antigamente se tinha pelos raciocínios de Aristóteles e não ousa falar diferentemente de Scot, estando entre os franciscanos, e de Molina, entre os jesuítas? Mas homem por homem, e filósofo por filósofo, Aristóteles lhes era superior. Pessoas que se irritam um pouco com o ato de discutir deveriam apenas respeitar a fé e o que a igreja ordena respeitar, entregando-se, no mais, ao seu próprio gênio. Não se poderia acreditar que se entre os jesuítas não houvesse tanto controle, alguém encontrasse uma opinião mais fácil de ser defendida do que a de Molina? Se os chefes das velhas seitas filosóficas, das quais nos rimos hoje, pertencessem a alguma ordem religiosa, veríamos ainda suas ideias defendidas. Graças a Deus, aquilo que diz respeito à hidrostática, à hidráulica e a outras ciências não foi abandonado ao espírito corporativista e a sociedades fechadas, caso contrário os efeitos aéreos ainda seriam atribuídos ao horror pelo vácuo. Não é deveras singular que após cento e cinquenta anos seja proibido pensar em muitas corporações, não se permitindo conhecer senão os pensamentos de um só homem? Será possível que Scot tenha pensado o suficiente para mobiliar a cabeça de todos os franciscanos e de todos os tempos? Estou longe de concordar com essa opinião, pois acredito que Scot jamais tenha pensado. Scot estragou o espírito de todos aqueles que pertenciam à sua ordem. Jean Ponsius ensinou teologia em Paris segundo as ideias de seu mestre Scot. É inútil pintar aqueles que se distinguiram entre os franciscanos, pois são todos forjados no mesmo molde, todos escotistas.

A Ordem de Cister teve também seus teólogos e Manriquez é o mais ilustre que conheço. O que o distinguia da maior parte dos teólogos puramente escolásticos é que possuía muito espírito, uma eloquência que agradava a todos os que o escutavam. Felipe IV o chamou para perto de si e muito dignificou a universidade de Salamanca, da qual era membro. Era também chamado *Atlas*. Dele são os *Anais de Cister* e muitas obras de filosofia e de escolástica.

A Ordem de Cister produziu ainda Juan Caramuel Lobkowitz[37], um dos espíritos mais singulares que jamais surgiram. Nasceu em Madri, em 1607. Na mais tenra juventude, seu espírito revelou-se. Descobriu-se o que era e pôde-se julgar desde então o que Caramuel seria um dia. Em uma idade na qual em nada nos fixamos, dedicou-se inteiramente às matemáticas e os problemas mais difíceis não o desencorajavam. Enquanto seus amigos estavam ocupados em brincar, meditava, estudava um planeta para calcular suas revoluções. O que se diz dele é quase inacreditável. Após seu curso de teologia, deixou a Espanha e se foi aos Países-Baixos, onde surpreendeu a todos pelo saber. Seu espírito ativo estava sempre ocupado e sempre com coisas novas, pois para ele a novidade tinha muito charme. Seu raro dom o fez entrar para o Conselho Áulico, mas o brilho da corte não o ofuscou. Amava os estudos não precisamente para evoluir, mas pelo prazer de saber. Por isso, abandonou a corte e retirou-se para Bruges e ali fez seus votos para a ordem de Cister. Foi em seguida a Louvain, onde se licenciou em artes e, em 1630, doutourou-se. Os estudos ordinários não eram suficientes para um homem como Caramuel; aprendeu línguas orientais e, sobretudo, as dos chineses. Seu desejo de aprender estendia-se para além do que se pode conhecer; em uma palavra, estava decidido a se tornar um enciclopédia ambulante. Escreveu uma obra que

37. Polímata, escreveu não apenas sobre teologia, mas igualmente a respeito de filosofia, gramática, oratória, poesia, matemática, astronomia, física e política.

teve por título *A Teologia Duvidosa*, na qual incluiu todas as objeções dos ateus e dos ímpios. Este livro tornou sua fé duvidosa e teve de ir a Roma justificar-se. Falou tão eloquentemente e demonstrou tão vasta erudição perante o papa e todo o sacro colégio que todos ficaram como que paralisados. Teria sido honrado com o chapéu cardinalício se não houvesse falado um pouco livremente demais a respeito dos vícios que reinavam na corte de Roma. Mas foi feito bispo. Seu desejo imoderado de saber prejudicou sua capacidade de julgamento e como em todas as ciências quisesse abrir novos caminhos, acabava sem direção. A forte imaginação o fazia perder-se frequentemente. Escreveu sobre toda sorte de disciplina e, o que resulta de ordinário, não temos dele uma só grande obra. Se tivesse escrito apenas dois bons volumes, sua reputação estaria mais bem assegurada!

A sociedade dos jesuítas distinguiu-se extraordinariamente na teologia escolástica. Pode se vangloriar de ter tido os maiores teólogos. Não nos deteremos muito tempo com eles pois, se tiveram grandes homens, há entre eles os que se ocuparam apenas em louvá-los. Esta sociedade estende seus olhares sobre tudo e nunca um jesuíta de mérito permaneceu desconhecido.

Vázquez[38] é um dos mais sutis que eles tiveram e já com a idade de vinte e quatro anos ensinava filosofia e teologia. Fez-se admirado em Roma e onde quer que tenha demonstrado a agilidade de seu espírito. Os grandes talentos com que a natureza lhe havia dotado apareciam-lhe involuntariamente. Sua modéstia natural não lhe impedia de ser reconhecido como um grande homem. Sua reputação era tão grande que ele mesmo não ousava se apresentar, com medo de que lhe prestassem muitas homenagens. Jamais se divulgavam seu nome e seus méritos, a não ser entre os padres que o acompanhavam.

38. Trata-se de Agustín Vázquez (1614 -), autor de um *Sermón de la Immaculada Concepción de la Beatíssima Virgen* (1672).

Suárez[39] mereceu com justiça a reputação de maior escolástico entre os que escreveram. Encontra-se em suas obras uma grande agudeza, muita precisão e um saber profundo. Que pena que este gênio tenha sido cativo do sistema da ordem! Ele quis construir um, pois seu espírito pedia-lhe que criasse. Mas não podendo afastar-se do molinismo, não fez senão dar uma guinada engenhosa ao velho sistema.

Arriaga[40], mais estimado em seu tempo do que deveria sê-lo, foi sucessivamente professor e chanceler da universidade de Praga. Foi deputado três vezes junto a Urbano VIII e Inocêncio X. Tinha mais o espírito de chicanista do que de metafísico. Nele se encontram apenas ninharias, quase todas difíceis porque não se pode entendê-las, mas poucas dificuldades reais. Estragou os jovens aos quais transmitiu esse espírito de minudências e muitos perdem tempo em lê-lo. Dele não se pode dizer o que se aplica a muitas obras, pois com as suas nada se aprende. Aliás, aprende-se com Arriaga o que seria capaz de entorpecer o espírito mais preciso e melhor constituído.

A teologia escolástica está tão ligada com a filosofia que normalmente se acredita ter contribuído para o progresso da metafísica. Sobretudo a moral apareceu como um novo dia. Nossos livros mais comuns sobre a moral valem mais do que o do divino Platão. E Bayle teve razão de repreender os protestantes pelo que censuravam na teologia escolástica. A apologia de Bayle em favor da teologia escolástica é o melhor feito contra os heréticos que a atacam. Bayle, dir-se-á, criticou algures o método e riu-se da barbárie que grassa nas escolas católicas. Mas nos enganamos: ele se permitiu zombar da barbárie de certos escolásticos, sem, com isso, fazer reparos à escolástica em geral. Não estimo Arriaga e não o lerei. E lerei

39. Francisco Suárez (1548-1617), autor de *Metafísica* e *De religione*, alcunhado "doctor eximius".

40. Rodrigo Arriaga (1529-1667), professor de teologia, comentador de São Tomás e autor de *Disputas teológicas.*

Suárez com prazer em alguns lugares e com proveito em quase todos. Não se deve estender ao método aquilo que se diz de alguns particulares que dele se serviram.

Dos Filósofos que Seguiram a Verdadeira Filosofia de Aristóteles

Já vimos o aristotelismo encontrar um rival no platonismo. Seria mesmo verossímil que a escola de Platão aumentasse todos os dias com os desertores daquela de Aristóteles, pois as ideias da primeira concordam melhor com o cristianismo. E havia algo mais em seu favor: é que quase todos os Pais são platônicos. Atualmente, um motivo como esse não é bom, pois sei que em filosofia os Pais não devem ter nenhuma autoridade. Mas em uma época em que se tratava a filosofia como a teologia, quer dizer, em um tempo em que as disputas eram resolvidas por uma autoridade, é certo que os Pais teriam influenciado muito a escolha que havia de ser feita entre Platão e Aristóteles. Este último prevaleceu, no entanto, e, no século em que Descartes apareceu, havia uma grande veneração pelas opiniões de Aristóteles. Mesmo a evidência de todas as argumentações de Descartes deparou-se com muita dificuldade para encontrar adeptos. Com o método que então se adotava, era impossível que se saísse da barbárie. Não se raciocinava para descobrir novas verdades, mas se contentava em saber o que Aristóteles havia pensado. Procurava-se o sentido de seus livros tão escrupulosamente quanto os cristãos buscavam conhecer o sentido das Escrituras. Os católicos não foram os únicos a seguir Aristóteles; houve muitos adeptos entre os protestantes, apesar das declarações de Lutero. É que se preferia seguir as opiniões de Aristóteles do que não ter nenhuma. Se Lutero, ao invés de protestar contra Aristóteles, houvesse criado uma boa filosofia e aberto um novo caminho, como Descartes, teria conseguido abandonar Aristóteles, pois não se poderia destruir uma opinião sem que ela fosse substituída por outra. O espírito nada quer perder.

Pietro Pomponazzi[41] foi um dos mais célebres peripatéticos do século XVI. Mântua era sua pátria. Era tão pequeno que mais se parecia a um anão do que a um homem comum. Fez seus estudos em Pádua e seus progressos em filosofia foram tão grandes que, em pouco tempo, encontrava-se em condições de ensiná-la. Assim, abriu uma escola em Pádua, onde explicava aos jovens a verdadeira filosofia de Aristóteles, e a comparava com a de Averróis. Adquiriu uma grande reputação, o que lhe causou problemas pelos inimigos que atraiu. Achillini, então professor em Pádua, não se continha perante tantos elogios; sua bílis mordaz e orgulhosa acendeu-se. Atacava Pomponazzi de maneira pedante, e este respondia-lhe de modo polido. A doçura de seu caráter punha todos a seu lado, pois não se marcha de bom grado sob a bandeira de um pedante. A vitória coube a Pomponazzi e Achillini carregou apenas a vergonha de ter querido abafar grandes talentos em seu nascedouro. No entanto, é preciso confessar que, embora os escritos de Pomponazzi sejam elegantes, quando comparados aos de Achillini, ainda assim se ressentem da barbárie que então se vivia. A guerra o forçou a deixar Pádua e a retirar-se para Bolonha. Como professava a mesma doutrina de Aristóteles, e este aqui parecia afastar-se, aqui e ali, do que a fé nos ensina, atraiu o ódio dos ortodoxos de seu tempo. "Todas as vespas procuravam picá-lo", diz um autor contemporâneo. Mas ele se pôs ao abrigo de seus ferrões, advertindo que se submetia ao julgamento da Igreja e que só ouvia falar da filosofia aristotélica como algo problemático. Tornou-se muito rico – alguns dizem que por seus três casamentos, outros, por seu conhecimento. Morreu por uma retenção de urina, com quase sessenta e três anos. Pomponazzi foi um verdadeiro pirroniano e pode-se dizer que não teve outro deus que Aristóteles. Ria-se de tudo o que via no Evangelho e nos

41. Doutor em filosofia e medicina, Pomponazzi (1462-1524) teve seus livros condenados pela Inquisição: *De immortalitate animae*, *Apologia* (em defesa da obra anterior), *De fato, libero arbitrio, praedestinatione, providentia Dei* e, sem publicação em vida, *De naturalium effectum admirandorum causis, fui de incantationes.*

escritores sagrados. Procurava tornar pública uma certa obscuridade dos dogmas da religião cristã. Segundo ele, o homem não é livre; Deus não conhece as coisas futuras e não interfere no curso dos acontecimentos; quer dizer que, de acordo com sua opinião, ou a providência destrói a liberdade ou, caso se queira conservá-la, é preciso negar a providência. Não entendo como seus apologistas pretendiam que sustentasse tudo isso apenas em filosofia e que, na qualidade de cristão, acreditasse nos dogmas de nossa religião. Quem não vê a frivolidade de uma tal diferença? Percebe-se em todos os seus escritos a libertinagem de seu espírito. Não há quase nenhuma verdade de nossa religião que não tenha atacado. A opinião dos estoicos sobre um destino cego pareceu-lhe mais filosófica do que a providência cristã: em uma palavra, sua impiedade mostra-se em todos os lugares. Opõe os estoicos aos cristãos e pouco se importa se não faz desses últimos pessoas tão racionais como aqueles primeiros. Não admitia, como os estoicos, uma necessidade intrínseca; segundo ele, não é por nossa natureza que somos determinados, mas por um certo arranjo de coisas a nós totalmente alheio. Logo, é difícil saber com precisão sua ideia a respeito disso. Encontra dificuldades insolúveis na opinião dos peripatéticos, dos estoicos e dos cristãos sobre a predestinação. Conclui, entretanto, pela negação da providência. Encontramos todas essas impiedades em seu livro sobre o destino. Não é também mais sábio ou racional em seu livro sobre os encantamentos. O amor extravagante que tinha pela filosofia de Aristóteles o conduzia a erros extraordinários. Neste livro encontram-se devaneios que não condizem com uma cabeça bem assentada. Daremos dele um resumo bastante detalhado, pois a obra é muito rara e talvez não seja desagradável encontrar aqui o que talvez só se conseguisse com muita dificuldade. Eis, pois, as proposições desse filósofo.

1. Os demônios não conhecem as coisas pela essência, nem por aquela das coisas conhecidas, nem por nada que seja distinto dos próprios demônios.

2. Só os tolos atribuem a Deus ou aos demônios os efeitos cujas causas não conhecem.
3. O homem ocupa o meio termo entre as coisas eternas e aquelas criadas e corruptíveis, donde as virtudes e os vícios não se encontrarem em nossa natureza; nela se encontra apenas a semente das virtudes e dos vícios.
4. A alma humana é a totalidade das coisas, pois encerra a sensação e a percepção.
5. Embora a sensação e o que é sensível estejam, pelo próprio ato, apenas na alma, em conformidade com seu ser espiritual, e não segundo seu ser real, nada impede, entretanto, que as espécies espirituais produzam, elas mesmas, e realmente, as coisas das quais são espécies, se o agente for capaz e o paciente estiver bem disposto. Pomponazzi trata deste tema longamente porque pretende demonstrar assim que a força da imaginação é tal que se pode atribuir-lhe os efeitos extraordinários que se relatam. Todos os movimentos do corpo que produzem fenômenos extraordinários ele os atribui à imaginação. Como exemplo, cita as ilusões e aquilo que ocorre com as mulheres grávidas.
6. Embora aconteçam efeitos surpreendentes pelo que se imprime na alma e pelas paixões, nada impede que ocorram efeitos semelhantes nos corpos alheios; pois é certo que um paciente, estando disposto tanto no interior quanto exteriormente, o agente tem sobre ele suficiente domínio para produzir os mesmos efeitos.
7. Os demônios movem imediatamente os corpos num âmbito local, mas não podem causar imediatamente uma alteração nos corpos; pois a alteração faz-se pelos corpos naturais que são aplicados pelos demônios nos corpos que querem alterar, e isso de modo secreto ou abertamente;
8. Daí se segue que muita coisa ocorre em conformidade com seu curso natural, embora sejam as causas desconhecidas, e vistas como milagres ou obras de demônios, mas não o sendo de modo algum.

9. Segue-se também que se for verdade, como dizem pessoas dignas de fé, que há ervas, pedras e outras coisas apropriadas para afastar o granizo, a chuva e os ventos, e que delas nos podemos servir, já que os homens as podem encontrar naturalmente, então eles poderão interromper o granizo e fazer parar a chuva sem milagres.
10. Daí ele conclui que muitas pessoas passaram por mágicas ou por endemoninhadas, enquanto acreditavam, talvez com Aristóteles, não haver demônios; e, pela mesma razão, muitos foram considerados santos por coisas que realizavam e não eram senão velhacos. Caso se objete haver aqueles que fazem signos santos por si mesmos, como o sinal da cruz, e outros fazem o contrário, ele responde que é apenas para divertir o povo, pois não acredita que pessoas sábias tenham estudado tanto para aumentar o mal que se acha no mundo. Com tais princípios, este filósofo incrédulo desfaz facilmente todos os milagres, mesmo os de Jesus. Mas para não parecer ímpio, e evitar assim as perseguições perigosas (estava na Itália), diz que se encontram no Novo Testamento milagres de Cristo e de Moisés que possam ser atribuídos a causas naturais, mas ao dizer que são milagres, é preciso crer, devido à autoridade da Igreja. Objeta que há muitos efeitos que não poderiam ser imputados a causas naturais, como a ressurreição dos mortos e a visão dada aos cegos. Mas responde que as histórias pagãs nos ensinam que os demônios fizeram coisas semelhantes, como tirar os mortos do inferno e reproduzi-los na Terra, e que se curaram os cegos com a virtude de certas plantas. Quer destruir, como cristão, essas respostas, mas o faz de uma maneira que revela mais ainda a sua incredulidade. Pois diz que essas respostas são ruins porque os teólogos as asseguram e, na continuidade, demonstra um grande desprezo por eles.

É surpreendente, diz Pomponazzi, que um filósofo da estatura de Aristóteles não tivesse reconhecido a realização de

Deus ou dos demônios nos fatos que cita, caso fossem reais. Isso lança uma dúvida sobre a questão: sente-se que Pomponazzi aumenta a dificuldade o quanto pode, fazendo dela um monstro, e sua resposta serve para confirmar cada vez mais a impiedade do filósofo. Ele traz o motivo pelo qual Aristóteles negou a existência de demônios – porque, diz ele, não se encontra qualquer prova dessas loucuras nas coisas sensíveis e, mais ainda, são opostas às coisas naturais. E como se alega uma infinidade de exemplos de coisas realizadas pelos demônios, após ter afirmado que só dará as opiniões de Aristóteles, e não as suas, diz, primeiramente: que Deus é a causa universal das coisas materiais e imateriais, não apenas a eficiente, mas ainda a final, a exemplar e a formal – em uma palavra, é o arquétipo do mundo; em segundo, que de todas as coisas corporais, criadas e corruptíveis, o homem é a mais nobre; na natureza, os homens dependem uns dos outros, a fim de se ajudarem; isto se pratica de diferentes maneiras, segundo o grau de dependência; embora Deus seja a causa de tudo, Ele não pode, entretanto, agir sobre a Terra e sobre o que a envolve, a não ser por intermédio de corpos celestes, seus instrumentos necessários; daí Pomponazzi concluir que se pode encontrar no céu a explicação de tudo o que acontece na Terra.

Há homens que conhecem tais coisas melhor do que outros, seja pelo estudo, seja pela experiência, e tais homens são vistos pelo vulgo ou como santos ou como mágicos. Com isso, Pomponazzi procura responder a tudo o que se opõe ao natural. A sequência de proposições ajuda a compreender por que não é sem fundamento a acusação de impiedade dos peripatéticos: por sua onipotência, Deus conhece todas as coisas em sua essência, assim como as criaturas; Deus e os espíritos não podem agir sobre os corpos, pois um novo movimento não poderia provir de uma causa imóvel, só de um movimento anterior; Deus e os espíritos movem o entendimento e a vontade, na qualidade de primeiros motores, mas não sem a intervenção dos corpos celestes; a vontade é, em parte, material, pois não pode agir sem um corpo, e, em parte, imaterial, pois causa alguma coisa que está além dos corpos; como pode escolher, é livre; embora de modo longínquo, os profetas encontram-se predispostos por sua natureza e pelos princípios de sua geração a receber as impressões do espírito divino, mas a causa formal do conhecimento das coisas futuras vem-lhes dos corpos celestes; assim sucedeu a Eliseu, Daniel, Josué e a todos os adivinhos dos gentios; Deus é a causa de tudo, daí ser a causa das profecias; mas Ele acomoda-se à disposição daquele a quem inspira, e ao arranjo dos corpos celestes; ora, a ordem dos corpos celestes varia enormemente; a saúde dada milagrosamente a um doente vem da imaginação do enfermo; se os ossos de um santo reputado pertencessem a um cachorro, nem por isso o doente deixaria de ficar curado; acontece até mesmo frequentemente que as relíquias que operam os maiores prodígios não passem de restos de um homem cuja alma queima no inferno; a cura provém algumas vezes de uma disposição particular do enfermo; as preces feitas com ardor para pedir chuva tiveram muitas vezes seus efeitos pela força da imaginação de quem a invocou, pois os ventos e os elementos têm uma certa analogia, uma certa simpatia com tal grau de imaginação, e assim a obedecem; eis por que as rezas não se cumprem se não partirem do fundo do coração e forem fervorosas.

Seguindo-se esta concepção, não seria incrível um homem, nascido sob uma determinada constelação, comandar os ventos e o mar, afastar os demônios e operar toda sorte de prodígios.

Negar que Deus e os espíritos sejam a causa de todos os males físicos que acontecem é revirar a ordem que consiste na diversidade.

Como nem Deus nem os corpos celestes podem forçar a vontade a se voltar para um objeto, também não podem ser a causa do mal moral.

Certas disposições dos corpos influenciam, no entanto, o mal moral; mas, então, ele deixa de ser um mal moral e se torna um vício da natureza.

Os astrólogos sempre dizem coisas conforme à razão e ao bom senso; o homem, pela força do que abraça, pode transformar-se em lobo ou porco; em uma palavra, assumir todas as formas.

Tudo o que tem começo deve ter um fim; não é surpreendente, pois, que os oráculos tenham cessado. A lei antiga solicitava os oráculos; a nova não os quer porque é de um novo arranjo. Era preciso adotar novos costumes.

Como é bastante difícil abandonar um velho hábito em prol de um novo, segue-se daí que os milagres eram necessários para se fazer adotar a nova lei e abandonar a antiga.

Quando a ordem dos céus começar a mudar, tudo aqui embaixo também mudará. Vemos que os milagres eram fracos, de início, e também as religiões; quando os milagres se tornaram mais surpreendentes, as religiões cresceram; os milagres desapareceram, a religião diminuiu. Esta é a ordem dos céus. Ela varia e irá variar tão fortemente que esta religião deixará de convir aos homens. Moisés fez milagres, os pagãos também, e com eles também Maomé e Jesus Cristo. Isto é necessário, pois não poderia haver mudança considerável no mundo sem a ajuda dos milagres.

A natureza do milagre não consiste no fato de estar fora da esfera das coisas ordinárias, mas no efeito raro, cuja causa não se conhece, embora esteja na natureza.

Eis toda a impiedade de Pomponazzi. Ela acreditava minimizá-la ao dizer que Jesus Cristo era preferível a Aristóteles e a Platão: "E embora", diz ele, "todos os milagres ocorridos possam explicar-se naturalmente, é preciso, no entanto, acreditar que tenham sido feitos, de modo sobrenatural, em favor da religião, pois a Igreja quer que se acredite". Tinha por máxima falar vulgarmente e pensar como filósofo, ou seja, era cristão, da boca para fora, e ímpio no coração. "Eu falo", diz ele, "para os filósofos, que são os únicos homens sobre a Terra; pois os demais, vejo-os como simples figuras, apropriadas a preencher os vazios que se acham no universo". Que necessidade se tem de refutar o que acabamos de ler? Não é o bastante tê-lo sob os olhos? Pomponazzi teve muitos discípulos, entre os quais Hércules de Gonzaga (segundo uma carta de Jules Scaliger), mais tarde cardeal, e que tanta estima demonstrou por seu mestre que o fez inumar no mausoléu de seus ancestrais.

Agostino Nifo[42] foi o adversário mais temido de Pomponazzi e um dos mais célebres peripatéticos de seu século. Nasceu na Calábria, embora muitos o tenham considerado suíço. É verdade que o próprio Nifo deu ensejo ao erro, pois se dizia suíço, após ter ali vivido muito tempo e lá se casado. Seu pai casou-se de novo após a morte da mãe de Nifo. Sua madrasta era injusta, cruel, e levou o ódio de Nifo tão longe que, embora ainda jovem, foi obrigado a abandonar a casa paterna. Fugiu para Nápoles onde teve a sorte de encontrar um suíço em quem despertou afeição. Foi tratado como um de seus filhos, recebendo a mesma educação. Enviado a Pádua para estudar, ali dedicou-se à filosofia dos peripatéticos e à medicina. Segundo os costumes do tempo na Itália, quem não abraçasse a condição eclesiástica aliava o estudo da filosofia ao da medicina. Eis porque Nifo foi tão bom filósofo quanto médico. Teve por mestre um peripatético muito apegado às opiniões de Averróis, sobretudo àquela sobre a existência de uma só alma. Havia dado tantos argumentos para provar essa noção que o povo e os filósofos menores a adotaram com ele, de maneira que esta opinião difundiu-se por toda a Itália. Mas foi além das ideias de Averróis. Sustentou que não havia outras substâncias imateriais além daquelas que faziam mover as esferas celestes. Nifo não examinou, na sequência, se aquilo que seu mestre lhe havia ensinado tinha bons fundamentos. Procurou apenas os meios mais apropriados para defender as opiniões do mestre. Com esse propósito escreveu o livro sobre o entendimento e os demônios, obra de muita repercussão. Os

42. Filósofo e professor (1473?-1545?), autor de, entre outros: *De immortalitate animi*, *De intellectu et daemonibus* e de *Opuscula moralia et política*

monges clamaram contra os erros ali contidos. Provocaram uma violenta tempestade, contra a qual teve muitas dificuldades para não naufragar. O fato o tornou mais sábio e prudente. Ensinou filosofia nas mais famosas academias da Itália, e nas quais Achillini e Pomponazzi tinham grande reputação, como Pisa, Bolonha, Salerno, Pádua e, enfim, Roma, no colégio La Sapienza. Nifo nos assegura que as cidades de Bolonha e Veneza ofereceram-lhe mil escudos de ouro para ensinar filosofia. A casa dos Médici o protegeu, em particular Leão X, que o cobriu de bens e honrarias. Ordenou-lhe refutar o livro de Pomponazzi sobre a imortalidade da alma e a dizer que esta imortalidade não era contrária às concepções de Aristóteles, o que Pomponazzi pretendia. Foi assim que a barbárie do século tornou ruins as melhores causas. Pela maneira ridícula de refutar Pomponazzi, este aqui parecia ter razão, pois é certo que Aristóteles não cria na imortalidade da alma. Se Nifo tivesse se dedicado a provar que a alma era imortal, teria feito com que se percebesse que Pomponazzi estava errado, juntamente com seu mestre e guia, Aristóteles. Nifo teve muitos adversários, já que Pomponazzi tinha muitos discípulos. Todos os escritos contra ele não impediram que agradasse a Carlos V e às mulheres de sua corte. Pois este filósofo, apesar de muito feio, sabia tão bem despojar a filosofia de sua rudeza e assumir os ares da corte que ali era visto como um homem dos mais amáveis. Narrava agradavelmente e tinha imaginação para conversar. Sua voz era sonora e amava as mulheres mais do que seria conveniente a um filósofo. Às vezes, conduzia suas aventuras tão longe que se fez desprezar, correndo riscos ainda maiores. Bayle, como se sabe, estende-se bastante neste artigo e acompanha todas as suas aventuras, quando acreditamos dever deixá-las. Não saberíamos nos insurgir contra esses costumes e contra sua fúria de escarnecer indistintamente de todo o mundo, e de qualquer matéria que seja. Há muitos traços obscenos em suas obras. O público vinga-se ordinariamente e há poucas pessoas sobre as quais se digam coisas divertidas como sobre Nifo. Em certos escritos lê-se que ficou louco, mas não devemos fazer caso de tais historietas, como também das suas. Podemos assegurar apenas que era um homem de muito espírito, o que se vê em suas obras. Teceu comentários sobre quase todos os livros de filosofia de Aristóteles, o que, aliás, fez de melhor. O que escreveu sobre moral não é, nem de longe, tão bom. Seu grande defeito era a dispersão; quando tinha uma ideia, não a deixava a não ser quando a tivesse exposto de todas as maneiras.

Entre os últimos filósofos que seguiram o peripatetismo puro, Giacomo Zabarella[43] foi um dos mais famosos. Nasceu em Pádua, em 1533, de família ilustre. O espírito daqueles que um dia terão fama desenvolve-se desde cedo. Em meio aos erros e às coisas más que um jovem comete, descobrem-se alguns traços de gênio, se estiver destinado a trazer luz ao mundo. Assim foi Zabarella; aliava uma grande facilidade a um desejo insaciável de saber. Queria dominar todas as ciências e esgotá-las. Desde cedo adestrou-se no peripatetismo, pois essa vertente era então o *nec plus ultra* dos filósofos. Aplicou-se sobretudo às matemáticas e à astrologia, nas quais fez grandes progressos. O senado de Veneza o estimava tanto que fê-lo suceder a Bernardo Tomitanus[44]. Sua reputação não ficou restrita somente à Itália. Sigismundo, rei da Polônia, ofereceu-lhe vantagens tão consideráveis para ser professor no país que ele resolveu deixar sua pátria e satisfazer o convite do rei. Escreveu várias obras que lhe dariam grande renome, caso estivéssemos naqueles tempos de barbárie. Mas o novo dia que ilumina o mundo literário obscurece o brilho que aqueles livros tinham na época.

Os Piccolominis não devem ser aqui esquecidos. Esta família é tão ilustre pelos sábios que produziu quanto por sua Antiguidade. Os pais de Alexandre Piccolomini, tendo herdado

43. Autor de *Opera lógica*, *Apologia* e *De rebus naturalibus*. Faleceu em 1589.

44. Autor de *Lectiones super libro I posteriorum analyticorum Aristotelis.*

de seus ancestrais o amor pelas ciências, quiseram transmiti-lo a seus filhos. Para isso, tiveram toda sorte de professores, e os mais hábeis. Não pensavam como hoje pensamos: a vaidade faz empregar preceptores e governantas para as crianças. Basta que se tenha um deles e pouco importa se é adequado para transmitir a educação conveniente. Não se pergunta se ele sabe o que deve ensinar a seu aluno. Quer-se apenas que não seja caro[45]. Estou persuadido de que esta maneira de pensar causou a decadência de muitas grandes famílias. Um homem mal educado acaba em erros e se arruína. E se não comete enganos, nada faz para evoluir, o que decerto faria se tivesse tido uma educação melhor. Diz-se que as inclinações do duque de Borgonha não eram naturalmente voltadas para o bem. O que não fez então a educação que o grande Fenelon lhe deu, pois foi um príncipe que a França para sempre se lamentará da perda. Para voltar a Alexandre Piccolomini, fez com seus mestres progressos extraordinários. Acho que o que dele se diz contém um pouco de exagero, e que a adulação toma parte nisso. Mas é verdade, entretanto, que foi um dos homens mais completos de seu tempo. A doçura de seus hábitos e uma urbanidade digna dos tempos de Augusto conquistaram-lhe tantos amigos quanto seu conhecimento atraiu admiradores. Não teve apenas o mérito filosófico, mas nele encontrava-se também o episcopal. Foi elevado àquela dignidade e, em seguida, feito adjutor do arcebispo de Siena. Envelheceu estimado e respeitado por todos. Morreu em 1578, lamentado pelos sábios e pelos diocesanos, para os quais tinha sido um pai. Não podemos compreender o amor que dedicou às obras

45. A respeito da educação privada, isto é, realizada no âmbito familiar, há uma passagem nas *Meditações* de Marco Aurélio que se coaduna com a opinião do autor. Diz o imperador-filósofo que devia muito de seus conhecimentos ao bisavô, apesar dele "não haver frequentado escolas, mas ter colhido os frutos de ter bons professores particulares e haver compreendido que em tais coisas se deve gastar liberalmente" (Livro I,4 – tradução de Mário da Gama Kury).

de Aristóteles – as lia dia e noite e nelas encontrava um novo prazer. Tem-se razão em dizer-se que a paixão e o preconceito se misturam, pois é certo que em algumas obras de Aristóteles os prazeres que um homem de espírito pode experimentar são logo saciados. Alexandre Piccolomini foi o primeiro a escrever filosofia em língua vulgar. Isso gerou recriminações de alguns pensadores que acreditavam ter sido a filosofia aristotélica profanada. Quando muito, esses supersticiosos ousavam escrever em latim e, a levá-los em consideração, só o grego era digno de grandes belezas. O que diriam eles se voltassem hoje? Nossa filosofia os surpreenderia bastante, pois veriam que mesmo os alunos das primeiras séries se riem das opiniões que tanto respeitavam. Como foi possível que homens, amantes da independência, tenham dobrado os joelhos tanto tempo perante Aristóteles? É um problema que mereceria a pena de um homem de espírito para resolvê-lo. Isso me surpreende tanto mais que já se escrevia contra a religião. A revelação incomodava; não se buscava apreender seu espírito sob os profetas, os evangelistas ou São Paulo. E, no entanto, suas epístolas contêm uma filosofia melhor do que a de Aristóteles.

Não me surpreendo de ver hoje em dia pessoas incrédulas. Descartes ensinou a não admitir nada que não esteja claramente provado. Este filósofo, que conhecia o preço da submissão, recusou-a quando comparado aos antigos. O interesse não o guiava, pois, de acordo com seus princípios, acreditava não dever segui-lo a não ser que os motivos fossem muito bons. Concebo pois como esta análise estendeu-se a todas as coisas, e até mesmo à religião. Mas em uma época em que tudo na filosofia se julgava pela autoridade, investigar a religião não deixava de ser extraordinário.

Francesco Piccolomini foi alguém que também honrou a filosofia peripatética. Parece que seu espírito queria livrar-se dos entraves que possuía e a autoridade de Aristóteles não lhe bastava. Ousava também pensar como Platão, o que atraiu a discórdia do fogoso Zabarella. A disputa foi singular, pois não era sobre os princípios morais que discutiam, mas sobre a maneira de tratá-la. Piccolomini queria que fosse tratada sinteticamente, quer dizer, que se partisse dos princípios para chegar-se às conclusões. Zabarella dizia que, na verdade, na esfera da natureza procedia-se assim, mas que o mesmo não se dava no conhecimento. Que era preciso começar pelos efeitos para se chegar às causas e toda a sua atenção estava dirigida para provar que Aristóteles assim pensara, e que a disputa terminaria se pudesse demonstrá-lo. Mas enganava-se. Quando Piccolomini estava vencido por Aristóteles, refugiava-se em Platão. Ali, Zabarella não se dignava a atacá-lo, já que pensava faltar ao respeito com seu mestre, dando-lhe um rival. Piccolomini queria fazer os dois filósofos concordarem. Acreditava que seus princípios fossem os mesmos e que, por conclusão, deveriam chegar a um consenso. Os protetores de Aristóteles desaprovavam essa conduta, querendo que o mestre fosse o único bem pensante da Antiguidade. Morreu com idade de 84 anos e as lágrimas vertidas em sua sepultura são a oração fúnebre mais eloquente que a ele se possa fazer, pois os homens não amam outros por seus talentos. Se o coração lhe falta, eles se limitam a estimá-lo pelo espírito. Francesco Piccolomini mereceu a estima e a amizade de todos os seus concidadãos. Temos dele um comentário sobre os livros de Aristóteles que tratam do céu e dos que tratam da origem e da morte da alma[46]. E um sistema de filosofia natural e moral que foi publicado sob o título de *A Ciência Perfeita e Filosófica de toda a Natureza, Distribuída em Cinco Livros.*

Os grandes estudavam então filosofia, embora não fosse ela, nem de perto, tão agradável quanto hoje. Ciriaco Strozzi foi um deles. Era de família ilustre entre os florentinos. Após uma educação digna de seu elevado nascimento, acreditou ser necessário, para seu aperfeiçoamento, viajar pela Europa. E não viajou como aqueles que o fazem para se distrair. Todo o continente converteu-se para ele em um gabinete de estudos, onde trabalhava

46. *Expositio in três libros Aristotelis de anima* (1602).

tanto ou até mais frutiferamente do que certos pensadores que julgam perder tempo se virem a luz do dia. De volta à pátria, foi nomeado professor, pois os grandes não se sentiam desonrados ao provar que sabiam mais do que os outros. Na sequência, tornou-se professor em Bolonha, de onde se foi a Pisa. Em todos os lugares mantinha a sua reputação. Resolveu dar a público o nono e o décimo livros da *Política* de Aristóteles, que se perderam. Eles não têm talvez a força dos que saíram da pena de Aristóteles, mas pode-se dizer que possuem fineza em suas reflexões, profundidade nos pontos de vista e espírito em todo o livro. Ora, naquele tempo, o espírito era muito mais raro do que o saber e estou convencido de que alguns que então brilhavam não poderiam escrever duas linhas hoje. É preciso aliar a ciência ao espírito.

Andréa Cesalpino[47] e César Cremonini tornaram-se bastante conhecidos em seu século. Era confortável atrair a atenção de todo o mundo sobre si mesmo escrevendo contra a religião, sobretudo quando se escreve espirituosamente. Vê-se que todo o mundo corre para esses livros. Diríamos que os homens querem vingar-se do incômodo que os causa a religião e que nos sentimos bem ao observar os ataques contra aqueles preceitos que são os inimigos de todas as paixões humanas. Cesalpino passa por ímpio, e não é sem motivo. Jamais alguém fez tão pouco das verdades reveladas. Após os estudos comuns, tomou a resolução de ser um experto em medicina e na filosofia de Aristóteles. Seu gênio perspicaz e fácil permitiu-lhe fazer progressos rápidos em ambas as ciências. Sua vasta erudição encobriu um pouco a nódoa de impiedade da qual era acusado, pois o papa Clemente VIII fê-lo seu principal médico e deu-lhe uma cátedra de medicina no colégio La Sapienza. Conquistou renome com as diversas obras que escreveu e, sobretudo, pela descoberta da circulação do sangue, pois nesse tópico antecedeu a Harvey. A justiça pede que nós relatemos sobre o que

47. Naturalista, médico e filósofo (1519-1603), o primeiro, com certeza, a perceber a sexualidade das flores.

nos baseamos para fazê-lo disputar com Harvey a glória da descoberta. Eis como fala Cesalpino:

> Por esse meio o pulmão extrai o sangue do ventrículo direito do coração por intermédio da veia que se parece com artérias, e o devolve por meio da abertura da artéria venal que se dirige ao ventrículo esquerdo do coração, havendo passado, nesse ínterim, ar frio através dos canais da artéria áspera, que se estendem junto à artéria venal; estes não se comunicam por pequenas bocas, como Galeno pensava, mas combinam-se apenas pelo toque. Na dissecação vê-se claramente esta circulação do sangue do ventrículo direito do coração para o esquerdo através dos pulmões: pois dois são os vasos que terminam no ventrículo direito, e dois no esquerdo; dos dois, só um se introduz, o outro sai, estabelecidas as membranas por este engenho[48].

Deixo aos médicos julgar se tais palavras provam que Cesalpino já conhecia a circulação sanguínea. Mas a filosofia é o que mais nos interessa a respeito da pessoa de Cesalpino, pois é disso que aqui se trata.

Ele se propôs a seguir Aristóteles com todo o rigor e nenhum comentador era uma autoridade suficiente para ele. Seria feliz se pudesse desembaraçar-se até mesmo daquela de Aristóteles! (Mas estava destinada à França a produção deste gênio, que tiraria da escravidão todos os espíritos do mundo.) Quando encontrava em Aristóteles algo que lhe parecesse contrário aos dogmas da religião cristã, isso não o detinha. Prosseguia sempre em seu caminho e deixava aos teólogos

48. "Idcirco pulmo per venam arteriis similem ex dextro cordis ventrículo fervidum hauriens sanguinem, eumque per anastomosim arteriae venali reddens quae in sinistrum cordis ventriculum tendit, transmisso ínterim aere frigido per asperae arteriae canales, qui juxta arteriam venalem protenduntur; non tamen osculis communicantes, ut putavit Galenus, solo tactu temperat. Huic sanguinis circulationi ex dextro cordis ventrículo per pulmones in sinistrum ejusdem ventriculum, optime respondente a quae in dissectione apparent: nam duo sunt vasa in dextrum ventriculum desinentia, duo etiam in sinistrum; duorum autem unum intromittit tantum, alterum educit, membranis eo ingenio constitutis".

escapar das dificuldades. Parece que antecedeu a Spinoza em seus princípios heréticos; é o que podemos ver em suas questões peripatéticas a respeito dos primeiros princípios da filosofia natural. Não apenas acompanhou as impiedades de Aristóteles, mas pode-se dizer que enriqueceu as já existentes. Eis porque muitas pessoas preeminentes em seu século o acusaram de ateísmo. Diremos em poucas palavras o que se deve retomar de Cesalpino. É preciso antes lembrar-se do que já dissemos sobre o sistema da fisiologia de Aristóteles, pois sem isso será difícil acompanhar-nos. Para melhor fazer engolir o veneno, ele tomava uma passagem de Aristóteles e a interpretava à sua maneira, fazendo-lhe dizer o que queria, de sorte que emprestava ao filósofo o que este jamais pensara. Não se pode ler sem horror o que disse de Deus e da alma humana, pois nisso ultrapassou as loucuras de Averróis. Segundo Cesalpino, existe apenas uma alma no mundo, que agita todos os corpos e o próprio Deus que adoramos. E se perguntamos o que são os homens, ele vos dirá que entram na composição desta alma. Como Deus é uno e simples (pois tudo isso se encontra reunido na doutrina), ele compreende apenas a si mesmo. Não mantém nenhuma relação com as coisas exteriores e, por conseguinte, não há providência. Eis aí os frutos da filosofia de Aristóteles, em parte, na verdade, mal entendida e, em parte, não corrigida. Pois tendo Aristóteles ensinado que todas as coisas provinham da matéria, Cesalpino conclui daí não haver senão uma substância espiritual. E vendo que havia muitos corpos animados, pretendia então que uma parte daquela substância é que dava vida a cada corpo em particular. E servia-se deste axioma de Aristóteles *quod in se optimum, id seipsum intelligere* (pois o que é ótimo em si, só a si mesmo se compreende) para negar a providência. Na física está também cheio de erros. Segundo ele, não há qualquer diferença entre a modificação e a substância e, o que é mais singular, quer que definamos a matéria e os diversos corpos pelos vários acidentes e pelas qualidades que os afetam. Tudo isso está cheio de contradições. Mas não poderíamos deixar de reconhecer que defendeu algumas proposições com muita sutileza e engenhosidade. E nem deixar de deplorar que um tal gênio tenha-se ocupado toda a vida com coisas inúteis. Se houvesse entrevisto o verdadeiro, que progressos não teria feito? Quase todos os pensadores, como já fiz notar, repreendem o espinozismo em Cesalpino. É preciso confessar, no entanto, que há uma diferença essencial entre ele e o célebre filósofo herético. A substância única nos princípios de Cesalpino diziam respeito apenas à alma, e nos princípios de Spinoza ela compreende também a matéria. Mas o que importa? A opinião de Cesalpino destrói a natureza de Deus tanto quanto a de Spinoza. Segundo Cesalpino, Deus é a substância do mundo, é ele quem a constitui e não está no mundo. Que absurdo! Considerava Deus em sua relação com o mundo, como uma galinha que choca ovos. Não existe mais ação de Deus para fazer andar o mundo do que aquela, por parte da galinha, para fazer com que os pintos saiam dos ovos. Como é impossível, diz ele algures, que uma potência não tenha sujeito, também é impossível encontrar um espírito sem corpo. Ele está repleto de absurdos semelhantes, que seriam supérfluos relatar.

Cesare Cremonini[49] foi um herético ao gosto de Cesalpino. Sua impiedade formou-se no mesmo molde, quer dizer, no de Aristóteles. Esses filósofos não podiam imaginar que fosse possível Aristóteles enganar-se sobre alguma coisa. Tudo o que este filósofo e mestre tivesse pronunciado lhes parecia irrefragável. Eis porque todos os que o seguiam com rigor negavam a imortalidade da alma e a providência. Não acreditavam que se devesse aproveitar as luzes que a religião cristã havia projetado sobre esses dois pontos. Aristóteles não os havia pensado. Podia-se pensar melhor, depois dele? Se tivessem refletido um pouco sobre suas condutas, teriam percebido que Aristóteles

49. Crítico das interpretações que Tomás de Aquino dera de Aristóteles, Cremonini (1550-1631) pertenceu à chamada Escola de Pádua.

não era apenas um mestre, mas seu Deus. Pois não é humano alguém descobrir tudo e jamais se enganar. Com tal veneração, podemos imaginar facilmente com que furor devoravam as obras de Aristóteles. Cremonini foi um dos que melhor as compreenderam. Conseguiu grande reputação e atraiu a amizade e a estima de príncipes. E eis o que não entendo, pois essa espécie de filosofia nada tinha de atraente. Não ficaria surpreso se os filósofos daquele tempo tivessem sido demitidos de suas escolas, pois sinto que eram por demais tediosos. O que me surpreende hoje é aquilo que chamamos de *um grande filósofo* não ser bem acolhido pelos reis, e estes não os terem por seus amigos. Pois quem se refere hoje a um grande filósofo, fala de um homem com uma infinidade de conhecimentos úteis e agradáveis, um homem repleto de grandes visões. Poderão nos dizer que tais homens nada entendem de política. Não se sabe que a marcha dos negócios é uma espécie de rotina e que é preciso ali entrar para entendê-los? Por acaso se crê que alguém, por suas obras, reconhecido como homem de vasto gênio e entendimento e perspicácia surpreendente – crê-se, digo – que tal homem não seria um grande ministro, se para isso fosse admitido? Um grande espírito é sempre ativo e se lança em direção a qualquer objeto; faria, portanto, qualquer coisa e veríamos alguns sistemas corrigidos, certos costumes abolidos, por serem maus, novas ideias eclodirem e melhorar as condições dos cidadãos. A sociedade, em uma palavra, se aprimoraria, como a filosofia o faz todos os dias. Em alguns países, encontramo-nos hoje, em vista do sistema de bem-estar geral da sociedade, como estavam aqueles filósofos aos quais me refiro, com relação às ideias de Aristóteles. É preciso esperar que a natureza dê à sociedade o que já deu à filosofia – a sociedade terá o seu Descartes que derrubará uma infinidade de preconceitos e fará rir nossos sobrinhos mais novos por todas as tolices que temos adotado.

Voltando a Cremonini, o fundo de seu sistema é o mesmo de Cesalpino. Todos esses filósofos sabiam de sua impiedade, pois basta ter olhos para ver que o que sustentavam era contrário aos dogmas do cristianismo. Mas acreditavam render homenagem suficiente à religião pela característica da fé, reservando a razão para Aristóteles, uma repartição muito desvantajosa. Como não percebiam que o que é contrário à razão, que ela prova ser falso, poderia ser verdade para a religião? A verdade é a mesma em Deus e para os homens – tem a mesma fonte. Não estou surpreso que não tenham encontrado a verdade, pois não sabiam o que ela era. Faltando-lhes os primeiros princípios, seria bastante difícil que saíssem do erro que os subjugava.

Os filósofos aos quais me referi saíram do seio da igreja romana. Houve muitos outros, sem dúvida. Mas achamos melhor nos determos sobre os que mais se distinguiram. Os protestantes tiveram os seus, tanto quanto os católicos. Parecia que Lutero teria dado o último golpe na filosofia peripatética ao envolvê-la nas maldições que dirigiu à teologia escolástica. Mas o próprio Lutero sentiu ter ido longe demais. A seita dos anabatistas fez-lhe perceber que havia uma porta para os entusiastas e iluminados e faltavam armas aos luteranos para refutá-los. Foi preciso que emprestassem aquelas que tinham amaldiçoado os católicos. Melanchton foi um dos que mais contribuiu para o restabelecimento da filosofia entre os protestantes. Não se sabia ser outra coisa que peripatético naqueles tempos. Melanchton era bastante esclarecido para cair nos erros grosseiros da seita. Acreditou então poder reformar a filosofia em determinadas partes e conservar-lhe o fundo que julgava necessário para repelir os dardos que os católicos lançavam e, ao mesmo tempo, segurar os progressos de certas seitas que iam muito mais longe que os protestantes. Este homem célebre nasceu em Schwarzerd[50], de uma família respeitada e recebeu uma boa educação. Desde os primeiros anos, percebeu-se nele um desejo insaciável

50. Este é, na verdade, o nome de família do filósofo e teólogo Philipp Melanchton (sobrenome vertido para o grego). Nasceu em Bretten, em 1497, vindo a falecer em 1560. Autor, entre outros, de *Loci communes rerum theologicarum*, *De rethorica*, *Ethicae doctrina elementa*, *Comentarius de anima* e de *Confessio augustana*.

de aprender. Os prazeres comuns não o divertiam e seus esforços continuados o tornaram grave e sério, embora isso não tenha alterado a delicadeza de seu caráter. Com a idade de doze anos prosseguiu seus estudos em Heidelberg, onde atraiu a estima de todos. O conde Ludwig Lowenstein o escolheu como preceptor de seus filhos. Com razão Baillet o incluiu entre as crianças que se sobressaíram com pouca idade, na qual raramente se possui o necessário para a sabedoria. Era naturalmente eloquente, como se constata em seus escritos. Estudou filosofia como todos os outros, pois não se era nada se não se soubesse Aristóteles. Distinguiu-se bastante com as soluções dadas às dificuldades sobre as proposições modais. Parecia uma águia sobrevoando os universais. É surpreendente que eu elogie Melanchton por tais passagens, pois hoje em dia nos rimos delas e com razão. Mas deve-se elogiar um homem por ter ido mais longe em seu século. Estavam então essas questões em moda e não se podia dispensar de estudá-las. Quando alguém excelia a outros não deixava de mostrar mais sagacidade, pois os primeiros homens de todos os séculos são sempre grandes homens, apesar dos absurdos que tenham dito. É preciso ver, diz Fontenelle[51], de onde eles partiram. Um homem que escala uma montanha escarpada poderá ser tão ligeiro quanto outro que, na planície, fará seis vezes mais o caminho. Melanchton tinha, entretanto, espírito suficiente para pressentir que a filosofia de Aristóteles estendia muito longe os seus direitos. Desaprovava as questões espinhosas, difíceis e inúteis com as quais todo o mundo se atormentava. Percebeu que uma infinidade de tolices escondiam-se sob grandes palavras e que não havia senão o hábito filosófico para disfarçá-las. É bastante evidente que, à força de enfiar palavras na cabeça, expulsamos todas as ideias; terminamos sábios sem

51. Bernard Bouvier de Fontenelle (1657-1757), escritor polímata, autor de obras teatrais, científicas e filosóficas, entre as quais foram célebres, em seu tempo, os *Nouveaux dialogues des morts*, *Entretiens sur la pluralité des mondes* (em defesa do sistema copernicano) e *Digressions sur les anciens et les modernes*.

nada saber. Cremos ter a mente cheia e ali não há nada. Foi um monge que o convenceu do mau gosto que tiranizava todos os homens. Este monge, não sabendo um dia o sermão a ser predicado, ou não o tendo preparado, imaginou então explicar algumas questões da moral aristotélica. Serviu-se de todos os termos retóricos e vê-se claramente o quanto esta exortação foi útil e que unção ali introduziu. Melanchton pôs-se indignado por ver a que extremos ia a barbárie. Felizmente, na sequência, não atribuiu um crime inteiro à Igreja pela loucura de um particular, que ela mesma sempre desaprovou, como desaprova todos os dias as extravagâncias dos fanáticos. Terminou seus estudos com a idade de dezessete anos e se pôs a lecionar, particularmente às crianças, Terêncio e Virgílio. Algum tempo depois, foi incumbido de uma conferência, o que o fez ler com atenção Cícero e Tito Lívio. Provou ser um homem de grande espírito, nutrido com os melhores autores. Mas o que mais surpreendeu Melanchton, que tinha, como já disse, um caráter muito pacífico, foi ter observado, pela primeira vez, as contendas entre diferentes seitas. Na época, aquelas entre nominalistas e realistas fermentavam. Entre tantos maus argumentos, de uma parte e de outra, pois não era possível tê-los bons, terminavam vitoriosos os melhores punhos. De comum acordo, despojavam-se da gravidade filosófica e se batiam indecentemente. E sorte se no tumulto algum golpe bem aplicado modificasse o modo de pensar. Pois como observa um homem perceptivo, se as mãos inábeis de uma ama-de-leite podiam fazer de Pascal um tolo, por que um idiota trepanado não podia se tornar um sábio? Os parteiros daquela época não eram tão hábeis como os de hoje e creio que o longo predomínio de Aristóteles a eles se deve.

Melanchton foi chamado pelo eleitor da Saxônia para lecionar grego. O erro de Lutero fazia então muitos progressos. Melanchton conheceu este perigoso heresiarca e como procurava algo de novo, intuindo que o que lhe haviam ensinado não era o que se precisava saber, engoliu o veneno que lhe apresentava Lutero e extraviou-se. É com razão que procurava algo novo.

Mas devia ser na filosofia, pois não era a religião que pedia mudança. Não se faz uma nova religião como se faz um novo sistema. Não pode nem mesmo haver uma reforma da religião. Ela apresenta tantas coisas extraordinárias para a crença que se Lutero tivesse o direito de reformá-la, eu ainda a reformaria, pois estaria facilmente persuadido de que esquecera muitas coisas. Não é pelo fato de saber que não posso tocá-la que me agarro ao que me proponho. Melanchton, depois de conhecer Lutero, tornou-se sectário, e um sectário ardente. Por consequência, seu espírito foi envolvido pelo véu do engano. Suas visões não puderam mais estender-se como teriam feito caso não adotasse um partido: pregava, catequizava, futricava e, por fim, abandonou Aristóteles em alguns pontos para seguir Lutero, que lhe era tanto menos vantajoso quanto mais formalmente atacava a religião. Lutero espargiu algumas nuvens sobre o espírito de Melanchton, a respeito de Aristóteles, pois não se envergonhava de chamar Aristóteles de *um sofista vão*, após algumas lições de Lutero. Mas apesar das apologias que fez das opiniões de Lutero, muito contribuiu para restabelecer a filosofia entre os protestantes. Percebeu que Lutero condenava antes a escolástica do que a filosofia; não era contra os filósofos que se movia, mas contra os teólogos e é preciso confessar que começou bem ao converter suas armas em algo odioso ou desprezível. Melanchton detestava todas as outras seitas filosóficas, parecendo-lhe sustentável apenas o peripatetismo. Rejeitava igualmente o estoicismo, o ceticismo e o epicurismo. Recomendava a todos a leitura de Platão por causa da abundância que nele se encontra, pelo que diz da natureza divina e por seu estilo. Mas preferia Aristóteles por sua ordem e método. Escreveu sobre as vidas de Platão e de Aristóteles e, lendo-as, pode-se ver facilmente sua opinião. Creio não aborrecer caso transcreva aqui alguns traços retirados de suas arengas. Eles são estranhos e, além disso, ver-se-á de que modo exprimia-se este homem tão famoso e cujos discursos tanto impressionavam:

Como nem sempre segue o método que Platão predica, e às vezes estende-se de modo bastante livre nas disputas, envolvendo-o com figuras e ocultando coisas conscientemente, por isso raras vezes pronuncia o que fazer e o que entender; penso que aos adolescentes há de se propor antes Aristóteles, que explica integralmente as disciplinas que trata e que exibe um método mais simples ou oferece o fio para conduzir o leitor, e geralmente propõe o que entender: de modo que são muitas as causas importantes exigidas dos docentes; assim como o campo semeado por Cadmo com os dentes do dragão deu à luz homens armados que entre si combatiam, da mesma forma, se alguém semeia opiniões contrárias, daí nascerão dissensões várias e perniciosas[52].

Pouco depois, diz que, servindo-se do método de Aristóteles, é fácil reduzir o que em Platão seria extremamente longo. Aristóteles, nos diz ainda em outro lugar, possui outras vantagens sobre Platão; nos deu um curso inteiro – o que ele começa, acaba. Retoma as coisas de tão alto quanto se possa ir e vos conduz bastante longe. Amemos, conclui, Platão e Aristóteles. O primeiro pelo que disse sobre política e por causa de sua elegância; o segundo, por causa de seu método. Mas é preciso lê-los com precaução e distinguir bem o que é contrário à doutrina dos evangelhos. Não poderíamos prescindir de Aristóteles dentro da igreja, pois é o único que nos ensina a definir, a dividir e a julgar. Só ele nos ensina mesmo a raciocinar. Ora, na igreja não é tudo isso necessário? Para as coisas da vida não temos necessidade de muitas coisas que só a física nos ensina? Disso nos fala Platão, mas dir-se-ia tratar-se de um profeta que anuncia o futuro,

52. Diz ele: "Cum eam quam toties Plato praedica methodum, non saepe adhibeat, et evagetur aliquando liberius in disputando, quaedam etiam figuris involvat, ac volens occultet, denique cum rar pronuntiet quid sit sentiendum; assentior adolescentibus potius proponendum esse Aristotelem, quia artes, quas tradit, explicat integras, et methodum simpliciorem, seu filum ad regendum lectorem adhibet, et quid sit sentiendum plerumque pronuntiat: haec in docentibus ut requirantur multae causae graves sunt; ut enim satis dentibus draconis a Cadmo seges exorta est armatorum, qui inter se ipsi dimicarunt; ita, si quis serat ambíguas opiniones, exoriuntur inde variae ac perniciosae dissensiones".

e não de um mestre que quer instruir. Enquanto que, em Aristóteles, vós encontrais os princípios, dos quais ele tira as consequências. Peço apenas, diz Melanchton, que nos fixemos nas coisas que diz Aristóteles e não nas palavras, que abandonemos essas sutilezas inúteis e que nos sirvamos das distinções quando forem necessárias para perceber que a dificuldade só diz respeito ao que vós defendeis. Pois comumente se distingue a fim de vos fazer perder de vista o que se defende. É essa a maneira de esclarecer os assuntos? Já dissemos o bastante, creio eu, para demonstrar que não é sem motivo que entendemos Melanchton como um daqueles que restabeleceram a filosofia de Aristóteles. Não tivemos a intenção de falar de sua vida, ainda que abranja muito mais circunstâncias interessantes do que aquelas que relatamos. É um grande homem e desempenhou um papel importante no mundo. Mas sua vida é bastante conhecida e não é aqui o lugar de descrevê-la.

Nicolaus Taurellus[53] foi um dos mais célebres filósofos entre os protestantes. Nasceu em uma família cuja fortuna não o permitia ter uma educação como a que seu espírito pedia. Mas a facilidade e a argúcia que nele se viam fizeram com que o duque de Wittemberg se encarregasse das despesas. Fez progressos extraordinários e nunca alguém enganou menos seus benfeitores do que ele. As divergências entre católicos e protestantes o impediram de abraçar o estado eclesiástico. Fez-se médico e foi esse fato que estancou seu prestígio na corte de Wittemberg. O duque o desejava perto de si para defender a reforma à qual havia aderido e, em parte, por esse motivo havia gasto em sua educação. Mas desconfiava-se de que tinha pendores pela confissão de Augsburgo. Talvez não pendesse por nenhum partido, mas qualquer que fosse a sua religião, isso não tem nada com a filosofia. Eis porque não discutimos este artigo exatamente. Após ter exercido medicina muito tempo na

53. Filósofo, teólogo e médico alemão (1547-1606), crítico do aristotelismo, autor de: *Philosophiae triunfus*, *De mutatione rerum naturalium theses physicae*, *De vita et morte libellus*.

Basileia, passou a Estrasburgo. E dessa cidade voltou à Basileia para ser professor de moral. De lá se foi à Alemanha onde adquiriu grande reputação. Sua escola encheu-se de barões e de condes que vinham ouvi-lo. Era tão desinteressado que, mesmo com seu renome e a concorrência para escutá-lo, não enriqueceu. Morreu com a peste na idade de cinquenta e nove anos. Foi um dos primeiros homens de seu tempo, pois teve a ousadia de pensar por si e jamais se deixar governar pela autoridade. Em seus escritos descobre-se uma certa ousadia em seus pensamentos e opiniões. Ninguém jamais dominou tão bem uma dificuldade e dela serviu-se contra seus adversários, que, comumente, não lhe podiam fazer frente. Foi um inimigo da filosofia de Cesalpino e percebe-se em suas obras que estava contente com o que fazia. O amor próprio aparece quase sempre a descoberto e nele se percebe, algumas vezes, uma presunção insuportável. Olhava do alto de seu espírito todos os filósofos que o haviam precedido, com exceção de Aristóteles e de outros antigos. Analisou a filosofia aristotélica e nela encontrou muitos erros. Teve a coragem de rejeitá-los e muita inteligência para fazê-lo com sucesso. É interessante ver-lhe dizer no prefácio do *Método da Medicina de Predição* (pois é esse o título do livro): "Dedico-me a vingar a doutrina de Jesus Cristo e não concedo a Aristóteles nada daquilo que Jesus lhe pareça recusar. Não examino nem mesmo o que é contrário ao evangelho, pois antes de todo exame já estou seguro de ser falso". Todos os filósofos deveriam ter a convicção de que suas filosofias não devem opor-se à religião. Toda a razão deve ali quebrar-se, pois é um edifício apoiado sobre verdades imutáveis. É preciso confessar ser difícil entender seu sistema filosófico. Sei apenas que desprezava os comentadores de Aristóteles e afirmava ser a filosofia peripatética a que mais lhe agradava, mas corrigida e conformada ao evangelho. Eis porque não creio que se deva apagá-lo do catálogo dos peripatéticos, embora o tenha reformado em vários lugares. Um espírito tão atrevido quanto o seu não podia deixar escapar alguns paradoxos e seus adversários deles se serviram para provar que era ateu. Mas, em verdade, o respeito que testemunha pela religião, e que certamente não era simulado, deve pôr-lhe ao abrigo de tal acusação. Não previa que se pudesse tirar tais consequências dos princípios que havia avançado, pois estou persuadido que se retrataria ou os teria explicado de modo a satisfazer a todos. Creio que se deve ser muito reservado sobre a acusação de ateísmo e nunca concluir, considerando apenas algumas proposições eventuais, que um homem é ateu. É necessário consultar todas as suas obras e pode-se assegurar que se ele realmente o for, sua impiedade se fará sentir em todos os lugares.

Michael Piccart[54] brilhava no tempo de Nicolaus Taurellus. Ensinou desde cedo lógica e nela muito se distinguiu; seguindo a corrente, foi peripatético. Após alguns ensaios, confiaram-lhe as cadeiras de metafísica e de poesia. Isso me parece bastante disparatado e não faço bons augúrios de um tempo em que se dava uma cadeira de poesia a um peripatético. Enfim, ele talvez fosse o melhor de sua época e nada há a objetar quando se vale mais que todos de seu tempo. Não entendo como num século em que se pagavam tão bem os pensadores Piccart permaneceu tão pobre. Pois contra a pobreza lutou toda a sua vida. E demonstrou, por sua conduta, que a filosofia de sua predileção e de seu espírito valiam mais do que o que ditavam as escolas. Escreveu grande número de obras, bastante consideradas pelos contemporâneos. Temos dele cinquenta e uma dissertações, nas quais demonstra um domínio superior de Aristóteles. Fez também um manual de filosofia de Aristóteles que serviu a muitos cursos. A reputação de Piccart ainda subsiste e o que não pode se dizer das obras do tempo encontramos, todavia, nas suas.

54. Estudou com Taurellus, mas foi igualmente influenciado pela escolástica espanhola de Jacopo Zabarella e Pedro da Fonseca. Autor de *Isagoge in lectionem Aristotelis* e *Organon Aristoteleum in quaestiones et responsiones redactum*. Nasceu em 1547 e veio a falecer em 1620.

Cornelius Martini[55] nasceu em Antuérpia. Ali fez seus estudos e, com tanta distinção, logo foi levado a Amsterdã para ser professor de filosofia. Era sutil, capaz de embaraçar um homem de espírito e de sair-se bem com a ajuda do peripatetismo. Atraiu a atenção do duque de Braunschweig que o enviou ao colóquio de Ratisbona. Gretzer, que também era deputado pelo partido dos protestantes, achou ruim que ao encontro fosse associado um professor de filosofia, já que se tratava de um debate no qual haveria apenas questões de teologia. Foi o que disse quando viu Martini na assembleia – *quid Saul inter prophetas quaerit?* (o que procura Saul entre os profetas?). Ao que Martini respondeu: *asinam patris sui* (o asno de seu pai). Posteriormente, Martini demonstrou que Gretzer enganara-se com as reclamações sobre o ajudante. Foi um guardião zeloso da filosofia de Aristóteles; trabalhou toda a vida defendendo-a dos assaltos que contra ela então começavam. Foi o que lhe fez tomar armas contra os partidários de Ramus[56]. E pode-se dizer que só com esforços redobrados o peripatetismo mantinha-se. Estava sempre disposto a discutir contra todo o mundo e jamais em sua vida recusou um desafio filosófico. Morreu com a idade de cinquenta e quatro anos, um pouco mártir do peripatetismo, pois havia prejudicado a saúde, fosse pelo trabalho aferrado em defesa de seu caro mestre, fosse pelas disputas de viva voz que afetaram seus pulmões. Temos dele a análise lógica e o comentário lógico contra os ramistas, um sistema de filosofia moral e outro de metafísica. Não faço menção aos diferentes escritos sobre teologia, pois falo somente do que concerne à filosofia.

Hermannus Corringius é um dos mais sábios homens que a Alemanha já produziu. Poder-se-ia enaltecê-lo sob vários aspectos.

55. Autor de *Metaphysica*, *De analysi logica tractatus*, *Disputationes metaphysicae*, *Compendium theologiae* (1568-1621).

56. Pierre de la Ramée (1515-1572), dito Ramus, filósofo antiaristotélico, professor de matemática e de retórica no Colégio da França. Aderiu à reforma e foi assassinado durante o massacre de São Bartolomeu. Autor de, entre outros, *Aristotelicae animadversiones* e *Dialecticae partitiones*.

Mas me contentarei com o que diz respeito à filosofia. Nela se distinguiu tão fortemente que não podemos nos dispensar de elogiá-lo nesta história. O duque Ulrike de Braunschweig fez-lhe professor em sua universidade. Veio em uma época ruim, quando as guerras desolavam toda a Europa. Esse flagelo atormentava todas as nações e é difícil dar-se aos estudos o tempo necessário para se tornar um pensador. Mas ele encontrou o meio de se fazer um dos homens mais sábios jamais nascidos. O maior dos elogios é dizer o que Colbert escreveu sobre ele no catálogo dos pensadores que Luis, o Grande, recompensou. Este grande rei testemunhou, com sua generosidade, a importância que atribuía a seus méritos. Foi peripatético e se queixava que o respeito dado aos mestres que lhe ensinaram tinha ido longe demais. Não é que não ousasse examinar as opiniões de Aristóteles, mas os julgamentos prévios que possuía não lhe permitiam novas descobertas. Ao pensar em Aristóteles, pensava ainda no modo pelo qual era preciso estudá-lo, tal como Melanchton. Eis aqui como fala das obras de Aristóteles:

> Faltam muitas coisas na filosofia moral de Aristóteles que eu desejaria. Por exemplo, tudo o que diz respeito ao direito natural e que acredito dever ser tratado na moral, pois é sobre o direito natural que ela se apoia. Seu método parece-me ruim e seus argumentos, fracos.

Com efeito, seria difícil ele nos dar uma boa moral, pois negava a providência, a imortalidade da alma e, por consequência, um estado futuro no qual se pune o vício e se recompensa a virtude. Que virtudes queremos admitir ao negar as primeiras verdades? Por que não se procuraria ser feliz neste mundo, se não há nada a esperar em outro? Nos princípios de Aristóteles, um homem que se sacrifica pela pátria é louco. O amor de si mesmo é, antes, o amor pela pátria. E não se antepõe comumente o amor da pátria antes do amor de si mesmo senão quando se está persuadido de que a preferência dada à pátria será recompensada. Se morro pela pátria e tudo morre comigo, não é a maior de todas as loucuras? Quem quer que pense de outra maneira dará mais atenção às grandes palavras de *pátria* do que à realidade das coisas.

Corringius insurgiu-se, no entanto, um pouco demais contra Descartes. Nada via de racional em sua física e aquela de Aristóteles o satisfazia. O que não faz o preconceito contra o espírito! Concordava com Descartes naquilo que ele rejeitava das formas substanciais. Os alemães não podiam ainda habituar-se às novas ideias de Descartes. Pareciam-se àquelas pessoas que tiveram os olhos vendados durante longo tempo e às quais se retira a faixa. Os primeiros passos são tímidos e eles se recusam a apoiar-se sobre a terra que descobrem. Um cego que em uma hora atravessa Paris, levaria talvez mais de um dia para fazer o mesmo caminho se ganhasse de repente a visão.

Com a morte de Corringius, também o peripatetismo quase desapareceu. Depois, nada fez senão estiolar-se, pois os que vieram depois e o defenderam já não podiam ser grandes homens. Havia então muita luz para que um homem de espírito pudesse se perder. Eis um pouco do começo, dos progressos e do fim da filosofia peripatética. Não penso que se tenha imaginado que nomearia a todos desta seita. Seriam necessários imensos volumes para isso, pois, em outros tempos, para ser um homem de destaque em seu século, era indispensável pertencer-se a uma escola qualquer de filosofia. E todos sabem que o peripatetismo prevaleceu durante longo tempo. Se um homem passava por ter mérito, começava-se por lhe propor frequentemente algum argumento *in baroco*[57], a fim de julgar se sua reputação estava bem fundamentada. Se Racine e Corneille fossem daquele tempo, e como não se teria encontrado nenhum *ergo* em suas tragédias, passariam por ignorantes, pobres de espírito. Feliz o nosso século por pensar de outra maneira!

57. Palavra mnemônica para indicar um tipo de silogismo construído com uma premissa universal e afirmativa (*todos* os homens são animais), uma premissa particular negativa (*alguns* seres vivos *não são* animais) e uma conclusão particular negativa (*alguns* seres vivos *não são* homens).

Aristotelismo ou Filosofia Peripatética

Tratamos, ao longo do artigo anterior, da filosofia de Aristóteles. Restam-nos, entretanto, coisas interessantes a dizer, as quais reservamos para este aqui, servindo de complemento àquele do primeiro volume desta obra.

Quanto à vida de Aristóteles, nada temos a acrescentar. Que se consulte a seção precedente sobre o nascimento, a educação, os estudos, a estada do filósofo nas cortes de Felipe e de Alexandre, seu apego e reconhecimento para com Platão, seu mestre, sua vida em Atenas, a abertura de sua escola, sua maneira de filosofar, sua retirada para Cálcis, sua morte, obras e as diferentes partes de sua filosofia. Mas para nos conservarmos dentro do método que seguimos em todos os artigos de filosofia, daremos aqui os principais axiomas de cada parte de sua doutrina, mais atentamente considerada.

Da Lógica de Aristóteles:

1. A lógica tem por objeto ou o verossímil ou o verdadeiro. Para dizer a mesma coisa com outras palavras, ou a verdade provável ou a verdade constante e certa. O verossímil, ou verdade provável, pertence à dialética, enquanto que a verdade constante e certa, à análise. As demonstrações da análise são certas e as da dialética são apenas verossímeis.
2. A verdade se demonstra, e para conseguirmos tal efeito nos servimos do silogismo. Este é demonstrativo ou analítico, tópico ou dialético. O silogismo compõe-se de proposições, e as proposições são feitas com termos simples.
3. Um termo é homônimo, sinônimo ou parônimo. Homônimo quando abrange coisas diversas sob um mesmo nome; sinônimo quando não há diferença entre o nome da coisa e sua definição; e parônimo quando as coisas que exprime, sendo as mesmas, diferenciam-se pela terminação e o caso.
4. Pode-se reduzir a dez classes os termos unívocos; e eles se chamam predicamentos ou categorias.

5. Estas dez classes de seres podem relacionar-se ou à substância, que é por si mesma, ou a um acidente, que tem necessidade de um sujeito para existir.
6. A substância é substância primeira, aquela que não é predicado de outra, nem lhe está contida, ou substância segunda, subsistindo na primeira, como os gêneros e as espécies.
7. Há nove classes de acidentes: quantidade, relação, qualidade, ação, paixão, tempo, lugar, situação e hábito.
8. A quantidade é contínua ou discreta, e não possui contrários. Não admite nem o mais nem o menos, e denomina as coisas fazendo-as iguais ou desiguais.
9. A relação é o que une toda a natureza de uma coisa a outra. Admite o mais e o menos. É ela que atrai uma coisa para outra, que faz seguir de um precedente o seu consequente e os vincula entre si.
10. A qualidade se diz daquilo que uma coisa é, e as distinguimos de quatro modos: a disposição natural e o hábito, o poder e a impotência naturais, a passividade e a paixão, a forma e a figura. A qualidade admite aumento e remissão de intensidades e faz com que as coisas sejam ditas semelhantes ou dessemelhantes.
11. A ação e a paixão (a paixão de quem a sofre, a ação de quem age) marcam o movimento, admitindo contrários e intensidades maiores ou menores.
12. O tempo e o lugar, a situação e o hábito indicam as circunstâncias da coisa, conforme o que dizem esses nomes.
13. Após tais predicamentos, é preciso considerar os termos que não se reduzem a esse sistema de classes, como as oposições (podendo ser a oposição relativa, contrária, privativa ou contraditória), a prioridade, a simultaneidade, o movimento e a possessão.
14. A enunciação ou a proposição é composta de termos ou palavras. Por isso, é necessário relacioná-la com a doutrina da interpretação.

15. A palavra é o signo de um conceito do espírito. Ela é simples ou complexa. Simples se o conceito ou a percepção for igualmente simples. A percepção simples não é nem verdadeira nem falsa. Ou a percepção é complexa, como seu termo, e participa da falsidade ou da verdade.
16. A palavra é um nome instituído, convencional, sem relação com o tempo. Nenhuma de suas partes, tomada separadamente em si mesma, tem significação.
17. O verbo é uma palavra que mensura o tempo e cujas partes não têm significado por si, sendo signo das coisas que se dizem de outra.
18. O discurso é uma sequência de termos convencionais, cujas partes separadas e o conjunto possuem significado.
19. Dentre os discursos, o único enunciativo e que pertence à hermenêutica é aquele que enuncia o verdadeiro ou o falso. Os outros são do âmbito da retórica ou da poesia. Há o sujeito, seu predicado e a cópula.
20. Existem cinco tipos de proposições: simples ou complexas, afirmativas ou negativas, universais ou particulares, indefinidas ou singulares, impuras ou modais. As modais são necessárias ou possíveis, contingentes ou impossíveis.
21. Há três coisas a considerar na proposição: a oposição, a equipolência e a conversão.
22. A oposição pode ser contraditória, contrária ou subcontrária.
23. A equipolência faz com que duas proposições designem a mesma coisa e podem ser ambas falsas ou verdadeiras.
24. A conversão é uma transposição de termos, desde que a proposição afirmativa e a negativa sejam verdadeiras.
25. O silogismo é um discurso no qual, postas as premissas, delas se segue, necessariamente, algo.
26. Três termos compõem toda a matéria do silogismo. A disposição dos termos, consoante as figuras e os modos, é a forma.
27. A figura é uma disposição do termo médio e dos extremos, desde que a conclusão tirada seja bem feita. O modo é a

disposição das proposições, relativamente à quantidade e à qualidade.

28. Há três figuras de silogismo. Na primeira, o termo médio é sujeito da premissa maior e predicado da menor. E existem quatro modos nos quais a conclusão é bem feita. Na segunda, o termo médio é predicado dos dois extremos, havendo quatro modos que concluem com perfeição. Na terceira, o termo médio é o sujeito nos dois extremos, com seis boas possibilidades de uma conclusão correta.
29. Todo silogismo encontra-se em uma dessas figuras, sendo perfeita na primeira e, assim, podendo reduzir-se ao modo universal.
30. Há seis outras formas de raciocínio: conversão dos termos, indução, exemplo, abdução, instância e entimema. Tendo força de silogismo, podem e devem ser a ele convertidas.
31. A formulação dos silogismos exige: a) os termos do problema dado, a suposição da coisa em questão, definições, propriedades, antecedentes, consequentes, rejeições; b) discernimento do que é essencial, provas, acidentes, certezas e probabilidades; c) a indicação das consequências universais; d) a seleção dos antecedentes dos quais a coisa em questão seja uma consequência universal; e) atenção para vincular o signo de universalidade não com o consequente, mas com o antecedente; f) o emprego de consequências próximas e não longínquas; g) o mesmo para os antecedentes; h) a preferência pelas consequências de algo universal e pelas consequências universais de uma coisa.

A sutileza e a extensão de espírito que há em todas essas regras é incrível. Se Aristóteles houvesse apenas formulado tais coisas, já seria preciso tê-lo como pensador de primeiro plano. E teria aperfeiçoado de uma só vez a lógica se houvesse distinguido as ideias de seus signos e se fosse mais apegado às noções do que às palavras. Deveria interrogar os gramáticos sobre a utilidade de tais distinções.

32. Todo discurso científico está apoiado sobre um pensamento anterior a respeito da coisa discutida.
33. Saber é entender o que uma coisa é, tal como é, sua causa e que ela não pode ser de outra maneira.
34. A demonstração é uma sequência de silogismos, de onde nasce a ciência.
35. A ciência apodítica é a das causas verdadeiras, primárias, imediatas, as mais certas e menos sujeitas a uma demonstração preliminar.
36. Não há ciência demonstrativa a não ser de algo necessário; a demonstração é, pois, composta de coisas necessárias.
37. O que se enuncia do todo é o que convém ao todo, por si mesmo e sempre.
38. O primeiro universal é o que é por si mesmo em cada coisa, o que a faz ser o que é.
39. A demonstração se faz por conclusões de verdade eterna. De onde se segue que não há demonstração de coisas passageiras, nem ciência e nem mesmo definições.
40. Saber que uma coisa é, é uma coisa; e saber por que ela é, é outra coisa. Daí haver dois modos de demonstração – um, *a priori*, outro, *a posteriori*. A demonstração a priori é a mais verdadeira e perfeita.
41. A ignorância opõe-se à ciência – ou é uma pura negação ou uma depravação. Esta última é a pior, pois nasce de um silogismo falso; assim é a ignorância que nasce do erro dos sentidos.
42. Nenhuma ciência nasce imediatamente dos sentidos. Eles têm por objeto o individual ou singular, e a ciência trata dos universais. Os sentidos encaminham-se para a ciência porque se passa do individual conhecido ao sentido universal.
43. Procede-se por indução indo-se dos individuais conhecidos aos sentidos universais.
44. O silogismo é dialético quando a conclusão segue-se de algo provável. Ora, o provável é o que aparece a todos ou a muitos homens instruídos e sábios.

45. A dialética é a arte das conjecturas. Por esse motivo, ela nem sempre alcança seu fim.
46. Em todas as proposições, em qualquer problema, enuncia-se ao menos: o gênero, a diferença, a definição, a propriedade ou o acidente.
47. A definição é um discurso que explica a natureza da coisa, sua propriedade; não o que é, mas o que nela está. O gênero é o mesmo que se pode dizer de várias espécies diferentes. O acidente é o que pode ou não estar na coisa.
48. Os argumentos da dialética procedem ou por indução ou por silogismo. Esta arte tem seus lugares. Emprega-se a indução contra os ignorantes e o silogismo com os homens instruídos.
49. O elenco é um silogismo que contradiz a conclusão do antagonista. Se o elenco for falso, o silogismo é de um sofista.
50. O elenco é sofístico com palavras ou fora delas.
51. Há seis tipos de sofismas de palavras: homonismo, anfibologia, composição, divisão, acento e figura de palavra.
52. Existem sete tipos de sofismas fora das palavras: a) de acidente; b) de universalidade (ou de conclusão de algo tido por restrito e elevado à condição irrestrita); c) fundado sobre a ignorância do elenco; d) do consequente; e) de petição de princípio; f) de causa suposta; g) de interrogações sucessivas.
53. O sofista engana por intermédio de coisas falsas, paradoxos, solecismo ou tautologia. Eis os limites de sua arte.

Da Filosofia Natural de Aristóteles

Ele dizia:

1. O princípio das coisas naturais não é único, como preferiam os eleatas; não é a homeomeria[58] de Anaxágoras, nem os átomos de Leucipo e Demócrito, ou os elementos

58. *Homoiomereiai*, *homeomerias*, constituem a série infinita de corpos divisíveis, contendo partes semelhantes, corpos esses inicialmente submergidos em uma mistura pré-cósmica e depois separados pelo *nous*, a força motriz inteligente ou o intelecto divino.

sensíveis de Tales e de sua escola, nem os números de Pitágoras ou as ideias de Platão.

2. É preciso que os princípios das coisas naturais sejam opostos entre si, por qualidades e privações.
3. Chamo de *princípios* as coisas que não mantêm reciprocidade entre si, mas que procedem de si mesmas e da qual tudo provém. Assim são os primeiros contrários. Como são os primeiros, não provêm de outros. Como são contrários, não pertencem uns aos outros.
4. Não são infinitos, e sem essa condição não há nenhum acesso ao conhecimento da natureza. Fossem dois, por-se-iam finalmente em equilíbrio ou se destruiriam, nada produzindo.
5. Há três princípios das coisas naturais: dois contrários, a forma e a privação e um terceiro igualmente submetido aos dois outros, a matéria. A forma e a matéria constituem a coisa e a privação é acidental. Não entra na matéria e nada lhe convém.
6. É necessário que aquilo que dá origem às coisas seja uma potência. Esta potência é a matéria-prima. As coisas não provêm do que atualmente é nem do que atualmente não é, pois este não é nada.
7. A matéria não se engendra nem se destrói, pois é a primeira e sujeito infinito de tudo. As coisas foram formadas primeiramente por acidente, não por si mesmas, e tornarão a dissolver-se nela.
8. Das coisas que existem, algumas o são por sua natureza, outras por causas. As primeiras têm em si o princípio do movimento, e as segundas, não. A natureza é o princípio e a causa do movimento ou do repouso do que é por si e não por acidente, ou seja, do que repousa ou se move por sua natureza. As propriedades são análogas à natureza, a qual consiste em matéria e forma. No entanto, a forma, que é um ato, é mais da natureza do que a matéria. (Este princípio é muito obscuro. Não se sabe o que o filósofo entende por natureza. Parece ter

tomado a palavra em duas acepções diferentes – uma como propriedade essencial e outra como causa geral).

9. Há quatro espécies de causa: a matéria, de que tudo é feito; a forma, pela qual tudo existe e que é a causa da essência de cada coisa; a eficiente, que produz tudo; e a final, para a qual tudo é. Tais causas são próximas ou afastadas, principais ou acessórias, em ato ou em potência, particulares ou universais.
10. O acaso é causa de muitos efeitos. É um acidente que sobrevém a coisas projetadas. O fortuito entende-se numa acepção bastante larga, sendo um acidente que ocorre em coisas projetadas pela natureza, mas com um fim determinado.
11. A natureza não age fortuitamente, ao acaso e sem projeto; o que a natureza premedita ocorre no todo ou, como nos monstros, em parte.
12. Existem duas necessidades – uma absoluta e outra condicional. A primeira diz respeito à matéria; a segunda, à forma ou à finalidade.
13. O movimento é um ato da potência em ação.
14. O que acontece sem fim é infinito, mas não há ato infinito na natureza. Existem, no entanto, seres infinitos em potência.
15. O lugar é uma superfície imediata e imóvel de um corpo que contém outro. Todo corpo que um outro contém está no lugar. O que não está contido em outro corpo não está no lugar. Os corpos estão em repouso em seu lugar natural ou tendem para ele como partes arrancadas de um todo.
16. O vazio é um lugar destituído de corpo. Não existe como tal na natureza. Caso fosse suposto, não teria movimento, pois não teria nem alto nem baixo ou qualquer parte para a qual tendesse o movimento.
17. O tempo é o cálculo do movimento relativamente à anterioridade e posteridade. As partes do tempo tocam o instante presente, como as partes de uma linha tocam um determinado ponto.

18. Todo movimento e toda mudança faz-se no tempo e há em todo ser movido velocidade ou lentidão que se determina no tempo. Assim, o céu, a terra e o mar estão no tempo porque podem ser movidos.
19. Sendo o tempo uma quantidade numerada, é preciso que haja um ser quantificável que seja seu suporte.
20. O repouso é a privação do movimento em um corpo considerado móvel.
21. Nenhum movimento se faz instantaneamente. Faz-se sempre no correr de um tempo.
22. O que se mede na totalidade do tempo, mede-se em todas as partes desse tempo.
23. Todo movimento é finito, pois ocorre no tempo.
24. Tudo o que se move é movido por um outro que age por dentro ou por fora do móvel.
25. Mas como essa progressão ao infinito é impossível, é preciso pois chegar-se a um primeiro motor, que de nada empresta seu movimento, e que seja a origem de todo movimento.
26. Este primeiro motor é imóvel, pois caso se movesse, seria ainda por um outro, já que nada move-se por si mesmo. Ele é eterno, pois tudo se move por toda a eternidade. Se o movimento houvesse começado, o primeiro motor não teria podido mover-se e a duração não seria eterna. É indivisível, sem quantidade, infinito, pois o motor deve ser o primeiro, já que se move eternamente. Sua potência é ilimitada. Ora, uma potência infinita não pode presumir uma quantidade finita, tal como o corpo.
27. O céu é perfeito, composto de corpos perfeitos, a tudo envolve e por nada é envolvido.
28. Há tantos corpos simples como diferenças no movimento simples. Ora, existem dois movimentos simples, o retilíneo e o circular. O primeiro tende a se afastar do centro ou a ele dirigir-se, com ou sem modificação. Como há quatro movimentos retilíneos simples, existem também quatro elementos ou corpos simples. No movimento circular, que

tem natureza contrária ao movimento retilíneo, é preciso que haja uma quinta essência, diferente das outras, mais perfeita, divina, que é o céu.

29. O céu não é nem pesado nem leve. Não tende nem a se aproximar nem a se afastar do centro, como os pesados e os leves. Move-se de modo circular.
30. Não tendo contrário, também não possui geração, concepção, crescimento, diminuição ou qualquer mudança.
31. O mundo não é infinito e não possui fora de si nenhum corpo infinito, pois este é impossível.
32. Só existe um mundo. Se houvesse muitos em contato uns com os outros, eles se deslocariam.
33. O mundo é eterno e não pode nem aumentar nem diminuir.
34. O mundo ou o céu movimenta-se de modo circular por sua natureza. Mas este movimento não é uniforme ou idêntico em toda a sua extensão. Há órbitas que cruzam outras e o primeiro móvel tem contrários. Daí as causas das vicissitudes das gerações e das corrupções nas coisas sublunares.
35. O céu é esférico.
36. O primeiro móvel movimenta-se uniformemente. Não tem começo, meio ou fim. O primeiro móvel e o primeiro motor são eternos e não sofrem alterações.
37. Os astros da mesma natureza do corpo ambiente que os sustenta são apenas mais densos. São as causas da luz e do calor. Eles friccionam o ar e o abrasam. É o que ocorre na esfera do sol.
38. As estrelas fixas não se movem por si. Seguem a lei de suas órbitas.
39. O movimento do primeiro móvel é o mais rápido. Entre os planetas que lhe estão submetidos, os menos afastados movem-se mais rapidamente, e vice-versa.
40. As estrelas são redondas e a lua também.
41. A Terra encontra-se no centro do céu. É redonda e imóvel no meio que a sustém. Forma um orbe ou globo com a água.

42. O elemento é um corpo simples, constituinte de corpos compostos, por sua vez divisíveis e neles se encontra em ato ou potência.
43. A gravidade e a ligeireza são causas motrizes dos elementos. A gravidade é a que os leva ao centro; a ligeireza, a que os leva ao céu.
44. Há dois elementos contrários: a terra, que é absolutamente grave, pesada, e o fogo, que é naturalmente leve. O ar e a água são de natureza intermediária entre a terra e o fogo, e participam da natureza dos extremos contrários.
45. A geração e a corrupção sucedem-se infinitamente. Elas são simples ou acidentais. Têm por causa o primeiro motor e a matéria-prima de tudo.
46. O ser engendrado é uma coisa e o ser alterado é outra. Na alteração, o sujeito permanece inteiro, mas as qualidades mudam, e na geração tudo se transforma. O aumento ou a diminuição é uma mudança na quantidade; o movimento local é mudança de espaço.
47. O crescimento supõe a nutrição. Acontece a nutrição quando a substância de um corpo transforma-se em substância de outro. Um corpo animado aumenta se sua quantidade cresce.
48. A ação e a paixão são mútuas no contato físico. Este acontece entre duas coisas em parte dessemelhantes e, em parte, semelhantes por natureza. Umas e outras tendem a assimilar o seu paciente.
49. As qualidades táteis, objetos dos sentidos, nascem dos princípios e das diferenças dos elementos que singularizam o corpo. Tais qualidades são sete pares: o frio e o quente, o úmido e o seco, o pesado e o leve, o duro e o mole, o viscoso e o árido, o amargo e o doce, o grosso ou grosseiro e o fino ou delicado.
50. Entre tais qualidades primárias, há duas ativas, o quente e o frio; duas passivas, o úmido e o seco. Dificilmente se conserva o úmido, mas o seco, facilmente.

51. O fogo nasce do quente e do árido; o ar, do quente e do úmido; a água, do frio e do úmido; a terra, do frio e do seco.
52. Os elementos são todos conversíveis entre si, não por geração, mas por alteração.
53. Os corpos mistos são compostos ou misturas de elementos.
54. Há três causas para os corpos mistos: a matéria, que pode ser ou não uma coisa; a forma, causa da essência; e o movimento do céu, causa eficiente universal.
55. Entre os mistos, há os perfeitos e os imperfeitos. Entre os primeiros, contam-se os meteoros: cometas, a via Láctea, a chuva, a neve, o granizo, os ventos.
56. A putrefação opõe-se à geração dos mistos perfeitos. Tudo está sujeito à putrefação, exceto o fogo.
57. Os animais nascem da putrefação, com auxílio do calor natural.

Princípios da Psicologia de Aristóteles

1. A alma não se move por si mesma, pois tudo o que se move é por outro movido.
2. A alma é a primeira enteléquia do corpo orgânico natural e tem vida em potência. A primeira enteléquia é o princípio de operação; a segunda é o ato ou a própria operação (veja a respeito deste verbete obscuro, enteléquia, o artigo Leibniz[59]).
3. A alma tem três faculdades: a nutritiva, a sensitiva e a racional. A primeira contém as outras em potência.
4. A alma nutritiva é aquela da qual a vida depende em todas as coisas; seus atos são a geração e o desenvolvimento.
5. A sensitiva é, em geral, uma mudança ocasionada no organismo, na presença de um objeto percebido. O sentido não se move por si mesmo.
6. Os sentidos exteriores são a vista, a audição, o olfato, o gosto e o tato.

59. Cf. p. 230, infra.

7. São todos afetados por espécies sensíveis e abstraídas da matéria, como a cera recebe impressão de um sinete.
8. Cada sentido percebe as diferentes qualidades de seus próprios objetos e é cego para os objetos de outros sentidos. Há, portanto, algum sentido comum e interno que capta o todo e determina a relação mantida com os sentidos externos.
9. O sentido difere do intelecto. Todos os animais possuem sentidos, e poucos têm intelecto.
10. A fantasia ou imaginação difere do sentido e do intelecto, pois sem o exercício preliminar do sentido não há imaginação, assim como sem imaginação não há pensamento.
11. O pensamento é um ato intelectual que demonstra ciência, opinião e prudência.
12. A imaginação é um movimento animal, conduzido por um ou mais sentidos, em consequência do qual o animal se agita, concebendo coisas tanto verdadeiras quanto falsas.
13. A memória nasce da imaginação. É o armazém de reserva das coisas passadas. Pertence, de um lado, à imaginação e, de outro, ao entendimento. A este último pertence por acidente e, por ela mesma, à imaginação. Elas têm seu princípio na mesma faculdade da alma.
14. A memória que nasce da impressão dos sentidos, ocasionado por um objeto qualquer, termina se muita umidade ou secura apagar a imagem. Ela requer, pois, uma espécie de ambiente temperado no cérebro.
15. A reminiscência se exerce não pela agitação da memória, mas pelo discurso e a busca exata da sequência das coisas.
16. O sono segue o estupor ou a concatenação dos sentidos. Ele afeta sobretudo o sentido interno comum.
17. A insônia provém dos simulacros da imaginação oferecidos no sono, quando alguns movimentos ainda o excitam ou subsistem, vivamente afetados, nos órgãos da sensação.
18. O intelecto é a terceira faculdade da alma. Ele é próprio do homem, sendo-lhe a porção que conhece e julga.
19. O intelecto é um agente ou um paciente.

20. Paciente porque apreende todas as formas das coisas; agente porque julga e conhece.
21. O intelecto agente pode estar separado do corpo. É imortal, eterno, sem paixão. Não se confunde com o corpo. Já o intelecto passivo ou paciente é perecível.
22. Existem dois atos no entendimento: um deles se exerce sobre os indivisíveis, suas percepções são simples e então não há verdade nem falsidade; ou se ocupa com os complexos, afirmando ou negando, razão pela qual há verdade ou falsidade.
23. O intelecto ativo é teorético ou prático. O teorético faz atuar a coisa inteligível e o prático julga a coisa boa ou má, estimulando a vontade a amar ou odiar, a desejar ou rejeitar.
24. O intelecto prático e o apetite são as causas do movimento local do animal: um conhece a coisa e julga, e o outro a deseja ou evita.
25. Há no homem dois apetites: um racional e outro sensitivo. Este último é irascível ou concupiscente, não tendo por regra senão o sentido e a imaginação.
26. Só o homem possui a imaginação deliberativa, em consequência da qual ele escolhe o melhor. Este apetite racional deve comandar nele o apetite sensitivo que tem em comum com os outros animais.
27. A vida é uma permanência da alma retida pelo calor natural.
28. O princípio do calor está no coração. Cessando o calor, segue-se a morte.

Metafísica de Aristóteles

1. A metafísica ocupa-se do ser enquanto ser, tanto quanto de seus princípios. Esse termo *ser* diz-se propriamente da substância, cuja essência é una; e, impropriamente, do acidente, que é apenas um atributo da substância. A substância é, pois, o primeiro objeto da metafísica.
2. Axioma primário e universal: é impossível que uma coisa seja e não seja, ao mesmo tempo, no mesmo sujeito, da

mesma maneira e sob o mesmo ponto de vista. Esta verdade é indemonstrável e última instância de toda argumentação.

3. O ser é por si mesmo ou por acidente; em ato ou em potência; em realidade ou intenção.
4. Não há ciência do ser por acidente. Este aqui é uma espécie de não-ser, pois não tem causa.
5. O ser por si acompanha, em suas divisões, os dez predicamentos.
6. A substância é o suporte dos acidentes. É nela que se consideram a matéria, a forma, as relações, as razões, a composição. Servimo-nos da palavra substância preferencialmente à matéria, embora a matéria seja substância e primeiro sujeito.
7. A matéria-prima é o sujeito de tudo. Separando-se todas as propriedades do corpo por abstração, ela permanece. Assim, não é uma substância completa ou quantidade, nem pertence a qualquer classe de outro predicamento. A matéria não pode separar-se da forma; não é nem singular nem determinada.
8. A forma constitui o que da coisa se diz ser; é toda a sua natureza, sua essência, o que a definição abrange. As substâncias sensíveis têm a sua própria definição. Mas assim não ocorre com o ser por acidente.
9. A potência é ativa ou passiva. A potência ativa é princípio do movimento ou da mudança de uma coisa em outra, tal como nos parece.
10. A potência passiva está no paciente e não se pode separar seu movimento do movimento da potência ativa, embora tais potências se encontrem em sujeitos diferentes.
11. Entre as potências, há as racionais e as que não possuem razão.
12. A potência separada da ação não deixa por isso de existir nas coisas.
13. Não há potência nos atos impossíveis. O possível é justamente o que resulta ou resultará de uma potência.

14. As potências são naturais ou adquiridas. Adquiridas por hábito ou por disciplina.
15. Existe ação quando a potência torna-se outra coisa que antes não era.
16. Todo ato é anterior à potência e a tudo o que nela se compreende, anteriormente ao conceito, à essência e ao tempo.
17. O ser intencional é falso ou verdadeiro. Verdadeiro se o julgamento do intelecto está em conformidade com a coisa; falso, se isso não acontece.
18. Há verdade ou falsidade mesmo na simples apreensão das coisas, não apenas consideradas em sua enumeração, mas na qualidade de percepções.
19. O entendimento não pode ser enganado no conhecimento de coisas imutáveis; o erro aplica-se ao que é contingente, passageiro.
20. A unidade é uma propriedade do ser. Não se trata de uma substância, mas de um categorema[60], enquanto ser ou coisa. A multidão opõe-se à unidade. A igualdade e a similitude referem-se à unidade, do mesmo modo que a identidade.
21. Há diversidade de gênero e de espécie. De gênero, entre as coisas que não têm a mesma matéria; e de espécies entre aquelas cujo gênero é o mesmo.
22. Existem três tipos de substâncias: duas naturais, das quais uma é corruptível, como os animais, e outra sempiterna, como o céu. A terceira é imóvel.
23. É preciso haver alguma substância imóvel e perpétua, pois há um movimento local eterno, um movimento circular próprio ao céu que não teve começo. Se há um movimento e um tempo eternos, é preciso haver uma substância movida, sujeita a este movimento, e uma substância fonte do movimento e não movida; uma substância que exerça o movimento e o contenha, uma substância sobre a qual ele seja exercido e que a ponha em movimento.

60. No sentido de uma qualidade intrínseca ou atribuível a um objeto.

24. As substâncias geradoras do movimento eterno não podem ser materiais, pois elas movem por um ato eterno, sem recorrer a outras potências.
25. O céu é uma dessas substâncias, movido circularmente. Não é necessário procurar nele a causa das gerações e das concepções, já que seu movimento é uma forma. A causa está nas esferas inferiores e, sobretudo, na esfera do sol.
26. O primeiro céu é, pois, eterno e se move eternamente. Há, portanto, outra coisa de eterna que o move, que é ato e substância, e que não se move.
27. Mas como age este primeiro motor? Desejando e concebendo. Toda a sua ação consiste em uma influência pela qual contribui, juntamente com as inteligências inferiores, para mover suas esferas.
28. Toda a força de efeito do primeiro motor é uma aplicação das forças dos motores subalternos sobre a obra que lhes é própria, e com a qual coopera, de maneira que é inteiramente independente quanto ao resto. Assim, as inteligências movem o céu não pela geração de coisas inferiores, mas pelo bem geral a que tendem se conformar.
29. Este primeiro motor é Deus, ser vivo, eterno, perfeito, substância imóvel, diferente das coisas sensíveis, sem partes materiais, quantidade ou divisibilidade.
30. Goza de uma felicidade completa e inalterável, consistindo em conceber-se e contemplar-se.
31. Após este ser dos seres, a primeira substância é o primeiro motor do céu, abaixo do qual situam-se outras inteligências imateriais, eternas, que presidem ao movimento das esferas inferiores, segundo seu número e gradações.
32. É uma antiga tradição que essas substâncias motrizes das esferas sejam deuses e tal doutrina é verdadeiramente celeste. Mas estão na forma de homem ou de outros animais? É um preconceito que se acreditou entre os povos para a segurança da vida e a conservação das leis.

Princípios da Moral ou da Filosofia Prática de Aristóteles

1. A felicidade moral não consiste nos prazeres dos sentidos, na riqueza, na glória civil, no poder, na nobreza, na contemplação das coisas inteligíveis ou das ideias.
2. Consiste na função da alma ocupada na prática de uma virtude, ou, se há muitas virtudes, na escolha da mais útil e mais perfeita.
3. Eis a verdadeira felicidade da vida, o soberano bem deste mundo.
4. Há outros que devem ser tomados como instrumentos dirigidos àquele fim; assim os amigos, as possessões, as dignidades etc.
5. É o exercício da virtude que nos torna tão felizes quanto possamos sê-lo.
6. As virtudes são teóricas ou práticas.
7. São adquiridas pelo uso. Falo das virtudes práticas, não das contemplativas.
8. Há um meio termo que constitui a virtude moral em tudo.
9. Este meio separa igualmente o homem de dois pontos extremos e opostos; num deles, peca-se por excesso e, no outro, por falta.
10. O meio termo não é impossível de ser mantido, mesmo nas circunstâncias mais agitadas, nos momentos de paixão violenta, nas ações mais difíceis.
11. A virtude é um ato deliberado, escolhido, voluntário. Surge da espontaneidade, cujo princípio está em nós.
12. Três coisas a aperfeiçoam: a natureza, o hábito, a razão.
13. A coragem é a primeira das virtudes; é o meio termo entre o medo e a temeridade.
14. A temperança é o meio entre a privação e o excesso de volúpia.
15. A liberalidade é o meio entre a avareza e a prodigalidade.
16. A magnificência é o meio entre a economia sórdida e o fausto insolente.

17. A magnanimidade que faz justiça a si mesma, que se conhece, mantém-se entre a humildade e o orgulho.
18. A modéstia, que se relaciona com a busca das honras, está igualmente afastada do desprezo e do orgulho.
19. A doçura, comparada à cólera, não é nem feroz nem embotada.
20. A popularidade, ou arte de captar a benevolência dos homens, evita a rusticidade e a baixeza.
21. A integridade, ou candura, coloca-se entre a impudência e a dissimulação.
22. A urbanidade não demonstra grosseria ou baixeza.
23. A vergonha, que mais se parece a uma paixão que a um hábito, também tem seu ponto entre dois excessos opostos: não é pusilânime nem intrépida.
24. A justiça universal é a observação das leis estabelecidas para a conservação da sociedade humana.
25. A justiça particular, que dá a cada um o que lhe é devido, é distributiva ou comutativa.
26. Distributiva quando concede as honras e as recompensas na proporção dos méritos. Fundamenta-se numa progressão geométrica.
27. Comutativa quando, nas trocas, conserva o valor justo das coisas; está baseada numa proporção aritmética.
28. A equidade difere da justiça. Ela corrige o defeito da lei. O homem equitativo não a interpreta a seu favor de maneira rígida.
29. Tratamos até aqui das virtudes próprias da parte da alma que não raciocina. Passemos àquelas do intelecto.
30. Há cinco espécies de qualidades intelectuais ou teoréticas: ciência, arte, prudência, inteligência, sabedoria.
31. Existem três coisas que devem ser evitadas nos costumes: a disposição ao vício, a incontinência, a ferocidade. A bondade é o oposto da disposição ao vício; a continência é o oposto da incontinência. O heroísmo é o contrário da ferocidade e caráter dos homens divinos.

32. A amizade é companheira da virtude. É uma benevolência perfeita entre os homens que mutuamente se pagam. Ela se forma pelo prazer ou pela utilidade. Tem por base os atrativos da vida ou a prática do bem. Divide-se em perfeita e imperfeita.
33. É aquilo que se outorga na amizade que se torna a medida da troca exigida.
34. A benevolência não é a amizade, mas seu começo. A concórdia a conduz.
35. A doçura da sociedade é a amizade em sua forma abusiva.
36. Há muitas formas de volúpias.
37. Não gostaria de atribuir o nome de volúpia aos prazeres desonestos. A verdadeira volúpia é a que nasce das ações virtuosas e da satisfação dos desejos.
38. A felicidade que nasce das ações virtuosas é ativa ou contemplativa.
39. A contemplativa, que ocupa a alma e dá ao homem o título de sábio, é a mais importante.
40. A felicidade que resulta da posse e da fruição dos bens exteriores não é comparável àquela que decorre da virtude e de seus exercícios.

Dos Sucessores de Aristóteles: Teofrasto, Estratão, Lícon, Aríston, Critolaus, Diodoro, Dicearco, Eudemo[61]*, Heráclides, Fánion, Demétrio de Falera, Jerônimo de Rodes.*

Teofrasto nasceu em Ereso, cidade marítima da ilha de Lesbos. Seu pai o destinou às musas e o enviou como aluno a Alcipe. Foi para Atenas, onde estudou com Platão e Aristóteles. Este aqui dizia que Calístenes precisava de esporas e Teofrasto, de cabresto. Queixava-se da natureza, ao morrer, pelo fato de conceder vida longa às gralhas e tão curta aos homens. Toda a cidade de Atenas seguia a pé suas preleções. Dele nos

61. Há um outro Eudemo, natural de Chipre, também discípulo de Aristóteles. Aqui, o autor refere-se a Eudemo de Rodes.

sobraram várias obras. Mas fez poucas mudanças na doutrina de seu mestre.

Admitia com Aristóteles tantos movimentos quanto fossem os predicamentos. Atribuía também ao movimento a alteração, a geração, o crescimento, a corrupção e seus contrários. Dizia que o lugar era imóvel, não sendo uma substância, mas uma relação de ordens e posições. Que o lugar estava nos animais, nas plantas, nas coisas animadas ou inanimadas, pois havia em todos os seres uma relação das partes com o todo que determinava o lugar de cada uma delas. Devia-se contar entre os movimentos: os apetites, as paixões, os julgamentos, as especulações da alma; e saber-se que nem todos nascem dos contrários. Certas coisas provinham de seus contrários, outras de seus semelhantes e outras, finalmente, do que já está em ato. Que o movimento jamais se apartava da ação, que os contrários não poderiam estar compreendidos no mesmo gênero, podendo ser causa dos contrários. Que a salga do mar não vinha do calor do sol, mas da terra que lhe servia de fundo. Que a direção oblíqua dos ventos era devida aos próprios ventos, os quais, parcialmente graves, parcialmente leves, sopravam embaixo e em cima ao mesmo tempo. Que o acaso e não a prudência conduz a vida; que as mulas procriavam na Capadócia; que a alma não se sujeitava inteiramente ao corpo, mas que agia muito por si mesma. Enfim, que havia um princípio para todas as coisas, que as fazia serem e subsistirem, e que tal princípio era uno e divino.

Morreu com 85 anos, tendo tido muitos amigos. Seu caráter ajudava a fazê-los e conservá-los. Teve também alguns inimigos, mas quem não os tem? Entre eles, Epicuro e a célebre Leontina[62].

Estratão nasceu em Lâmpsaco. Teve por discípulo Ptolomeu Filadelfo. Não negligenciou qualquer das partes da filosofia,

62. Discípula de Epicuro e cortesã ateniense, abriu sua própria escola e escreveu um tratado contra as opiniões de Teofrasto.

mas voltou-se particularmente para os fenômenos da natureza. Achava que havia na natureza uma força divina, causa das gerações, do crescimento, da diminuição, mas que essa causa não possuía inteligência; que o mundo não era obra dos deuses, mas da própria natureza, não como Demócrito a imaginara, consequência de átomos ásperos e polidos, retos ou envergados, e outras visões; que tudo se fazia por pesos e medidas; que o mundo não era um animal, mas que o movimento e o acaso tudo produziam e tudo conservavam; que o ser ou a permanência do que é eram a mesma coisa; que os sentidos eram espécies de janelas pelas quais a alma observava, estando essa de tal forma unida aos sentidos que, relativamente às suas operações, ela não parecia ser diferente deles; que o tempo era a medida do movimento e do repouso; que o tempo resolvia-se em unidades separadas, mas que o lugar e os corpos dividiam-se ao infinito; que aquilo que se mede é medido em um tempo individual; que todo corpo era pesado e tendia ao centro; que o além do céu era um espaço imenso, vazio por natureza, mas preenchendo-se continuamente de corpos; de maneira que só pelo pensamento pode-se considerá-lo subsistente por si; que tal espaço era o envelope geral do mundo; que todas as ações da alma constituíam movimentos, assim como o apetite irracional e o apetite sensível; que a água é o princípio do primeiro frio; que os cometas são apenas luzes dos astros, presas em nuvens, como nossas luzes artificiais dentro de lanternas; que nossas sensações não estariam na parte propriamente afetada, mas em outro lugar, principal; que a potência dos germes era espiritual e corpórea; que havia apenas dois seres, a coisa e a palavra, e que na palavra estava a falsidade ou a veracidade.

Estratão morreu por volta da 127ª olimpíada.

Lícon, sucessor de Estratão, revelou um talento particular para ensinar os jovens. Ninguém soube melhor excitar-lhes a vergonha ou despertar a emulação. E sua prudência não se restringiu à escola; demonstrou-a muitas vezes nos conselhos dados aos atenienses. Teve o favor de Atalo e Eumeno. Antíoco também o quis, mas inutilmente. Vestia-se luxuosamente. Nascido robusto, agradavam-lhe os exercícios físicos. Foi chefe da escola peripatética durante 44 anos e morreu de gota aos 74.

Lícon deixou a cátedra de Aristóteles para Aríston. Deste nada sabemos a não ser que se dedicou a falar e a escrever com elegância e doçura e que em suas lições encontravam-se mais peso e uma seriedade mais conveniente ao filósofo e à filosofia.

Aríston teve por discípulo e sucessor a Critolaus. Merecia estar associado a Carnéades e a Diógenes por sua eloquência durante a embaixada que os atenienses fizeram aos romanos. A arte oratória parecia-lhe um mal perigoso, não arte. Viveu mais de oitenta anos. Segundo ele, Deus não seria senão uma porção sutil do éter. Dizia que todas as cosmologias que os padres vendiam aos povos nada tinham de conformidade com a natureza, não passando de fábulas ridículas; que a espécie humana sempre existira; que o mundo procedia de si mesmo e não tivera início; que não havia causa capaz de destruí-lo e, portanto, não teria fim; que a perfeição moral da vida consistia em seguir as leis da natureza; e que, ao se colocar os prazeres da alma e do corpo em uma balança, seria como pesar um átomo com a terra e os mares.

Sabe-se que Diodoro, instruído por Critolaus, sucedeu-lhe no Liceu, mas ignora-se quem foi, qual sua maneira de ensinar, durante quanto tempo ocupou a cátedra e nem quem lhe sucedeu. O encadeamento peripatético rompeu-se com Diodoro. De Aristóteles até ele, foram onze mestres, entre os quais faltam-nos três. Pode-se, em consequência, terminar com Diodoro o primeiro período da escola peripatética, dizendo uma palavra sobre personagens célebres que a honraram.

Dicearco foi um deles. Era de Messina e Cícero muito o considerava. Dizia: 1. a alma não é nada, uma palavra desprovida de sentido. A força pela qual agimos, sentimos, pensamos, está difundida por toda a matéria, da qual é inseparável, como a extensão, e na qual se exercita de diferentes maneiras, conforme as configurações do ser, que é uno e simples; 2. a espécie humana é eterna; 3. todas as divinações são falsas, excetuando-se as que se apresentam à alma quando, livre de distrações, está suficientemente atenta ao que com ela se passa; 4. é preferível ignorar o futuro do que conhecê-lo. Era muito versado em política. Todos os anos, na assembleia dos éforos, lia-se uma vez o livro que escrevia sobre a república da Lacedemônia. Alguns príncipes o empregaram para medir a altura e as distâncias das montanhas e aperfeiçoar os conhecimentos geográficos.

Eudemo, nascido em Rodes, estudou com Aristóteles. Acrescentou alguma coisa à lógica do mestre sobre os argumentos hipotéticos e os modos. Escreveu uma história da geometria e da astronomia.

Heráclides do Ponto ouviu Platão, adotou o pitagorismo, passou por Spêusipo e terminou por ser aristotélico. Reuniu o mérito do orador ao do filósofo.

Fánion de Lesbos estudou a natureza e ocupou-se da história da filosofia.

Demétrio de Falera foi um dos mais célebres discípulos de Teofrasto. Obteve de Cassandro, rei da Macedônia, na 115ª olimpíada, a administração dos assuntos públicos de Atenas, função na qual demonstrou grande sabedoria. Restabeleceu o governo popular e embelezou a cidade; aumentou a renda dos habitantes e os atenienses, animados por um reconhecimento que se demonstrava todos os dias, erigiram-lhe quase 350 estátuas, algo que nunca acontecera a ninguém antes dele. Mas não era mais possível ilustrar-se e viver tranquilo com um povo inconstante. O ódio e a inveja o perseguiram. Sublevaram-se contra a oligarquia e o condenaram. Demétrio estava ausente de Atenas. Na impossibilidade de pegá-lo, atiraram-se contra as suas estátuas e as puseram abaixo em menos tempo do que haviam gasto para esculpir uma. O filósofo refugiou-se com Ptolomeu Soter, que o acolheu e o utilizou para a reforma de sua legislação. Conta-se que perdeu as vistas durante sua estada em Alexandria, mas que, tendo-se dirigido a Siparis, o deus devolveu-lhe a visão e que Demétrio reconheceu o benefício nos hinos que os atenienses cantaram mais tarde.

Aconselhou Ptolomeu a nomear como sucessores os filhos de Eurídice, excluindo o filho de Berenice. O príncipe não ouviu o filósofo e escolheu ao Ptolomeu conhecido como Filadelfo. Este aqui, após a morte do pai, relegou Demétrio aos confins de uma província, onde viveu pobre e morreu da picada de uma serpente. Pela lista de suas obras vê-se que foi poeta, orador, filósofo, historiador, não havendo nenhum ramo do conhecimento humano que lhe tenha sido estranho. Amou a virtude e merecia melhor sorte.

Nada sabemos quase nada de Jerônimo de Rodes.

Dos Filósofos Recentes Aristotélico-Escolásticos[63]
Restituiremos a seguir apenas alguns nomes menos importantes que lá omitimos, mas que talvez não valham a pena ser retirados do esquecimento.

Depois de Bañez, encontra-se, na história da filosofia, Franciscus Sylvestrius, nascido em Ferrara, eleito chefe de sua ordem. Ensinou em Bolonha e escreveu três livros de comentários sobre a Alma, de Aristóteles. Matthaeus Aquarius os publicou com adições e questões filosóficas. Sylvestrius morreu em 1548.

Michel Zanard, de Bérgamo, homem que sabia propor dúvidas e resolvê-las, escreveu *De triplice universo, de physica et methapysica, et commentaria cum dubis et quaestionibus in ocoto libros Aristotelis.*

João de São Tomás, também da ordem dos dominicanos, era versado em dialética, metafísica e física, tomando essas palavras na acepção de seu tempo, o que reduziu o mérito de suas obras a pouca coisa, sem nada retirar de seu talento.

Quase todos os homens que teriam levado o conhecimento humano até onde pudesse ir, ocuparam-se com argumentações fúteis e foram vítimas do espírito dominante do século.

Crisóstomo Javelle. Nasceu na Itália em 1488. Viu as opiniões e a filosofia de Platão como tendo mais analogia com

63. Ver artigo "Aristóteles e o Aristotelismo".

a religião, e as de Aristóteles como preferível na procura das verdades naturais. Escreveu portanto filosofia moral, inicialmente segundo Aristóteles, em seguida de acordo com Platão e, por fim, segundo Jesus Cristo. Diz em um de seus prefácios: *Aristotelis disciplina nos quidem doctos ac subtilissime de moralibus, sicut de naturalibus differentes efficere potest; at moralis Platonica ex vi dicendi atque paterna adhoratione, veluti prophetia quaedam, et quase superam vox inter homines tonans, nos procul dubio sapientiores, probatioris, vitaeque feliciores reddet* (A doutrina de Aristóteles pode fazer-nos certamente doutores e capazes de dissertar com sutileza tanto sobre as coisas morais quanto naturais; a doutrina moral de Platão, por força de seu verbo e da maneira paternal de nos exortar, é como profecia ou como se fosse uma voz tonante entre os homens, a nos tornar, sem dúvida, mais sábios, excelentes e felizes na vida). Há fineza em seu primeiro tratado, sublimidade no segundo e simplicidade no terceiro.

Entre os discípulos que Aristóteles teve nos franciscanos, não se deve esquecer J. Ponzius, Mastrius, Mellet, Lallemander, Meurisse, Frassenius.

No catálogo dos aristotélicos da ordem de Cister, é preciso incluir Manriquez, Bartolomeu Gómez, Marcílio Vasquez, Pedro de Oviedo.

À frente dos escolásticos da sociedade de Jesus, é preciso colocar Pedro Hurtado de Mendoza, antes de Vasquez e, depois deste, Paul Vallius e Baltazar Tellez; em seguida, Suárez, Francisco Toledo e Antônio Rúbio. A esses homens podemos aduzir Francisco González, Thomas Compton, François Rassler, Antonius Polus, Honoré Fabri. Este aqui, acusado de favorecer o cartesianismo, sofreu perseguição.

Dos Filósofos que Seguiram a Verdadeira Filosofia de Aristóteles

Dentre esses, o primeiro é Nicolas Leonic Thomée. Nasceu em 1457. Estudou grego e letras sob o renomado Demétrio

Chalcondylas. E dedicou-se seriamente a expor a doutrina de Aristóteles, tal como é apresentada nas obras do filósofo. Abriu caminho para homens mais célebres, como Pomponazzi e seus discípulos. Este teve por seguidores Hércules Gonzaga, depois cardeal; Teofilo Folengo[64], da ordem de são Bento e autor de uma obra burlesca que temos sob o pseudônimo de Merlinus Cocaius; Paul Jove; Helidée; Gaspard Contarini; Simon Porta; Juan Sepúlveda; Julius Caesar Scaliger; Lázaro Bonami; Julius Vanini e Rufus, o mais temível adversário de seu mestre. Depois de Rufus, acrescentem-se entre os verdadeiros aristotélicos Marco Antonio Majoragius, Daniel Barbarus, Petrus Victorius e, após os Strozza, J. Mazonius, Hubert Cifanius, Julio Pacius e, na sequência de César Cremonini, F. Vicomescat, L. Septale (mais conhecido dos anatomistas do que dos filósofos), Antonio Montecatini, F. Burana, J. P. Pernumia, J. Cottusius, J. de Nores, F. Licet, A. Scanyus, A. Roccus, F. Ascorombonus, F. Robertel, M. A. Muret, J. B. Monflor, F. Valois, Pedro Juan Nuñez. Não se deve esquecer, entre os protestantes aristotélicos, de Simon Simonius, que apareceu em cena depois de Joachim Camerarius, de Jacob Schegius e Philippe Scherbius. Christian Dreierus, Melchior Zeidlerus e Christian Thomasius concluem este segundo período do aristotelismo. À parte, exporemos a filosofia de Thomasius.

Para terminar o artigo, nos restariam algumas considerações sobre a origem, os progressos e a reforma do peripatetismo, sobre a causa de sua duração, sobre o atraso que causou ao progresso da verdadeira ciência, a respeito da obstinação de seus sectários, dos argumentos que forneceu aos ateus, da corrupção dos costumes que a ele seguiu-se, dos meios que se podiam empregar contra a seita e que foram negligenciados, do apego dificilmente compreensível que os protestantes fingiram por tal maneira de filosofar, das tentativas inúteis feitas para

64. Humanista, filósofo, poeta epigramático e sacro da escola de Pádua que se utilizou do *stilo macaronico*, linguagem na qual se misturam o latim e o dialeto local (1491-1544).

melhorá-lo, e, ainda, sobre alguns outros pontos não menos importantes. Mas reenviamos toda essa matéria a algum tratado de história da filosofia em geral ou em particular, no qual encontrará seu verdadeiro lugar.

BACON[65]**.** Bacon, barão de Verulam e visconde de Saint Alban, nasceu na Inglaterra em 1560. Em sua infância, já deu mostras do que seria um dia, e a rainha Elisabeth teve oportunidade, várias vezes, de admirar a sagacidade de seu espírito. Estudou Aristóteles na universidade de Cambridge e, com menos de dezesseis anos, percebeu o vazio e os absurdos daquele jargão. Aplicou-se depois em estudar política e jurisprudência e seus méritos o levaram ao cargo de chanceler sob James I. Foi acusado de ter sido corrompido por dinheiro. Como o rei o abandonou, foi condenado pela câmara dos lordes ao pagamento de uma multa de, aproximadamente, quatrocentas mil libras em nossa moeda. Perdeu o cargo de chanceler e foi preso. Pouco tempo depois, o rei restabeleceu-lhe todos os bens e honrarias que havia perdido. Mas suas infelicidades o fizeram desgostoso dos negócios e aumentaram sua paixão pelo estudo. Morreu aos 66 anos e, tão pobre, que se conta ter solicitado a ajuda ao rei James, a fim de poupar a vergonha de mendigar durante a velhice. Foi preciso ter sido bastante desinteressado ou por demais pródigo para cair em tão grande indigência.

O chanceler Bacon é um daqueles que mais contribuíram para o avanço das ciências. Conhecia muito bem a imperfeição

65. O artigo foi escrito pelo abade Mallet e revisado por Diderot, não se sabendo se Denis o alterou de alguma forma. Conhecendo-se a admiração que Bacon despertou e a importância que lhe foi dada pelos enciclopedistas, é realmente inesperada a brevidade do texto. Por conseguinte, tomamos a liberdade de, ao seu final, incluir as referências que lhe são feitas no Discurso Preliminar, evitando uma nota de rodapé muita extensa. Bacon, na verdade, nasceu em 1561 e faleceu em 1626.

da filosofia escolástica e ensinou os únicos meios que havia para remediá-la. Diz um grande homem:

> Ele não conhecia ainda a natureza, mas sabia e indicava todos os caminhos que a ela conduziam. Cedo desprezou os que as universidades chamavam filosofia e fazia tudo o que dependia de si a fim de que as instituições destinadas ao aperfeiçoamento da razão humana não continuassem a deteriorá-la com suas quididades, seus horrores ao vácuo, suas formas substanciais e todas essas palavras impertinentes que não apenas a ignorância tornava respeitáveis, mas que a mistura ridícula com religião tornavam sagradas.

Escreveu duas obras para aperfeiçoar as ciências. A primeira está intitulada *Do Crescimento e da Dignidade das Ciências*[66]. Nela, mostra o estado em que então se encontravam e indica o que faltava descobrir para aperfeiçoá-las. Mas acrescenta que não é preciso esperar que se avance muito nessa descoberta. Faz ver que a lógica que se ensinava nas escolas era mais apropriada para manter as discussões do que para esclarecer a verdade, e, de preferência, para querelar do que penetrar no fundo das coisas. Diz que Aristóteles, de quem aprendemos essa arte, acomodou sua física à sua lógica, em lugar de fazer sua lógica para sua física. E que invertendo a ordem natural, submeteu o fim aos meios. É também nesta primeira obra que propõe a célebre divisão das ciências, a qual, em parte, seguimos neste dicionário.

Foi para compensar os defeitos da lógica ordinária que Bacon escreveu seu segundo livro, intitulado *Novo Orgão das Ciências*. Ali ensina uma lógica nova, cujo principal objetivo é o de mostrar a maneira de se fazer uma boa indução, como a principal finalidade da lógica aristotélica é a de fazer um bom silogismo. Bacon sempre olhou para esse escrito como sua obra-prima, tendo dispensado dezoito anos para compô-la. Eis alguns de seus axiomas, os quais farão conhecer a extensão de visões deste grande gênio:

66. *De dignitate et augmentis scientiarum.*

1. A causa do pequeno progresso obtido até aqui nas ciências provém do fato de que os homens se contentaram em admirar as pretensas forças de seu espírito, ao invés de procurar os meios de suplantar sua fraqueza.
2. A lógica escolástica não está mais em condições de guiar nosso espírito nas ciências e essas, no estado em que se encontram, não nos dão condições de produzir boas obras.
3. A lógica escolástica só é boa para sustentar os erros baseados em noções ordinárias, sendo absolutamente inútil para nos fazer encontrar a verdade.
4. O silogismo é composto de proposições. As proposições são compostas por termos e os termos são signos de ideias. Ora, se as ideias, fundamento de tudo, são confusas, não há nada de sólido no que se constrói por cima. Portanto, só temos esperanças nas boas induções.
5. Todas as noções que nos dão a lógica e a física são ridículas. Tais as noções de substância, de qualidade, de gravidade, de leveza etc.
6. Não há menos erros nos axiomas até aqui formulados do que nas noções; de sorte que, para fazer progredir as ciências, é necessário refazer tanto as noções quanto os princípios; em uma palavra, é preciso reformar o entendimento.
7. Há dois caminhos que podem conduzir à verdade. Por um deles, vai-se da experiência aos axiomas mais gerais e este caminho já é conhecido; pelo outro, elevamo-nos da experiência para axiomas que se tornam, degrau por degrau, mais altos, até chegar-se às coisas mais gerais. Este caminho é ainda baldio, pois os homens se enjoam da experiência e querem ir imediatamente aos axiomas mais gerais e ali descansar.
8. Ambos têm início com a experiência e com as coisas particulares, mas são, depois disso, muito diferentes. Por um, apenas se faz aflorar a experiência; pelo outro, nela nos detemos. Pelo primeiro, estabelecemos, desde o segundo

passo, princípios gerais e abstratos; pelo segundo, subimos degrau por degrau às coisas universais.

9. Ainda não se achou alguém que tenha tido força e constância suficientes para impor-se a vontade de apagar inteiramente de seu espírito as teorias e noções comuns que vieram com o tempo; de fazer de seu espírito uma tábula rasa, se assim se pode falar; e de voltar sobre seus passos para examinar novamente todos os conhecimentos particulares que acreditou ter adquirido. Pode-se dizer de nossa razão que ela está obscurecida e como que sobrecarregada por um monte confuso e indigesto de noções que devemos, em parte, à nossa credulidade para com muitas coisas que nos disseram; ao acaso, que muito nos ensinou; e aos preconceitos que nos foram imbuídos na infância... É preciso gabar-se de poder descobrir a verdade e apressar os progressos do espírito, dado que, deixando as noções abstratas, as especulações metafísicas, tem-se recurso à análise, à decomposição das ideias particulares, à ajuda da experiência e que se dá ao estudo um julgamento maduro, um espírito reto e livre de preconceito... Não se deve esperar renascer as artes e as ciências enquanto não se refizerem inteiramente suas ideias originais, sendo a experiência a tocha que nos guiará pelos caminhos obscuros da verdade. Ao que saibamos, ninguém até aqui disse que a reforma de nossas ideias foi empreendida ou mesmo pensada.

Vê-se, por tais aforismos, que Bacon acreditava provirem dos sentidos todos os nossos conhecimentos. Os peripatéticos tinham essa verdade por fundamento de sua filosofia. Mas estavam tão longe de conhecê-la que nenhum dentre eles soube aproveitá-la. E após vários séculos era ainda uma descoberta a ser feita. Ninguém melhor do que Bacon soube da causa de nossos erros. Pois observou que as ideias, que são as obras do espírito, tinham sido mal formuladas. Por consequência, para avançar na pesquisa da verdade, era preciso refazê-las. É um conselho que repete frequentemente em seu *Novo Órgão*. Condillac, autor do *Ensaio sobre a Origem dos Conhecimentos Humanos* diz:

> Mas podemos escutá-lo? Prevenido, como se estava, pelo jargão da escola e pelas ideias inatas, não se devia considerar quimérico o projeto de renovação do entendimento humano? Bacon propunha um método por demais perfeito para ser o autor de uma revolução. E aquela de Descartes havia de ter sucesso, pois deixava subsistir uma parte dos erros. Acrescentai a isso que o filósofo inglês tinha ocupações que não lhe permitiam executar inteiramente e por si mesmo o que aconselhava aos outros. Limitava-se, pois, a dar opiniões que só podiam causar uma impressão ligeira sobre espíritos incapazes de sentir sua solidez. Descartes, ao contrário, entregue inteiramente à filosofia, e tendo uma imaginação mais viva e fecunda, algumas vezes substituiu os erros alheios por erros mais sedutores, que talvez não tenham contribuído pouco para sua reputação.

O cuidado que Bacon tinha com todas as ciências, não o impedia de dedicar-se a algumas, em particular. E como acreditava que a filosofia natural é o fundamento de todas as demais ciências, trabalhou principalmente para aperfeiçoá-la. Mas fez como esses grandes arquitetos que, não podendo resolver-se a trabalhar de acordo com outros, começam por derrubar tudo e, em seguida, edificam a partir de um novo desenho. Da mesma maneira, não se divertia com embelezar ou consertar o que já fora por outros começado, propondo-se a estabelecer uma física nova, sem se servir do que já fora dito pelos antigos, cujos princípios lhe eram suspeitos. Para concluir esse grande desenho, resolveu fazer todos os meses um tratado de física, principiando com a dos ventos. Em seguida, fez a do calor, a do movimento e, por fim, a da vida e da morte. Mas como era impossível que um só homem fizesse toda a física com a mesma exatidão, contentou-se, depois de fornecer amostras que servissem de modelos aos que quisessem trabalhar com seus princípios, em traçar grosseiramente e em poucas palavras o desenho dos quatro tratados e oferecer materiais no livro

Sylva sylvarum, no qual recolheu uma infinidade de experiências que servissem de fundamento à nova física. Em uma palavra, antes do chanceler Bacon ninguém tinha conhecido a filosofia experimental. E de todas as experiências físicas que depois dele se fizeram, não há quase nenhuma que não esteja indicada em suas obras.

Este precursor da filosofia foi também um escritor elegante, um historiador, um *bel esprit*. Seus ensaios de moral são muito apreciados, mais feitos para instruir do que agradar. Um espírito fácil, um julgamento sadio, o filósofo sensato, o homem que reflete e brilha em todas as vezes. Foi um dos frutos da retirada de um homem que se afastou do mundo, após ter sustentado longo tempo as prosperidades e as desgraças. Há também belas coisas no livro que escreveu sobre a *Sabedoria dos Antigos*[67], no qual moralizou as fábulas que constituíam a teologia de gregos e romanos.

Redigiu ainda a *História de Henrique* VII, *Rei de Inglaterra*, na qual demonstra algumas vezes traços do mau gosto do século, mas que também é pleno de espírito e nos faz ver ter sido tão grande político quanto grande filósofo.

Referência no Discurso Preliminar

Enquanto adversários pouco instruídos ou mal intencionados combatiam abertamente a filosofia, ela se refugiava, por assim dizer, nas obras de alguns grandes homens que, sem terem a perigosa ambição de arrancar a venda dos olhos de seus contemporâneos, preparavam de longe, na sombra e no silêncio, a luz que devia iluminar o mundo pouco a pouco, gradual e insensivelmente.

À frente desses ilustres personagens deve ser colocado o imortal chanceler da Inglaterra, Francis Bacon, cujas obras, tão justamente estimadas e mais estimadas, contudo, do que conhecidas, merecem ainda mais nossa leitura do que nossos

67. *De sapientia veterum*.

elogios. Considerando as ideias sãs e extensas desse grande homem, o enorme número de assuntos a que seu espírito se entregou, a ousadia de seu estilo que reúne em toda a parte as mais sublimes imagens à mais rigorosa precisão, estaríamos tentados a considerá-lo como o maior, o mais universal e o mais eloquente dos filósofos. Bacon, nascido no seio da mais profunda noite, sentiu que a filosofia ainda não existia, embora muitas pessoas, sem dúvida, orgulhavam-se de nela serem exímias, pois, mais um século é grosseiro, mais se julga instruído em tudo o que pode saber. Ele começou, portanto, por encarar, numa perspectiva geral, os diversos objetos de todas as ciências naturais; dividiu essas ciências em diferentes ramos, de que fez a enumeração mais exata que lhe foi possível: examinou o que já se sabia sobre cada um desses assuntos e fez um imenso catálogo do que faltava descobrir: é a finalidade de sua admirável obra, *Da Dignidade e do Crescimento das Ciências*. Em seu *Novo Órgão das Ciências* aperfeiçoa as ideias que apresentara na primeira obra, leva-as mais longe e faz conhecer a necessidade da física experimental, na qual ainda não se pensava. Inimigo dos sistemas, não encara a filosofia senão como uma parte de nossos conhecimentos que deve contribuir para nos tornar melhores ou mais felizes: parece limitá-la à ciência das coisas úteis e recomenda em toda parte o estudo da natureza. Seus outros escritos são baseados no mesmo plano; tudo, neles, até mesmo seus títulos, anuncia o homem de gênio, o espírito que vê em grandes perspectivas. Neles recolhe fatos, compara experiências, indica um grande número do que deve ser feito, convida os sábios a estudarem e a aperfeiçoarem as artes, que considera como a parte mais elevada e mais essencial da ciência humana: expõe com uma simplicidade nobre *suas conjeturas e seus pensamentos* sobre os diferentes objetos dignos de interessar os homens e teria podido dizer, como esse velho dito de Terêncio, que nada do que diz respeito à humanidade lhe era estranho. Ciência da natureza, moral, política, economia, tudo parece ter sido da alçada desse espírito luminoso e profundo; e não se sabe o que mais admirar: se as riquezas que derrama sobre todos os temas que trata ou a dignidade com que fala delas. Seus escritos não podem merecer melhor comparação do que com os de Hipócrates sobre a medicina; e não seriam nem menos admirados nem menos lidos se a cultura do espírito fosse tão cara ao gênero humano quanto a conservação da saúde. Mas somente as obras dos chefes de qualquer tipo de seita podem ter um certo esplendor; Bacon não pertenceu a esse número e a forma de sua filosofia opunha-se a isso. Era ela por demais sábia para espantar alguém; a escolástica, que dominava em sua época, não podia ser derrubada senão por opiniões ousadas e novas e não parece que um filósofo que se contente em dizer aos homens *eis o pouco que aprendestes, eis o que vos resta procurar* seja destinado a fazer muito sucesso entre seus contemporâneos. Ousaríamos mesmo censurar um pouco o chanceler Bacon por ter sido talvez por demais tímido, se não soubéssemos com que discrição e, por assim dizer, com que superstição deve-se julgar um gênio tão sublime. Embora confesse que os escolásticos debilitaram as ciências com suas questões de minudências e que o espírito deve sacrificar o estudo dos seres gerais ao dos objetos particulares, parece, contudo, pelo uso frequente que faz dos termos da escola, algumas vezes mesmo pelo dos princípios escolásticos e por divisões e subdivisões cujo uso estava então na moda, ter mostrado uma atenção e uma deferência um pouco excessivas pelo gosto dominante de seu século. Esse grande homem, após ter rompido tantos grilhões, estava ainda retido por algumas correntes que não podia ou não ousava romper.

Declararemos aqui que devemos sobretudo ao chanceler Bacon a árvore enciclopédica de que já falamos com muitos detalhes e que será encontrada no final deste Discurso. Nós o tínhamos confessado em vários trechos do Prospecto, mas voltamos novamente a fazê-lo e não perderemos nenhuma ocasião de repeti-lo. Contudo, não julgamos dever seguir ponto por ponto o grande homem que reconhecemos aqui por nosso mestre. Se não colocamos, como ele, a razão após a imaginação, é porque seguimos, no sistema enciclopédico, preferentemente a ordem metafísica das operações do espírito à ordem histórica de seus progressos, desde a renascença das Letras; ordem que o ilustre chanceler da Inglaterra tinha talvez em vista, até certo ponto, quando fazia, como o diz, o censo e a enumeração dos conhecimentos humanos. Aliás, sendo o plano de Bacon diferente do nosso, e tendo as ciências feito desde então grandes progressos, não se deve surpreender termos tomado, algumas vezes, um caminho diferente.

COPÉRNICO (SISTEMA OU HIPÓTESE DE COPÉRNICO)[68]. É um sistema no qual se supõe que o sol esteja em repouso no centro do mundo e que os planetas e a Terra se movam em torno dele na forma de elipses.

De acordo com este sistema, os céus e as estrelas encontram-se em repouso e o movimento diurno que parecem ter de oriente a ocidente é produzido pela movimentação da Terra em torno de seu eixo, de ocidente a oriente.

Tal sistema foi defendido por vários antigos, particularmente Ecfantos, Seleuco, Aristarco, Filolau, Cleanto, Heráclides do Ponto e Pitágoras, tendo sido deste último que recebeu o nome de *sistema de Pitágoras*[69].

Arquimedes também sustentou a ideia em seu livro *De granorum arenae numero*[70], que, após sua morte, foi extrema-

68. A maior probabilidade de autoria deste artigo é a de d'Alembert, já que a ele são atribuídos os verbetes Astronomia, Sistema e Planeta, nos quais também se explica o sistema heliocêntrico. Ainda assim, é possível ter havido a participação de Diderot.

69. Copérnico menciona essa origem na introdução de sua obra *De revolutionibus*.

70. Texto conhecido em língua portuguesa por *Contador de Areia*, no qual se expõe um sistema de cálculo de quantidades elevadas, até 8×10^{16}, capaz de enumerar "todos os grãos de areia do universo".

mente negligenciado e mesmo esquecido durante muitos séculos. Enfim, Copérnico a fez renascer há duzentos e cinquenta anos, e por isso tomou o nome de sistema de Copérnico.

Nicolau Copérnico, nome muito conhecido atualmente, e cuja história abreviada fizemos no artigo Astronomia, adotou portanto a opinião dos pitagóricos, que retira a Terra do centro do mundo e lhe dá não apenas um movimento diurno em torno de seu eixo, mas ainda um movimento anual em torno do sol. Opinião cuja simplicidade o impressionou e que resolveu aprofundar. Por consequência, começou a observar, calcular, comparar e, por fim, após uma longa e séria discussão dos fatos, achou que não só poderia analisar todos os fenômenos e todos os movimentos dos astros, mas até mesmo elaborar um sistema de mundo bastante simples.

O senhor de Fontenelle observa em seus *Mundos*[71] que Copérnico morreu no mesmo dia que lhe trouxeram o primeiro exemplar impresso de seu livro. Parece, diz ele, que Copérnico quis evitar as críticas a que seu sistema iria submeter-se. Tal sistema é hoje geralmente adotado na França e na Inglaterra, sobretudo depois que Descartes e Newton procuraram, um e outro, confirmá-lo por explicações físicas. O último destes filósofos desenvolveu, com admirável clareza e precisão surpreendente, os principais pontos do sistema de Copérnico. Quanto a Descartes, a maneira como buscou explicá-lo, embora engenhosa, era muito vaga para ter seguidores durante longo tempo, de modo que hoje em dia não restam muitos entre eles.

Na Itália, é proibido defender o sistema de Copérnico, visto como contrário às Escrituras, devido ao suposto movimento da Terra. O grande Galileu foi antes levado à Inquisição e sua opinião sobre o movimento da Terra foi condenada como herética. Os inquisidores, no decreto que emitiram contra ele, não deixaram de citar o nome de Copérnico, nem de Diéguez de Zúniga que o havia difundido em seus comentários sobre Jó, nem o do

71. *Entretiens sur la pluralité des mondes*, 1686.

padre Foscarini, carmelita italiano que demonstrara em suas sábias cartas dirigidas ao superior de sua ordem que essa doutrina não era contrária à Escritura. Galileu, não obstante a censura, manteve seu dogma sobre o movimento da Terra e foi de novo condenado, obrigado a retratar-se publicamente e a abjurar o pretenso erro, oralmente e por escrito, o que fez em 22 de junho de 1633. Tendo prometido de joelhos e com as mãos sobre os evangelhos que não diria ou faria nada de contrário à ordenação, foi conduzido às prisões da Inquisição, de onde logo saiu. Este acontecimento assustou tão vivamente Descartes, muito submisso à Santa Sé, que o impediu de publicar seu tratado do mundo, prestes a ser impresso.

Depois desse ocorrido, os filósofos e os astrônomos mais esclarecidos da Itália não ousaram sustentar o sistema de Copérnico; e se por acaso parecem adotá-lo, têm o extremo cuidado de advertir que o fazem como hipótese e que se mantêm sujeitos aos decretos dos soberanos pontífices a esse respeito.

Seria extremamente desejável que um país tão pleno de espírito e de conhecimentos como a Itália quisesse, por fim, reconhecer um erro tão prejudicial aos progressos da ciência, e que pensasse a respeito do mesmo modo como o fazemos na França! Uma mudança como essa seria muito digna do pontífice esclarecido que hoje governa a igreja. Amigo das ciências e ele próprio sábio, cabe-lhe estabelecer a lei para os inquisidores a respeito do tema, tal como o fez sobre outras matérias de maior importância. Não há um inquisidor, diz um autor célebre, que não se deva envergonhar ao ver uma esfera de Copérnico. Este furor da Inquisição contra o movimento da Terra prejudica até mesmo a religião; com efeito, que pensarão os mais simples dos dogmas reais que a fé nos obriga a acreditar, se acontece de misturarmos a esses dogmas opiniões duvidosas ou mesmo falsas? Não seria melhor dizer que a Escritura, em matéria de fé, fala a partir do Espírito Santo e que em matéria de física deve falar como o povo, cuja linguagem deve falar bem para estar ao seu alcance? Por tal distinção responde-se a tudo, estando a física e a fé protegidas. Uma das principais causas do descrédito em que se encontra o sistema de Copérnico na Espanha e na Itália é que ali está-se persuadido que alguns pontífices soberanos decidiram que a Terra não se move e se crê que o julgamento do papa é infalível, mesmo em matérias que em nada interessam ao cristianismo. Na França, não se pensa que a igreja seja infalível e se acha melhor acreditar, a respeito do sistema do mundo, em observações astronômicas do que em decretos da Inquisição. Pela mesma razão que o rei de Espanha, diz Pascal, acreditaria mais em Cristóvão Colombo, no que se refere à existência de antípodas, do que no papa Zacarias, que lá jamais esteve.

O senhor de Baillet, em sua vida de Descartes, acusa o padre jesuíta Schneiner de ter denunciado Galileu à inquisição por causa de sua opinião sobre o movimento da Terra. De fato, este padre tinha ciúmes ou estava aborrecido com Galileu a respeito da descoberta das manchas do sol, com quem disputava a primazia. Mas se é verdade que o padre vingou-se desta forma de seu adversário, um tal procedimento faz mais dano à sua memória do que a descoberta verdadeira ou pretendida das manchas do sol faria à sua honra.

Na França, defendemos o sistema de Copérnico sem medo algum e estamos persuadidos, pelas razões já mencionadas, que o sistema não é contrário à fé, embora Josué tenha dito: *sta sol*[72]. É assim que respondemos de uma maneira sólida e satisfatória a todas as dificuldades dos incrédulos sobre certas passagens da Escritura, nas quais pretendem, sem razão, encontrar erros grosseiros de física ou de astronomia.

Este sistema de Copérnico é não apenas muito simples, mas conforme às observações astronômicas às quais todos os outros sistemas não se adaptam. Em Vênus são observadas fases como as da Lua. O mesmo se pode dizer de Mercúrio, o que não se explica no sistema de Ptolomeu, enquanto há uma ra-

72. Detém-te sol!

zão bastante compreensível daqueles fenômenos, supondo-se, como Copérnico, que o sol esteja no centro, girando ao seu redor Mercúrio, Vênus e a Terra, nesta ordem.

Quando Copérnico propôs o sistema, numa época em que as lunetas de aproximação não haviam sido inventadas, se lhe objetava a inexistência das fases. Ele predisse que um dia seriam descobertas e os telescópios comprovaram sua predição. Além disso, não é mais simples estabelecer dois movimentos para a Terra, um anual e outro diurno, do que fazer mover ao seu redor, com enorme e inacreditável velocidade, toda a esfera de estrelas? O que pensar então dessa confusão de epiciclos, de excêntricas, de deferentes que se multiplicaram para explicar os movimentos dos corpos celestes e dos quais o sistema de Copérnico nos livra? Também não há hoje em dia nenhum astrônomo habilidoso e de boa fé que pense pôr-lhe em dúvida e revogá-lo. De resto, o sistema, tal como deveio hoje, não é tal qual foi imaginado por seu autor. Ele ainda fazia com que os planetas se movessem em círculos nos quais o sol não ocupava o centro. É preciso perdoar esta hipótese em um tempo no qual ainda não havia observações suficientes e nada se conhecia de melhor. Kepler foi o primeiro a provar que os planetas descrevem elipses em torno do sol, e indicou as leis de seus movimentos. Depois, Newton demonstrou essas leis e provou que os cometas descrevem também ao redor do sol parábolas ou elipses bastante excêntricas.

DESCARTES E O CARTESIANISMO[73]. Cartesianismo é a filosofia de Descartes, assim chamada em virtude do nome latino *Cartesius*, de seu autor. René Descartes nasceu em 31 de março de 1596, em La Haye, pequena cidade da Touraine, de Joachim Descartes, conselheiro do parlamento da Bretanha, e de Jeanne Brochard,

73. Artigo comumente atribuído a Pestré e a d'Alembert. A participação de Diderot é possível, mas incerta.

filha do tenente-general de Poitiers. Deram-lhe o sobrenome de *du Perron*, pequena herdade situada no Poitou e que foi incluída como sua herança após a morte do pai.

A delicadeza de seu temperamento e as enfermidades frequentes que suportou durante a infância fizeram com que se temesse pela mesma sorte de sua mãe, falecida pouco tempo depois de lhe dar à luz; mas ele as superou e viu a saúde fortificar-se na medida em que avançava em idade.

Com a idade de oito anos, seu pai, percebendo as boas inclinações que tinha para o estudo, ou uma forte paixão de instruir-se, enviou-lhe para o colégio de La Flèche. Aplicou-se cinco anos e meio às humanidades e durante esse tempo fez grandes progressos no conhecimento das línguas grega e latina, além do gosto pela poesia, que conservou até o fim da vida. Em seguida, passou para a filosofia, à qual dedicou toda a sua atenção, mas que, por se encontrar num estado muito imperfeito, pouco lhe agradava. As matemáticas, às quais se consagrou no último ano de La Flèche, compensaram-no dos desgostos que a filosofia causara. Elas lhe ofereceram um charme desconhecido e ele aproveitou com solicitude os recursos disponíveis para mergulhar neste estudo tão profundamente quanto desejasse. O reitor do colégio havia-lhe permitido permanecer na cama o quanto quisesse, fosse pela delicadeza de sua saúde, fosse porque nele percebera um espírito naturalmente dirigido à meditação. Descartes, que após o despertar encontrava todas as forças de seu espírito mais ativas e todos os sentidos reassentados pelo repouso noturno, aproveitava essas condições favoráveis para meditar. Esta prática de tal modo se converteu em hábito que dela fez uma maneira de estudar por toda a vida. E pode-se dizer que devemos às manhãs que passou em sua cama aquilo que o seu gênio produziu de mais importante na filosofia e nas matemáticas.

Seu pai, que havia destinado ao primogênito a carreira da toga, parecia querer que o jovem du Perron se encaminhasse para a da guerra. Mas sua juventude e a fraqueza do temperamento, que não lhe permitiam expor-se tão cedo aos trabalhos desta profissão tão penosa, fizeram com que o pai o mandasse a Paris, após terminar seus estudos. O jovem Descartes entregou-se primeiro aos prazeres e concebeu uma paixão tão mais forte pelo jogo quanto mais alegria nele encontrava. Mas logo desiludiu-se, tanto pelos conselhos do padre Mersenne[74], que o havia conhecido em La Flèche, quanto por suas próprias reflexões. Pensou então em retornar aos estudos que havia abandonado e, retirando-se de toda prática ociosa, hospedou-se em uma casa isolada do bairro de Saint Germain, sem avisar seus amigos do lugar escolhido. Ali ficou uma parte do ano de 1614 e os dois seguintes, sem sair nem ver ninguém.

Tendo assim retomado o gosto pelos estudos, entregou-se inteiramente às matemáticas, com as quais ocupou o seu grande lazer. E cultivou particularmente a geometria e a análise dos antigos, que já aprofundara no colégio. Ao chegar aos 21 anos, acreditou ser tempo de colocar-se em serviço militar. E dirigiu-se à Holanda, a fim de tomar armas sob as ordens do príncipe Maurício. Embora tenha escolhido essa escola, então a mais brilhante pelo número de heróis ali formados sob aquele grande capitão, não tinha o desejo de se tornar guerreiro. Queria apenas ser um espectador dos papéis desempenhados nesse grande teatro e estudar os hábitos dos homens que ali aparecem. Foi por tal razão que não aceitou um emprego, mantendo-se às suas próprias expensas, embora, para cumprir a formalidade, recebesse uma vez o pagamento.

Como se gozasse no momento de uma trégua, Descartes passou todo o tempo em uma guarnição postada em Breda. Mas ali não permaneceu ocioso. Um problema que resolvera com facilidade fez-lhe conhecer Isaac Beeckman, dirigente do colégio de Dordrecht, que se encontrava em Breda, e, por seu intermédio,

74. O padre Marin Mersenne (1588-1648) foi teólogo (autor de *Quaestiones celeberrime in Genesim* e de *La Vérité des sciences*), matemático (há uma fórmula aplicada aos números primos de sua concepção, os "números Mersenne") e filósofo. Ajudou a divulgar a obra de Descartes, quando este já se encontrava na Holanda, e manteve correspondências, entre outros, com Pascal, Galileu e Huygens.

vários sábios do país. Trabalhou ainda em vários textos, dos quais o único a ser impresso foi seu *Tratado da Música*. Ele o compôs em latim, seguindo o hábito que tinha de pensar e escrever nessa língua. Após ter feito algumas campanhas sob as ordens de diversos generais, se aborreceu com o emprego da guerra e renunciou antes de terminar a campanha de 1621.

Ele havia deixado para o fim de suas viagens uma escolha sobre sua situação de vida. Mas, feitas todas as reflexões, julgou que lhe seria mais apropriado não submeter-se a nenhum emprego e permanecer senhor de si. E após outras viagens que fez a diferentes países, a rainha Cristina da Suécia, a quem havia encaminhado o seu *Tratado das Paixões*, instou-lhe, no início de 1649, a vir à sua corte. Apesar do dissabor em fazer uma nova viagem, não quis impedir-se de aceitar o convite da rainha, e partiu em um navio que ela lhe enviara. Chegou em Estocolmo no começo do mês de outubro e foi-se hospedar na mansão do senhor Chanut, embaixador da França, seu amigo, e que então se encontrava ausente.

A rainha, que foi vê-lo no dia seguinte, o recebeu com uma distinção muito notada por toda a corte, o que contribuiu para talvez aumentar a inveja de alguns sábios para os quais a sua chegada pareceu temível. Numa segunda visita, tomou medidas para aprender, de sua própria boca, filosofia. E julgando que precisaria estar bem disposta e mostrar-se aplicada para chegar a bom termo, escolheu para os estudos a primeira hora depois do despertar, como sendo aquela mais livre e tranquila do dia, na qual a mente estaria mais desembaraçada de problemas. Por isso, Descartes sujeitava-se a ir à biblioteca todas as manhãs às cinco horas, sem considerar os incômodos que isso pudesse causar à sua maneira de viver, nem pelo rigor do frio, mais vivo na Suécia do que em qualquer outro lugar no qual já vivera. Em recompensa, a rainha concedeu-lhe a graça que houvera pedido, a de ser dispensado de todo o cerimonial da corte e de ali ficar apenas nas horas de conversação. Antes que as aulas começassem, quis ela que Descartes reservasse um mês ou seis semanas para adaptar-se, familiarizar-se com o modo de ser do país e fazer relações que pudessem retê-lo ao seu lado pelo resto de seus dias.

No início de 1650, Descartes preparou os estatutos de uma academia que devia ser estabelecida em Estocolmo e os levou à rainha no primeiro dia de fevereiro, o último em que a viu. No retorno do palácio, pressentiu a doença que devia terminar com seus dias. No dia seguinte, foi atacado por uma febre contínua, com inflamação pulmonar. O senhor Chanut, que saíra de uma doença parecida, queria tratá-lo como também o fora. Mas Descartes tinha a cabeça tão atrapalhada que não se conseguiu fazê-lo voltar à razão. Recusava obstinadamente a sangria, dizendo: "Senhores, poupai o sangue francês". No fim, consentiu que a fizessem, mas era tarde demais. E o mal, crescendo sensivelmente, fê-lo morrer a 11 de fevereiro de 1650, em seu 54º ano.

A rainha houvera tido o desejo de enterrá-lo ao lado dos reis da Suécia, com pompa conveniente, e de construir-lhe um mausoléu de mármore. Mas o senhor Chanut conseguiu dela que fosse inumado com mais simplicidade no cemitério do hospital dos órfãos, conforme o uso dos católicos. Seu corpo permaneceu em Estocolmo até 1666, quando foi retirado pelos cuidados do senhor Alibert, tesoureiro da França, e conduzido a Paris, aonde chegou no ano seguinte. Foi novamente enterrado com grande pompa em 24 de junho de 1667, na igreja de Santa Genoveva do Monte.

Embora Galileu, Torricelli, Pascal e Boyle sejam propriamente os pais da física moderna, Descartes, por sua argúcia e pelo brilho merecido que teve sua filosofia, talvez seja aquele, entre todos os sábios do último século, a quem devamos maiores obrigações. Até ele, o estudo da natureza permanecera como que entorpecido pelo costume universal das escolas de se manterem adstritas ao peripatetismo. Descartes, cheio de gênio e de perspicácia, percebeu o vazio da filosofia antiga. Apresentou-a ao público com suas cores verdadeiras e fez notar de tal modo o ridículo com que prometia conhecimentos que predispôs todos os espíritos a procurar uma rota melhor. E ofereceu-se ele mesmo a servir de guia[75]. Como empregava um método do qual ninguém se sentia capaz de fazê-lo, a curiosidade generalizou-se. Foi o primeiro bem que a filosofia de Descartes produziu: cedo, o gosto espalhou-se por todas as latitudes, nas cortes e nos exércitos. As nações vizinhas pareciam invejar na França os progressos do cartesianismo, mais ou menos como os sucessos dos espanhóis nas duas Índias serviram de espelho para todos os europeus que ali também se estabelecerem. A física francesa, ao estimular uma concorrência universal, deu lugar a outros empreendimentos e, talvez, a melhores descobertas. As teorias de Newton são um de seus frutos.

Não falaremos aqui da geometria de Descartes, pois ninguém contesta sua excelência, nem a feliz aplicação que dela se fez na óptica. Cabe-lhe mais glória por ter ultrapassado neste gênero de trabalho todos os séculos precedentes do que aos modernos terem ido mais longe do que Descartes. Daremos sim os princípios de sua filosofia, difundidos em grande número de obras que escreveu. Comecemos por seu método.

Discurso do Método

Estando Descartes ocioso na Alemanha, num quartel e no transcorrer do inverno, ocupou-se durante meses em fazer o exame dos conhecimentos que havia adquirido, fosse em seus estudos,

75. A afirmação do autor do verbete só terá credibilidade caso as palavras do próprio Descartes, no *Discurso*, tenham sido empregadas como uma espécie de subterfúgio à imodéstia, pois naquela obra, muito ao contrário, lê-se nas primeira e segunda partes: "o meu desígnio não é ensinar aqui o método que cada qual deve seguir para bem conduzir sua razão, mas apenas mostrar de que maneira me esforcei por conduzir a minha... não proponho este escrito senão como uma história, ou, se preferirdes, como uma fábula, na qual, entre alguns exemplos que se podem imitar, se encontrarão talvez muitos outros que se terá razão de não seguir... Nunca o meu intento foi além de procurar reformar meus próprios pensamentos... se eu vos mostro aqui o seu modelo, nem por isso quero aconselhar alguém a imitá-lo". Kierkegaard (Johannes de Silentio, em *Temor e Tremor*) também cita esta passagem para reforçar a diferença entre a dúvida vivida dos antigos e a suposta dos modernos.

fosse em viagens. E por suas reflexões, tanto quanto pelo auxílio de outros, neles encontrou tanta obscuridade e incerteza que lhe veio o pensamento de pôr abaixo esse edifício mal construído e reerguê-lo novamente, atribuindo-lhe mais ordem e estabelecendo vínculos mais seguros entre os conhecimentos:

1. Começou por colocar de lado as verdades reveladas; porque *pensava que para empreender seu exame e ter sucesso, era necessário contar com uma assistência extraordinária do céu e ser mais do que um homem.*
2. Tomou por primeira máxima de conduta a de obedecer às leis e aos costumes de seu país, retendo constantemente a religião na qual Deus lhe havia dado a graça de ser instruído, desde a infância, e governando-se, em todas as demais coisas, segundo as opiniões mais moderadas.
3. Acreditou prudente prescrever esta regra, dado que a procura sucessiva das verdades que queria alcançar poderia ser muito longa e que as ações da vida, não passando por qualquer adiamento, requeriam um plano de conduta. O que o fez juntar uma segunda máxima à precedente: a de ser o mais firme e resoluto possível em suas ações e não seguir constantemente as opiniões duvidosas, uma vez determinado, e sim aquelas que fossem bastante seguras. Sua terceira máxima foi a de procurar antes dominar-se do que se deixar levar pela fortuna, assim como modificar mais seus desejos do que a ordem do mundo. Refletindo enfim sobre as diversas ocupações dos homens, e escolher a melhor, resolveu empregar sua vida no cultivo da razão pelo método que iremos expor.
4. Assegurando-se dessas máximas e pondo-as ao lado das verdades de fé que foram as primeiras de sua crença, julgou que, quanto ao resto de suas opiniões, podia livremente desfazer-se delas:

Assim, por que os nossos sentidos nos enganam às vezes, quis supor que não havia coisa alguma que fosse tal como eles nos fazem imaginar. E, porque há homens que se equivocam ao raciocinar, mesmo no tocante às mais simples matérias de Geometria, e cometem aí paralogismos, rejeitei como falsas, julgando que estava sujeito a falhar como qualquer outro, todas as razões que eu tomara até então por demonstrações. E enfim, considerando que todos os mesmos pensamentos que temos quando despertos nos podem ocorrer quando dormimos, sem que haja nenhum, nesse caso, que seja verdadeiro, resolvi fazer de conta que todas as coisas que até então haviam entrado no meu espírito não eram mais verdadeiras que as ilusões de meus sonhos. Mas, logo em seguida, adverti que, enquanto eu queria assim pensar que tudo era falso, cumpria necessariamente que eu, que pensava, fosse alguma coisa. E, notando que esta verdade: *eu penso, logo existo*, era tão firme e tão certa que todas as mais extravagantes suposições dos céticos não seriam capazes de a abalar, julguei que podia aceitá-la, sem escrúpulo, como o primeiro princípio da Filosofia que procurava. Depois, examinando com atenção o que eu era, e vendo que podia supor que não tinha corpo algum e que não havia qualquer mundo, ou qualquer lugar onde eu existisse, mas que nem por isso podia supor que não existia; e que, ao contrário, pelo fato mesmo de eu pensar em duvidar da verdade das outras coisas seguia-se mui evidente e mui certamente que eu existia; ao passo que, se apenas houvesse cessado de pensar, embora tudo o mais que alguma vez imaginara fosse verdadeiro, já não teria qualquer razão de crer que eu tivesse existido; compreendi por aí que eu era uma substância cuja essência ou natureza consiste no pensar, e que, para ser, não necessita de nenhum lugar, nem depende de qualquer coisa material. De sorte que esse eu, isto é, a alma, pela qual sou o que sou, é inteiramente distinta do corpo e, mesmo, que é mais fácil de conhecer do que ele, e, ainda que este nada fosse, ela não deixaria de ser tudo o que é. Depois disso, considerei em geral o que é necessário a uma proposição para ser verdadeira e certa; pois, como acabava de encontrar uma que eu sabia ser exatamente assim, pensei que devia saber também em que consiste essa certeza. E tendo notado que nada há no *eu penso, logo existo* que me assegure de que digo a verdade, exceto que vejo muito claramente que, para pensar, é preciso existir, julguei poder tomar por regra geral que as coisas que concebemos mui clara e mui distintamente são todas verdadeiras, havendo apenas uma dificuldade em notar bem quais são as que concebemos distintamente[76].

76. Todas as citações entre aspas, nos parágrafos numerados, e que foram retiradas do *Discurso do Método*, têm aqui a tradução de Jacó Guinsburg, a sair pela Perspectiva e constante das edições Difel e Abril Cultural.

1. Descartes estende-se mais ao longo de suas *Meditações* do que no *Discurso do Método* para provar que não pode pensar sem ser. E temeroso de uma contestação a esse primeiro ponto, antecipa-se a tudo o que se lhe poderia opor e encontra sempre que pensa e que, se pensa, é, em estado de vigília ou dormindo, ou ainda quando um espírito superior ou uma poderosa divindade dedica-se a enganá-lo. Obtém assim uma primeira certeza que nada deve senão à clareza da ideia que a produz, e sobre ela funda esta regra célebre, a de *ter por verdadeiro o que está claramente contido na ideia que se tem de uma coisa*. E vê-se pela sequência de seus raciocínios que subentende e acrescenta uma outra parte a essa regra, a saber, de só ter por verdadeiro o que é claro.
2. O primeiro uso que faz de sua regra é o de aplicá-lo às ideias que encontra em si mesmo. Ele observa que procura, que duvida, que está inseguro, do que infere ser imperfeito. Mas sabe, ao mesmo tempo, que é melhor saber, não ter fraqueza, ser perfeito. Esta ideia de um ser perfeito parece-lhe em seguida ter uma realidade que não pode ser retirada de sua imperfeição. E acha isso tão claro que conclui haver um ser soberanamente perfeito, a quem chama Deus, e apenas de quem pôde receber uma tal ideia.
3. Ele reitera esta descoberta ao considerar que, sendo a existência uma perfeição, está contida na ideia de um ser soberanamente perfeito. Ele se crê também autorizado pela regra a afirmar que Deus existe, tanto quanto a dizer que ele, Descartes, existe porque pensa.
4. Desta maneira continua a reunir, por intermédio de várias consequências imediatas, uma primeira série de conhecimentos que acredita perfeitamente evidentes, tratando das naturezas da alma, de Deus e do corpo.
5. Faz uma observação importante sobre o método, qual seja, a que "esses longos encadeamentos de razões simples e fáceis, de que os geômetras costumam servir-se para chegar às suas demonstrações mais difíceis", deram-lhe

oportunidade de imaginar que todas as coisas que podem estar sob o conhecimento do homem, "seguem-se entre si de modo idêntico, e desde que se abstenha somente de acolher alguma que não seja verdadeira, conservando-se a ordem necessária para deduzir umas de outras, não haverá nenhuma tão afastada que enfim não se alcance, nem tão escondida que não seja descoberta".

6. É com essa esperança que o nosso ilustre filósofo começa em seguida a fazer a ligação dessas primeiras descobertas com três ou quatro regras de movimento ou de mecânica que acreditou ver claramente na natureza e que pareceram suficientes para dar conta de tudo, ou para formar uma cadeia de conhecimentos abrangendo o universo e suas partes, sem nada excetuar:

> resolvi-me a deixar todo esse mundo às suas disputas, e a falar somente do que aconteceria num novo, se Deus criasse agora, em qualquer parte, nos espaços imaginários, bastante matéria para compô-lo, e se agitasse diversamente, e sem ordem, as diversas partes desta matéria, de modo que compusesse com ela um caos tão confuso quanto os poetas possam fazer crer, e que, em seguida, não fizesse outra coisa senão prestar o seu concurso comum à natureza, e deixá-la agir segundo as leis por ele estabelecidas... Além disso, fiz ver quais eram as leis da natureza... Depois disso, indiquei como a maior parte da matéria desse caos devia, em sequência dessas leis, dispor-se e arranjar-se de uma certa forma que a torna semelhante aos nossos céus; como, entretanto, algumas de suas partes deviam compor uma terra, alguns dos planetas e cometas, e outras, um sol e estrelas fixas... Daí vim a falar particularmente da terra... como as montanhas, os mares, as fontes e os rios podiam naturalmente formar-se nela, e os metais aparecerem nas minas, e as plantas crescerem nos campos, e em geral todos os corpos, chamados mistos ou compostos, serem nela gerados... pode-se crer, sem prejudicar o milagre da criação, que só por isso todas as coisas que são puramente materiais poderiam, com o tempo, tornar-se tais como as vemos no presente... Da descrição dos corpos inanimados e das plantas, passei à dos animais e, particularmente, à dos homens;

Descartes terminou seu *Discurso do Método* mostrando-nos os frutos da ciência:

tão logo adquiri algumas noções gerais relativas à Física, e, começando a comprová-las em diversas dificuldades particulares, notei até onde podiam conduzir, e o quanto diferem dos princípios que foram utilizados até o presente, julguei que não podia mantê-las ocultas sem pecar grandemente contra a lei que nos obriga a procurar, no que depende de nós, o bem geral de todos os homens. Pois elas me fizeram ver que é possível chegar a conhecimentos que sejam muito úteis à vida, e que, em vez dessa Filosofia especulativa que se ensina nas escolas, se pode encontrar uma outra prática, pela qual, conhecendo a força e as ações do fogo, da água, do ar, dos astros, dos céus e de todos os outros corpos que nos cercam, tão distintamente como conhecemos os diversos misteres de nossos artífices, poderíamos empregá-los da mesma maneira em todos os usos para os quais são próprios, e assim nos tornar como que senhores e possuidores da natureza.

Descartes congratula-se por fim com as vantagens derivadas de sua física geral para a medicina e a saúde. A finalidade de seus conhecimentos é a de *isentar-se de uma infinidade de doenças e talvez até mesmo do enfraquecimento da velhice.*

Tal é o método de Descartes, tais são suas promessas ou esperanças. São ousadas, sem dúvida. E para bem divisar o que podem valer, convém advertir o leitor de que não se deve prevenir contra a renúncia a todo conhecimento sensível, pela qual o filósofo começa. De início, somos tentados a rir, vendo-o hesitar em crer num mundo, num lugar, em um corpo ao seu redor. Mas é uma dúvida metafísica, sem nada de ridículo ou perigoso. E para julgá-la seriamente, é bom lembrar-se das circunstâncias nas quais se encontrava. Havia nascido com muito talento e nas escolas reinava então galimatias de entidades, de formas substanciais, de qualidades atrativas, repulsivas, retentivas, expulsivas e outras não menos ridículas ou obscuras, que esse grande homem rejeitava. Desde cedo havia tomado gosto pelo método dos geômetras que, de uma verdade incontestável, de um ponto comumente aceito, leva o espírito a uma outra verdade desconhecida. E depois desta aqui a outra, procedimento com que se consegue uma convicção e de onde nasce uma satisfação perfeita. Teve a ideia de introduzir o mesmo método no estudo da natureza e acreditou que, partindo de algumas verdades simples, pudesse chegar às mais ocultas e ensinar a física ou a formação de todos os corpos como se ensina a geometria.

Reconheceríamos facilmente nossos erros se pudéssemos verificar que os maiores homens os tiveram de modo semelhante. Os filósofos teriam evitado a impotência em que nos encontramos, quanto a estudarmos a nós mesmos, se nos tivessem deixado a história dos progressos de seus espíritos. Descartes o fez, e esta é a grande vantagem de seu método. Em lugar de atacar diretamente os escolásticos, ele descreve o tempo em que se debatia com os mesmos preconceitos e não esconde os obstáculos que teve de ultrapassar para desfazer-se deles. Dá as regras de um método muito mais simples do que qualquer daqueles em uso até ele, deixa entrever as descobertas que acreditou ter feito e assim prepara os espíritos para receber as novas opiniões que se propõe estabelecer. Parece que tal conduta em muito ajudou a revolução da qual este filósofo é o autor.

O método dos geômetras é bom, mas possui tanta extensão quanto a que Descartes lhe deu? Não parece. Se se pode proceder geometricamente em física, é apenas em uma ou outra parte, sem esperança de ligá-las todas. Na natureza não se trata só de medidas e relações de grandeza. Sobre tais relações, Deus concedeu ao homem uma inteligência capaz de ir muito longe, pois queria lhe permitir construir uma casa, uma abóbada, um dique e muitas outras obras nas quais teria necessidade de enumerar e medir. Fazendo dele um operário, Deus lhe inculcou princípios próprios para dirigir suas operações. Mas ao destinar o homem a fazer uso do mundo, e não construí-lo, contentou-se em fazer-lhe conhecer suas qualidades usuais de modo sensível e experimental. Não julgou apropriado conceder-lhe uma visão clara desta máquina imensa.

Existe ainda um defeito no método de Descartes. Segundo ele, é preciso começar por definir as coisas e olhar as definições como princípios apropriados para descobrir-lhes as propriedades. Mas se as noções que somos capazes de adquirir são, como parece evidente, coleções diversas de ideias simples e que a experiência nos faz reunir sob certos nomes, é bem mais natural formá-las procurando as ideias segundo a mesma ordem que a experiência as fornece do que começar pelas definições para, em seguida, deduzir as diferentes propriedades das coisas. Descartes desprezava a ciência que se adquire pelos sentidos. Acostumado a abranger tudo sob ideias intelectuais, que para terem entre elas alguma relação já não necessitam mais da realidade, sempre procedeu, embora com muito espírito, desdenhosamente. Com uma matéria pretensamente homogênea, posta e mantida em movimento, conforme duas ou três regras da mecânica, tentou explicar a formação do universo. Tentou mostrar, em particular, e com perfeita evidência, como algumas porções de suco gástrico ou de sangue, tiradas de um alimento comum, devem formar justa e precisamente o tecido, o entrelaçamento e a correspondência dos vasos do corpo humano, antes que de um tigre ou de um peixe. Enfim, vangloriava-se de *ter descoberto um caminho que lhe parecia tal que, com ele, achar-se-ia infalivelmente a ciência da verdadeira medicina.*

Pode-se julgar a natureza de seus conhecimentos pelos seguintes traços. Tomou por reumatismo a pleurisia da qual morreu e acreditou ter-se livrado da febre bebendo meio copo de aguardente. E por não ter tido necessidade de sangrar-se durante o espaço de quarenta anos, recusou obstinadamente esta ajuda, a mais específica para o seu mal. Consentiu tarde demais, quando seu delírio dissipou-se. Mas no uso pleno da razão quis que lhe fizessem uma infusão de tabaco no vinho, o que levou seu médico a abandoná-lo. No nono dia de sua febre, o antepenúltimo de sua vida, pediu raízes doces e as comeu por precaução, por medo que seus intestinos encolhessem se continuasse a tomar apenas sopas. Por aqui se vê a distância entre o geômetra e o físico.

Embora Descartes se tenha dedicado à moral, tanto quanto às outras partes da filosofia, não temos dele, entretanto, nenhum tratado completo sobre a matéria. Vemos os motivos em uma carta que escreveu ao senhor Chanut:

> Os senhores administradores do colégio são tão predispostos contra mim, por causa de meus inocentes princípios de física, e tão encolerizados por não acharem qualquer pretexto para caluniar-me, que se, depois disso, eu tratasse da moral, não me deixariam em paz. Pois já que um padre jesuíta acreditou ter muitos motivos para acusar-se de cético, pois refutei os céticos, e que um ministro tentou convencer-me de ser ateu, sem alegar outras razões senão a de que procurei provar a existência de Deus, o que não diriam se me pusesse a examinar qual o justo valor das coisas que desejamos ou tememos; qual será o estado da alma após a morte; até que ponto devemos amar a vida; e como devemos ser para não temermos as perdas! Ainda que tivesse as opiniões mais apegadas à religião e as mais úteis para o bem do Estado, não deixariam de me fazer acreditar que teria justamente as contrárias a elas. Assim, penso que o melhor que possa fazer a partir de agora será abster-me de escrever livros; e tendo assumido como divisa *illi mors gravis incubat, qui notus nimis omnibus, ignotus moritur sibi*[77], estudo para instruir-me e comunico meus pensamentos àqueles com quem posso conversar em particular.

Vê-se que estudava a moral para sua conduta particular. E talvez como efeito desses estudos se poderiam relacionar os desejos que encontramos na maioria de suas cartas de consagrar a vida à ciência de bem viver com Deus e com o próximo, renunciando a todo outro conhecimento. Nesse estudo aprendeu ao menos a considerar os escritos dos antigos pagãos como palácios magníficos construídos sobre areia. Percebeu que a moral dos antigos eleva muito alto as virtudes e as fazem parecer mais estimáveis do que tudo no mundo, mas que não ensinam muito bem a conhecê-las e o que chamam por tão belo nome é apenas insensibilidade, orgulho e desespero. Também desse estudo foi devedor das quatro máximas que já descrevemos na análise

77. Uma grave morte se projeta sobre quem é conhecido de todos; e morre desconhecido para si.

de seu método e sobre as quais quis regulamentar sua conduta. Não era escravo de nenhuma paixão que torna os homens viciosos. Curou-se perfeitamente da inclinação que tinha pelo jogo e da indiferença pela perda de tempo. No que diz respeito à religião, sempre manteve este fundo de piedade que seus mestres lhe inspiraram em La Flèche. Cedo compreendeu que tudo o que fosse objeto da fé não o seria da razão e estaria tranquilo caso tivesse Roma e a Sorbonne a seu lado.

A dúvida que carregou durante longo tempo em relação às suas condições gerais não afetaram suas ações particulares. Vivia e agia independentemente da incerteza que encontrava nos juízos, quando estes eram aplicados às ciências. Criou uma moral simples, segundo as máximas, com a qual pretendia abraçar as opiniões mais moderadas, as mais comumente praticadas, procurando ser justo e não preferir suas opiniões particulares às daquelas pessoas que julgava mais sábias do que ele. Mostrava duas razões que o obrigavam a não escolher senão as mais moderadas dentre as várias opiniões igualmente recebidas:

> A primeira, porque são sempre as mais cômodas para a prática e, de modo verossímil, as melhores, dado que as extremidades das ações morais são ordinariamente viciosas; a segunda, pois seria afastar-se menos do caminho verdadeiro, no caso de se perder, não sendo obrigado a passar de uma extremidade a outra (*Discurso do Método*).

Parecia em todas as ocasiões tão cioso de sua liberdade que não podia dissimular o distanciamento que mantinha para com aqueles compromissos que são capazes de nos privar da indiferença de nossas ações. Não é que pretendesse reformular as leis, as quais, para remediar a inconstância dos espíritos fracos, ou para estabelecer segurança no comércio da vida, permitem que se façam compromissos ou contratos que obriguem os que os realizam a cumpri-los. Mas não vendo nada no mundo que se conserve no mesmo estado, e prometendo a si mesmo aperfeiçoar cada vez mais seu julgamento, acreditava ofender o bom senso se fosse obrigado a tomar alguma coisa por boa, quando tivesse deixado de sê-la, ou de assim lhe parecer, sob o pretexto de ter sido em outros tempos.

Quanto às ações da vida, aquelas que acreditava não poder ser adiadas, agarrava-se às mais prováveis, caso ainda não tivesse chegado a discernir quais as opiniões mais verdadeiras. No caso de não atribuir maiores probabilidades a algumas do que a outras, não deixava de se prender a algumas delas e de considerá-las em seguida não como duvidosas em relação à prática, mas como muito certas e verdadeiras, pois cria que a razão que o levou a se determinar nelas se encontrava. Por esse meio, conseguia evitar o arrependimento e os remorsos que têm o costume de surgir nos espíritos fracos ou vacilantes, aqueles que se decidem muito ligeiramente por coisas boas, mas que, logo em seguida, consideram más.

Estava firmemente convencido de que não podemos dispor de nada, absolutamente, a não ser de nossos pensamentos e desejos. De maneira que, após ter feito tudo o que dependia de si, relativamente às coisas objetivas, dava como impossível o que lhe parecia difícil. Por isso, decidiu desejar apenas o que acreditava poder adquirir. Para ele, um modo de viver contente era considerar todos os bens exteriores como igualmente afastados de nosso poder. Sem dúvida, deve ter tido necessidade de muito exercício e de uma meditação com frequência reiterada para acostumar-se a olhar tudo sob esse ponto de vista. Mas ao conseguir adaptar o espírito a tais situações, viu-se preparado para sofrer tranquilamente as doenças e as desgraças da fortuna, com as quais agradecia a Deus exercitar-se. Acreditava que este ponto consistia no principal segredo dos antigos filósofos, que puderam antigamente subtrair-se ao império da fortuna e, apesar das dores e da pobreza, disputar a felicidade com seus deuses (*Discurso do Método*).

Com tais disposições interiores, vivia aparentemente do mesmo modo que aqueles que, estando livres de compromissos, não pretendem senão passar uma vida doce e irrepreensível aos olhos dos homens, dedicar-se a separar os prazeres dos vícios e que, para gozar seus lazeres sem aborrecimentos, recorrem a divertimentos honestos de vez em quando. Assim, não tendo sua conduta nada de singular, algo que fosse capaz de impressionar os olhos e a imaginação dos demais, ninguém punha obstáculos à continuação de seus desejos, e ele se aplicava sem descanso à busca da verdade.

Embora, como já dissemos, Descartes tenha resolvido nada escrever sobre a moral, não pôde recusar tal satisfação à princesa Elisabeth. Não imaginou nada mais apropriado para consolar esta princesa-filósofa em seus infortúnios que o livro de Sêneca tratando da *vida feliz*[78], sobre o qual fez observações, tanto para apontar-lhe os erros, quanto para levar seus pensamentos para além daqueles do próprio autor. Vendo aumentar, dia a dia, a malignidade do destino que começava a perseguir esta princesa, dedicou-se a conversar por intermédio de cartas sobre os meios que a filosofia podia fornecer-lhe para ser feliz e contente nesta vida. Dispôs-se a persuadi-la de que não saberíamos encontrar, a não ser em nós mesmos, esta felicidade natural que as almas vulgares esperam em vão da fortuna (tomo I das Cartas). Quando escolheu *a vida feliz* de Sêneca, "considerou apenas a reputação do autor e a dignidade da matéria, sem pensar na maneira como a tratou". Mas tendo-a examinado depois, não a achou tão exata que a merecesse seguir. Para permitir que a princesa pudesse julgar com mais facilidade, explicou-lhe inicialmente de que maneira acreditava que a matéria pudesse ter sido tratada por um filósofo como Sêneca, que não tinha por guia senão a razão natural. Em seguida, fez-lhe ver

> como Sêneca nos deveria ter ensinado todas as principais verdades cujo conhecimento é necessário para facilitar o uso da virtude, regrar nossos desejos e paixões e gozar assim de uma beatitude natural, o que teria tornado seu livro o melhor e o mais útil que um filósofo pagão houvesse escrito.

78. *Ad Gallionem de vita beata.*

Após ter dito sobre o que Sêneca deveria discorrer em seu livro, examinou em uma segunda carta à princesa o assunto ali existente, e com tal clareza e força de espírito que nos faz lamentar Descartes não ter empreendido uma retificação dos pensamentos de todos os antigos. De seu lado, as reflexões judiciosas que a princesa fez sobre o livro de Sêneca conduziram Descartes a tratar, nas cartas seguintes, das questões mais importantes da moral, a respeito do soberano bem, da liberdade do homem, do estado da alma, do uso da razão e das paixões, das ações virtuosas e viciosas, do uso dos bens e dos maus da vida. Este comércio de filosofia moral continuou após a princesa voltar da estação de águas de Spa, onde ele havia começado, e com o mesmo entusiasmo, em meio às desgraças que atravessaram sua vida. Nada foi capaz de rompê-lo; só a morte de Descartes.

Em 1641, apareceu em latim uma das obras mais célebres de nossa filosofia, aquela que talvez mais lhe tenha agradado – *Meditações a Respeito da Primeira Filosofia, Onde se Demonstram a Existência de Deus e a Imortalidade da Alma*[79]. Mas talvez seja surpreendente saber que o público ficou devedor foi da consciência de Descartes. Se se tratasse de um filósofo menos zeloso da verdade, e se esta paixão tão louvável e rara não houvesse destruído as razões que tinha para não mais imprimir seus escritos, teria ocorrido com as *Meditações* o mesmo que com o seu *Mundo*[80], seu Curso Filosófico, sua Refutação da Escolástica e outras obras que não vieram à luz, excetuando-se os *Princípios*, que haviam sido incluídos nomeadamente na condenação que ele fizera[81]. Essa

79. *Meditationes de prima philosophia, ubi de Dei existentia et animae immortalitatis demonstrantur*. A primeira versão francesa apareceu seis anos mais tarde, em 1647, com tradução de Luynes e Clersier – *Les Méditations métaphisiques*.

80. *Le Monde ou traité de la lumière* (1664) e os textos englobados em *Opera posthuma Cartesii* (1701).

81. *Principia philosophia* (1644).

distinção deveu-se às suas *Meditações Metafísicas*, compostas em seu retiro na Holanda. Depois dessa época, ele as havia deixado em seu gabinete como obra inacabada, com a qual só pensara em satisfazer-se pessoalmente. Todavia, julgando na sequência a dificuldade que muitas pessoas teriam para compreender o pouco que havia posto de metafísico na quarta parte de seu *Discurso do Método*, quis rever seu trabalho a fim de torná-lo útil ao público, fornecendo esclarecimentos àquela parte do *Método*, servindo-lhe a nova obra de comentário. Comparava o que havia feito a esse propósito com as demonstrações de Apolônio, nas quais *não há verdadeiramente nada que não seja muito claro e certo, quando se considera cada ponto em separado. Mas como são um pouco longas e nelas não se pode ver a necessidade da conclusão, se não nos lembrarmos de tudo o que a precede, só com dificuldade se encontra um homem em toda a cidade, em toda a província, que seja capaz de entendê-las*. Da mesma forma, Descartes acreditava ter demonstrado inteiramente a existência de Deus e a imortalidade da alma humana. Mas como isso dependia de muitos raciocínios sucessivos, e se esquecêssemos da menor circunstância não seria fácil entender a conclusão, ele previa que seu trabalho desse poucos frutos, a menos que por ventura caísse em mãos de algumas pessoas inteligentes, as quais tivessem o cuidado de examinar seriamente suas razões. E que expressando sinceramente o que pensavam, dessem aos outros o tom de julgar como eles, ou ainda não ousassem contradizê-las sem outros motivos.

O padre Mersenne, ao receber a obra, quis logo satisfazer a espera daqueles a quem a havia prometido, promovendo atividades e não poupando esforços para comunicar-se com eles. Pouco tempo depois, escreveu a Descartes, prometendo-lhe as objeções de diversos teólogos e filósofos. Descartes pareceu surpreso, pois estava persuadido de que era necessário mais tempo para observar exatamente tudo o que se encontrava no tratado e tudo o que faltava de essencial. O padre Mersenne, para fazer-lhe ver que não havia nem precipitação nem negligência no exame, mandou dizer-lhe que já se havia observado que, num tratado feito de propósito para provar a imortalidade da alma, não havia uma só palavra a respeito dessa imortalidade. Descartes respondeu-lhe imediatamente que não se devia espantar com o fato e que ele não podia demonstrar que Deus não fosse capaz de aniquilar a alma do homem, mas apenas que ela é de uma natureza inteiramente distinta daquela do corpo e, por conseguinte, não está sujeita à morte como ele. E que acreditava ser todo o necessário para fundar a religião e tudo o que se tinha proposto provar. Para desiludir os que pensavam de modo diferente, fez mudar o título do segundo capítulo, ou segunda meditação, que tratava da mente humana em geral, e em seu lugar pôs *de natura mentis humanae, quod ipsa sit notior quam corpus*[82], a fim de que não se cresse ter querido demonstrar sua imortalidade.

Oito dias depois, Descartes enviou ao padre Mersenne um resumo dos principais pontos que diziam respeito a Deus e à alma, e que servia de argumentação para toda a obra. E lhe dava permissão de imprimi-lo, em forma de sumário, no cabeçalho do *Tratado*, a fim de que aqueles que preferissem encontrar tudo o que procuravam em um mesmo lugar pudessem ver, em resumo, tudo o que a obra continha, e que deveria ser dividida em seis *Meditações*.

Na primeira, propõe as razões pelas quais podemos geralmente duvidar de todas as coisas, e particularmente das coisas materiais, até estabelecermos melhores fundamentos nas ciências do que aqueles já tidos até hoje. Faz ver que a utilidade desta dúvida geral consiste em nos livrar de toda sorte de preconceitos, em separar nosso espírito dos sentidos e em fazer com que não possamos mais duvidar das coisas que tenhamos reconhecido ser absolutamente verdadeiras.

82. Da natureza da mente humana, e de como ela é mais conhecida do que o corpo.

Na segunda, observa que o espírito, usando de sua própria liberdade, pode supor que as coisas, de cuja existência se tenha uma dúvida mínima, na realidade não existam, mas reconhece ser impossível que ele próprio não exista. O que lhe serve para distinguir as coisas que lhe pertencem daquelas que pertencem ao corpo. Parece que era o momento de provar a imortalidade da alma. Mas comunicou ao padre Mersenne que se tinha contentado nesta segunda meditação em conceber *a alma sem o corpo*, sem empreender ainda a prova de que ela é *realmente distinta do corpo*. Pois não havia ainda posto as premissas com as quais se pode tirar essa conclusão, e que só encontraremos na sexta meditação. É assim que este filósofo, esforçando-se por não avançar em todo o seu Tratado sem ter demonstrações exatas, cria-se obrigado a seguir a ordem dos geômetras, que é a de produzir primeiramente todos os princípios dos quais depende a proposição procurada, antes de concluir algo. A primeira e principal coisa requerida, segundo ele, para conhecer bem a imortalidade da alma é ter dela uma ideia ou concepção muito clara e evidente, e que seja perfeitamente distinta de todas as demais a respeito do corpo. É indispensável saber, além disso, que tudo o que concebemos, clara e distintamente, é verdadeiro da mesma maneira que nós o concebemos. É o que foi obrigado a remeter para a quarta meditação. É preciso, ademais, ter uma concepção distinta da natureza corporal, o que se acha em parte na segunda e, em parte, nas quinta e sexta *Meditações*. De tudo isso, deve-se concluir que as coisas concebidas clara e distintamente como substâncias diversas, tais como o espírito e o corpo, são realmente substâncias distintas umas das outras. Eis o que se conclui na sexta *Meditação*. Retornemos à ordem das *Meditações* e do que elas contêm.

Ao longo da terceira, ele desenvolve o principal argumento pelo qual prova a existência de Deus. Mas tendo julgado oportuno não empregar ali qualquer comparação tirada das coisas corporais, a fim de afastar ao máximo possível o espírito do leitor do uso e comércio dos sentidos, não pôde evitar certas obscuridades, as quais já havia corrigido nas respostas às primeiras objeções feitas nos Países Baixos, e que havia remetido ao padre Mersenne para serem impressas com seu tratado.

Na quarta, prova que todas as coisas que concebemos muito clara e distintamente são todas verdadeiras. Ali também explica em que consiste a natureza do erro e da falsidade. Com essas noções não entende o pecado ou o erro que se comete na busca do bem ou do mal, mas apenas o erro que se encontra no julgamento e no discernimento do verdadeiro e do falso.

Na quinta, explica a natureza corpórea em geral. E demonstra a existência de Deus por uma razão nova. Faz ver como é verdadeira que a própria certeza das demonstrações geométricas depende do conhecimento de Deus.

Na sexta, distingue a ação do entendimento daquela da imaginação, e dá as características de uma tal distinção. Prova que a alma do homem é realmente distinta do corpo. Ali expõe todos os erros que vêm dos sentidos, e os meios de evitá-los. Por fim, apresenta todos os motivos pelos quais se pode concluir a existência das coisas materiais. Não é que os julgasse demasiadamente úteis para provar *que existe um mundo, que os homens têm um corpo* e coisas semelhantes, que jamais foram postas em dúvida por homem nenhum de bom senso. Mas porque, considerando-os de perto, chega-se a conhecer quais os que não são tão evidentes e quais os que nos conduzem ao conhecimento de Deus e de nossa alma.

Eis aqui o resumo das *Meditações* de Descartes, as que são, entre todas as suas obras, aquelas que mais teve em consideração. Ora agradecia a Deus por seu trabalho, crendo ter encontrado o modo como se podem demonstrar as verdades metafísicas, ora se deixava levar pelo prazer de divulgar aos outros a opinião que havia formado. Escreveu ao padre Mersenne: "Esteja seguro de que não há nada em minha metafísica que não acredite *ser muito conhecido pela luz natural ou demonstrado por evidência*, e me declaro capaz de ensiná-la àqueles que queiram e possam meditar a respeito". Com efeito, pode-se dizer que o livro encerra todo o fundamento de sua doutrina, além de ser um exercício prático e exato de seu método. Tinha o costume de elogiá-lo aos amigos íntimos por conter verdades importantes, jamais tão bem examinadas antes de si, dando abertura à verdadeira filosofia, cujo ponto principal consiste em convencer-nos da diferença que há entre o espírito e o corpo. É o que pretendeu fazer nessas *Meditações* por uma *análise* que não nos ensina somente essa diferença, mas que nos faz descobrir, ao mesmo tempo, o caminho que seguiu para descobri-la.

Em seu *Tratado da Luz*, Descartes transporta seu leitor para além do mundo, para espaços imaginários. E lá supõe que, para transmitir aos filósofos a inteligência da estrutura do mundo, Deus quer proporcionar-lhes o espetáculo de uma criação. Fabrica para tanto uma multidão de fragmentos de matérias igualmente duras, cúbicas, triangulares ou simplesmente irregulares e desiguais, ou mesmo de todos os formatos, mas estreitamente ligadas umas às outras, face contra face, e tão bem comprimidas que entre elas não se encontra o menor interstício. Sustenta até mesmo que Deus, que as criou nos espaços imaginários, não pode depois disso deixar subsistir o menor espaço vazio de corpo, e que a tarefa de cuidar deste vácuo ultrapassa a capacidade do Todo-Poderoso. Em seguida, Deus põe em movimento todos os fragmentos e faz girar a maior parte deles em torno de seu próprio centro para, em seguida, lançá-los em linha reta. Deus ainda lhes ordena permanecer, cada um, em seu estado formal, com sua massa, velocidade ou repouso, até que sejam obrigados a mudar por resistência ou fratura. Ordena-lhes compartilhar seus movimentos com os que encontram e receber deles os seus movimentos. Descartes detalha as regras desses movimentos e comunicações o melhor que pode. Deus determina enfim a todas as parcelas movidas por um deslocamento em progressão que continuem, tanto quanto possam, a mover-se em linha reta. Isto suposto, segundo Descartes, Deus conserva o que fez, mas nada faz além disso. Esse caos saído de suas mãos vai estabelecer um arranjo, por efeito do movimento, e converter-se em um mundo semelhante ao nosso: *um mundo no qual, embora Deus não intervenha na ordem ou proporção, poder-se-á ver todas as coisas, gerais e particulares, que aparecem no mundo verdadeiro*. São as próprias palavras do autor e nunca será demais prestar-lhes atenção.

Dessas parcelas primordiais e inegavelmente movidas, que são a matéria comum de tudo, perfeitamente indiferentes quanto a se tornar uma coisa ou outra, Descartes vê, inicialmente, saírem três elementos, e deles todas as massas que subsistem no mundo. Primeiramente, os ângulos exteriores e as extremidades das parcelas são inegavelmente rompidas pelo atrito. As mais finas peças são a matéria sutil a que dá o nome de *primeiro elemento*. Os corpos gastos e arredondados pela fricção são o *segundo elemento* ou luz. As peças mais grosseiras e rotas, os pedaços mais maciços e que conservam mais ângulos são o *terceiro elemento*, a matéria terrestre e planetária.

Todos os elementos movidos e que constituem obstáculos entre si obrigam-se reciprocamente a avançar não em linha reta, mas em rota circular, e a andar aos turbilhões, alguns em torno de um centro comum, outros ao redor de um outro. De maneira que, embora sempre conservando sua tendência a sair em linha reta, tendem a todo instante a afastar-se do centro, o que se chama *força centrífuga*.

De todos esses elementos que procuram afastar-se do centro, os mais maciços entre eles são os que mais se distanciam; assim, o elemento globuloso estará mais arredado do centro do que a matéria sutil. E como tudo deve estar preenchido, esta matéria sutil penetrará em parte nos interstícios dos glóbulos da luz e, em parte, em direção ao centro do turbilhão. Esta parte da matéria sutil, quer dizer, da mais fina poeira que se instalou no centro, é a que Descartes chama um *sol*. Existem amontoados de pequena poeira em outros turbilhões como neste aqui; e tais amontoados de poeira são outros sóis que chamamos *estrelas* e que brilham pouco em nossa opinião, vistas de tão longe.

Como o elemento globuloso é composto de corpúsculos desiguais, os mais pesados dirigem-se para mais perto das extremidades do turbilhão, e os mais débeis permanecem mais perto do sol. A ação da poeira fina que compõe o sol transmite sua agitação aos glóbulos vizinhos e nisto consiste a luz. A agitação transmitida à matéria globulosa acelera o movimento desta última; mas esta aceleração diminui em razão do afastamento e termina a uma certa distância. Pode-se, portanto, dividir a luz existente entre o sol e aquela distância em diferentes camadas, dentre as quais a velocidade é desigual e se reduz de uma para outra. Depois disso, a matéria globulosa que preenche o imenso resto do turbilhão solar não recebe mais a aceleração do sol. E como este grande resto de matéria globulosa é composto pelos glóbulos maiores e mais pesados, a atividade vai ali sempre aumentando, desde o limite em que a atividade do sol se finda até o lugar de encontro dos turbilhões vizinhos. Se, portanto, alguns corpos maciços caem no interior do elemento globuloso, entre o sol e o ponto em que a ação deste termina, tais corpos serão movidos com maior velocidade perto do sol, e com menor velocidade na medida em que dele se afastam. Mas se alguns corpos maciços são conduzidos pelo resto da matéria globulosa, entre o término da ação solar e o limite de encontro dos turbilhões vizinhos, eles terão uma aceleração sempre nova até penetrar nos turbilhões, e outros haverá que escaparão dos turbilhões vizinhos e entrarão nos elementos globulosos do nosso turbilhão, podendo aí cair e avançar em direção ao sol.

Ora, há pequenos turbilhões de matéria que podem rolar dentro dos grandes turbilhões. E esses pequenos turbilhões podem não apenas ser compostos de matéria globulosa e de poeira fina que, disposta no centro, constitua pequenos sóis, mas ainda conter ou recolher parcelas desta grande poeira, destes grandes fragmentos de arestas que chamamos o *terceiro elemento*. Esses pequenos turbilhões não deixarão de empurrar, em direção às suas bordas, toda a grande poeira; quer dizer, se se preferir, que os grandes fragmentos que formam os pelotões espessos e de grande dimensão, sempre alcançarão as bordas do pequeno turbilhão dada a superioridade de sua força centrífuga. Descartes os faz parar aí, e a coisa é bastante cômoda. Em lugar de os deixar correr mais longe pela força centrífuga, ou serem levados pelo impulso da matéria do grande turbilhão, eles obscurecem o sol do pequeno e cobrem pouco a pouco de uma crosta o pequeno turbilhão. Dessas crostas densas, sobretudo no exterior, forma-se um corpo opaco, um planeta, uma terra habitável. Como os amontoados da poeira fina são outros sóis, os amontoados da grande poeira são outros planetas ou cometas. Os planetas, conduzidos à primeira metade da matéria globulosa, giram com uma velocidade que vai sempre diminuindo após o primeiro, Mercúrio, e até o último, Saturno. Os opacos, que foram atirados na segunda metade, afastam-se até os turbilhões vizinhos. Outros passam dos turbilhões vizinhos e depois descem pelo nosso em direção ao sol. A mesma matéria compacta que nos forneceu uma terra, planetas e cometas, estrutura-se em outras formas, em decorrência do movimento, e nos dá a água, a atmosfera, o ar, os metais, as pedras, os animais e as plantas. Em uma palavra, todas as coisas, tanto as gerais quanto as particulares que vemos em nosso mundo, organizadas ou não.

Há muitas outras partes a serem detalhadas no edifício de Descartes, mas o que já vimos é tido por todo o mundo como uma conjunto de peças que desmorona. E mesmo sem ver mais, não há ninguém que não possa perceber que um tal sistema não é admissível.

1. Primeiramente, é muito estranho ouvir dizer que Deus não pode criar e aproximar alguns corpos angulosos sem ter com o que preencher os interstícios dos ângulos. Com que direito se ousa circunscrever o poder soberano?
2. Mas gostaria que Descartes dissesse, com precisão, por que Deus deve ter tanto horror ao vácuo; gostaria que ele pudesse muito bem conciliar a liberdade dos movimentos

com o pleno perfeito; que ele provasse mesmo a necessidade atual do pleno. Detenho-me nessa pretensão de que o vazio seja impossível, o que nem mesmo está em sua suposição. Pois para preencher todos os interstícios é preciso haver poeiras de todas as dimensões e que venham, necessariamente, deslizar e ocupar os intervalos entreabertos. Tais poeiras não se formam senão ao longo do tempo e os glóbulos não se tornam esféricos instantaneamente. Em primeiro lugar, rompem-se os ângulos maiores; em seguida, os menores. E à força de fricções podemos recolher das peças pulverizadas o material com que preencher tudo o que nos agrade. Deus desencadeia os ângulos que vão começar a romper-se; mas antes que isso aconteça, há vazios sem fim entre os ângulos e nenhuma matéria para ocupá-los.

3. Segundo Descartes, a luz constitui-se de massa de pequenos globos que se tocam imediatamente, de modo que uma fileira de tais glóbulos não poderia ser impulsionada em uma extremidade sem que o impulso seja sentido ao mesmo tempo na outra, como acontece com um bastão ou em uma fileira de balas de canhão que se toquem. O senhor Röemer e o senhor Picard[83] observaram que quando a Terra está entre o sol e Júpiter, os eclipses de seus satélites são detectados mais cedo do que o que preveem suas tábuas. Mas quando a Terra vai para o lado oposto, estando o sol entre Júpiter e a Terra, então os eclipses dos satélites chegam vários minutos mais tarde, pois a luz tem toda a grande órbita da Terra a mais para atravessar nesta situação do que na precedente. Com

83. Jean Picard (1620-1682), sacerdote, matemático, astrônomo e cartógrafo, realizou várias medidas astronômicas do sol, da lua e dos planetas do sistema. Para o raio terrestre encontrou a medida de 6.328 Km, muito próxima da atual (6.357 Km). Membro da Academia Real de Ciências, publicou o primeiro Anuário Astronômico da França (1679). Olaus Römer (1644-1710), matemático e astrônomo dinamarquês, que trabalhou com Picard, determinou a velocidade da luz em 1675 medindo os intervalos entre sucessivos eclipses da lua Io de Júpiter, para diferentes pontos da órbita terrestre. Seu cálculo estabeleceu a velocidade de 241,5 Km/s.

isso chegaram a poder assegurar que a luz do sol leva de sete a oito minutos para atravessar os trinta e três milhões de léguas que há entre o sol e a Terra. Qualquer que seja a duração precisa deste trajeto da luz, é certo que a comunicação não se faz em um só instante, mas que o movimento ou a pressão da luz chega mais rapidamente aos corpos mais próximos e mais tarde aos mais afastados. Enquanto que uma fila de doze globos ou uma fila de cem globos, quando eles se tocam, comunica seu movimento tão rápido tanto numa quanto na outra direção. A luz de Descartes não é, portanto, a luz do mundo.

Eis o bastante, parece-me, para que se perceba os inconvenientes do sistema. Pode-se, com o senhor de Fontenelle, felicitar o século que, dando-nos Descartes, atribuiu um lugar de honra a uma nova arte de pensar e transmitiu às outras ciências a exatidão da geometria. Mas deve-se ainda, conforme sua observação judiciosa, "perceber o inconveniente dos sistemas precipitados, aos quais se acomoda muito bem a impaciência do espírito humano e, uma vez estabelecidos, opõem-se às verdades supervenientes".

Ele acrescenta à sua observação um aviso salutar, que é o de entesourar, como fazem as academias, materiais que um dia poderão ser relacionados, ao invés de explicar, valendo-se apenas de algumas leis mecânicas, embora inteligíveis, toda a natureza e sua admirável variedade.

Sei que se alega, em favor do sistema de Descartes, a experiência das leis gerais pelas quais Deus conserva o universo. Diz-se que a conservação de todos os seres é uma criação contínua. E da mesma maneira que se concebe a conservação por leis gerais, não se pode a elas recorrer para conceber, ainda que hipoteticamente, a criação e todas as suas consequências?

Raciocinar dessa maneira é semelhante a assegurar que a mesma mecânica com a qual se alimenta um cavalo, com água, feno e aveia, pode também formar um estômago e mesmo todo o cavalo. É verdade que se seguimos Deus no governo do mundo, veremos reinar uma sublime uniformidade. A experiência nos autoriza a não multiplicar as vontades de Deus como os encontros dos corpos. Com uma só vontade ele determinou para todos os casos e para todos os séculos a marcha e os choques de todos os corpos, segundo sua massa, velocidade e elasticidade. As leis desses choques e interações podem ser, sem dúvida, objeto de uma física de muito bom senso e utilidade, sobretudo quando o homem dela faz uso para dirigir o que está submetido a suas operações e construir essas diferentes obras, das quais é um criador subalterno. Mas não se equivoque: uma coisa é criar os corpos e assinalar-lhes o lugar e as funções; outra, conservar-lhes. Não é necessária senão uma vontade ou algumas leis fielmente executadas para manter cada espécie em sua forma especial e para perpetuar as vicissitudes da administração do todo, uma vez criada a matéria. Mas quando se trata de criar, de determinar as formas especiais, de dar-lhes uma manutenção para sempre a mesma, de estabelecer relações particulares e a correspondência universal, então é preciso, da parte de Deus, tantos planos e vontades especiais quantas as peças previstas para toda a máquina.

Descartes compôs um pequeno *Tratado das Paixões* em 1646[84], para uso particular da princesa Elisabeth. Enviou o manuscrito à rainha da Suécia por volta do fim do ano de 1647. Mas com as solicitações que seus amigos lhe fizeram depois para dá-lo a público, decidiu revê-lo e corrigir os erros que a princesa, sua discípula, lhe havia indicado. Submeteu-o em seguida ao senhor Clerselier, que o achou inicialmente muito acima do alcance habitual, o que obrigou o autor a acrescentar algumas coisas para torná-lo inteligível a outros tipos de pessoas. Acreditou ouvir a voz do público naquela de Clerselier e as adições feitas aumentaram a obra de um terço. Dividiu-a em três partes, na primeira das quais trata das paixões em geral e, ocasionalmente, da natureza da alma; na segunda,

84. Na verdade, quase todas as fontes bibliográficas indicam o ano de 1649 para o de elaboração do *Tratado*.

das seis paixões primitivas; e na terceira, de todas as demais. As recomendações de Clerselier que puderam ser incluídas na obra deram-lhe mais clareza e facilidade, mas não lhe retiraram nada da brevidade e da bela simplicidade de estilo que tinha o autor. Não foi como orador ou como filósofo moral, mas como físico que tratou seu objeto. E saiu-se de maneira tão inovadora que sua obra foi posta muito acima de tudo o que havia sido feito antes no gênero. Para bem deduzir todas as paixões e descrever os movimentos do sangue que acompanham cada paixão, foi necessário dizer alguma coisa sobre o organismo animal para depois começar a explicar a composição de toda a máquina do corpo humano. Faz ver como todos os movimentos de nossos membros, que não dependem da consciência, podem ser realizados sem que nossa alma para isso contribua, mas pela simples força dos espíritos animais e da disposição dos membros, de modo que nos faz considerar nosso corpo, de início, como u'a máquina feita pela mão dos mais sábio de todos os operários, na qual todos os movimentos se parecem com os de um relógio ou outro autômato, realizando-se pela força de suas molas e pela forma ou disposição de suas rodas. Após ter explicado o que pertence ao corpo, faz-nos concluir facilmente que não há nada em nós que pertença à nossa alma tanto quanto nossos pensamentos, entre os quais as paixões são aquelas que mais o agitam. E um dos principais deveres da filosofia é o de nos ensinar a conhecer bem a natureza de nossas paixões, a modelá-las e nos tornar seus mestres. Não podemos nos impedir de ver este tratado de Descartes como uma das mais belas e úteis de suas obras.

Jamais um filósofo pareceu mais respeitoso da divindade que Descartes, tendo sido bastante prudente em seus discursos sobre a religião. Nunca falou de Deus sem a necessária circunspecção, sempre com muita sabedoria, sempre de uma maneira nobre e elevada. Considerava permanentemente nada dizer ou escrever que fosse indigno da religião e ninguém igualou sua delicadeza neste ponto. Não podia suportar sem indignação a temeridade de certos teólogos que abandonam seus guias, quer dizer, a Escritura e os Doutores da Igreja, para caminhar sozinhos por estradas que não conhecem. Condenava sobretudo o atrevimento dos filósofos e matemáticos que estavam decididos a precisar *o que Deus pode e o que não pode*. Dizia ele:

> É falar de Deus como de um Júpiter ou de um Saturno, e sujeitá-lo ao *styx*[85] e ao destino, afirmando que há verdades que lhe são independentes. As verdades matemáticas são leis que Deus estabeleceu na natureza, como um rei estabelece leis em seu reino. Não há nenhuma lei entre elas que não possamos compreender. Mas não podemos compreender a grandeza de Deus, embora a conheçamos.

Diz ainda Descartes:

> Para mim, parece-me que não podemos dizer de uma coisa que ela é impossível para Deus. Pois tudo o que é verdadeiro e bom depende de sua potência, e não ouso mesmo dizer que Deus não possa fazer uma montanha sem vales, ou que um mais dois não somem três. Digo somente que ele me deu um espírito de tal natureza que não pode conceber uma montanha sem vale ou que o agregado de um e dois não seja três (*Cartas*, volume II).

Esta prudência de Descartes, talvez excessiva, chocou certos espíritos, que quiseram interpretá-la como um crime. Pois nas ocasiões em que empregou o nome de um anjo em lugar do de Deus, por puro respeito, alguém (Beckman) imaginou que ele era vaidoso o suficiente para comparar-se aos anjos. Foi então obrigado a rejeitar a calúnia:

> Quanto à censura que vós me fazeis, não poderia convencer-me de que sejais tão falto de espírito. Eis aqui o que, sem dúvida, deu-vos a oportunidade de me censurar: é o costume dos filósofos, e também dos teólogos, todas as vezes que querem mostrar que algo sucedido repugna à razão, dizer que *mesmo Deus não poderia fazê-lo*. E porque

85. Rio grego associado ao Hades, ao mundo subterrâneo.

esta maneira de falar sempre me pareceu muito atrevida, sirvo-me de termos mais modestos, quando surge a ocasião, e onde outros diriam *Deus não pode uma coisa*, contento-me em dizer que *um anjo não poderia fazê-lo*... Sou bem infeliz por não ter podido evitar a suspeita de vaidade quando adotava uma modéstia particular.

Com respeito à existência de Deus, Descartes estava tão contente com a evidência de sua demonstração, que não deixava de preferi-la a todas aquelas das verdades matemáticas. No entanto, o ministro protestante Voetius[86], seu inimigo, ao invés de acusá-lo de ter mal refutado os ateus, julgou mais apropriado acusá-lo de ateísmo, sem apresentar outra prova senão aquela escrita contra os ateus. O embuste era certamente novo, mas para que assim não parecesse, Voetius encontrou o exemplo oportuno de Vanini para mostrar que Descartes não teria sido o primeiro ateu a escrever, aparentemente, contra o ateísmo. Foi sobretudo a impertinência da comparação que revoltou Descartes e que o levou a refutar uma calúnia tão ridícula em uma carta que lhe escreveu em latim. Alguns de seus outros inimigos decidiram aumentá-la, acusando-o, além disso, de um ceticismo ridículo. Suas acusações limitavam-se a dizer que Descartes parecia insinuar que *era preciso negar (ao menos por algum tempo) que existisse um Deus, que Deus podia nos enganar, que era necessário revogar todas as coisas, colocando-as em dúvida, que não se devia dar nenhum crédito aos sentidos, ou que o sono não se distinguia da vigília*. Descartes horrorizou-se com tais acusações e não sem indignação respondeu-lhes:

Refutei, com palavras expressas, todas essas coisas que me foram objetadas por caluniadores ignorantes. Refutei-lhes com argumentos convincentes, e ouso dizer mais fortes do que qualquer outro que o tenha feito antes de mim. Com o intuito de fazê-lo mais cômoda e eficazmente, propus todas aquelas coisas como duvidosas no começo

86. Gisberto Voët (1589-1676), teólogo calvinista, professor na Universidade de Utrecht.

de minhas *Meditações*; mas não sou o primeiro a inventá-las, pois há muito temos os ouvidos cansados de dúvidas semelhantes propostas pelos céticos. Mas o que há de mais iníquo do que atribuir a um autor opiniões que ele propõe justamente com o intuito de refutá-las? O que há de mais impertinente do que fingir que são propostas, sem terem sido ainda refutadas e que, por consequência, aquele que discrimina os argumentos dos ateus é ele, por algum tempo, também um ateu? O que há de mais pueril do que dizer que se ele vier a morrer antes de ter escrito ou inventado a demonstração que espera, morre como ateu? Alguém dirá talvez que não apresentei essas falsas opiniões como sendo de outrem, mas pessoais. O que importa, se no mesmo livro onde as expus foram elas negadas?

Aqueles que têm o espírito justo e o coração honesto, lendo as *Meditações* e os *Princípios* de Descartes jamais hesitaram em tirar de suas leituras as consequências opostas às calúnias. Até hoje, essas obras não tornaram ateu nenhum dos que acreditavam antes em Deus. Ao contrário, converteram alguns ateus. É ao menos o testemunho que um pintor sueco, chamado Beck, tornou público ao embaixador da França, em Estocolmo.

Pode-se ver em um grande número de artigos deste dicionário as dívidas que as ciências têm para com Descartes[87], os erros em que caiu e os principais discípulos. Este grande homem teve sectários ilustres e entre eles pode-se colocar em primeiro lugar Malebranche, que não o acompanhou em tudo. Outros foram Roualt[88] e Regis[89], dos quais temos obras. A *Nova Explicação do Movimento dos Planetas*, de Villemot, cura de Lyon, impressa em Paris, em 1707, é o primeiro e talvez o melhor livro feito para defender os turbilhões.

A filosofia de Descartes teve bastante dificuldade para ser admitida na França e o parlamento pensou em publicar um decreto contra ela. Mas recuou diante da petição burlesca

87. Envia-se o leitor para Álgebra, Equação, Curva, Movimento, Ideia, Alma, Percussão, Luz, Turbilhão e Matéria Sutil.

88. Jacques Roualt (1620-1675), físico, autor de *Traité de la physique*.

89. Pierre Sylvain Leroy, dito Regis (1632-1707), autor de *Cours entier de philosophie ou système général selon les príncipes de Descartes*.

em favor de Aristóteles que se lê nas obras de Despréaux[90], nas quais o autor, sob pretexto de tomar a defesa da filosofia peripatética, a ridiculariza, tanto é verdadeiro o *ridiculum acri*. Enfim, esta filosofia foi aceita entre nós, embora Newton já tivesse demonstrado que não se podia aceitá-la. Pouco importa, todas as nossas universidades e academias permaneceram-lhe muito ligadas. Só há cerca de dezoito anos surgiram os newtonianos na França. Mas este mal, se é um (pois há pessoas para quem ele é) venceu prodigiosamente: agora, todas as nossas academias são newtonianas e alguns professores da Universidade de Paris ensinam hoje abertamente a filosofia inglesa.

Qualquer partido que se tome a respeito da filosofia de Descartes, não se pode deixar de olhar este grande homem como um gênio sublime e um filósofo consequente. A maior parte de seus seguidores não foi tão consequente quanto ele; adotaram algumas de suas opiniões e rechaçaram outras, sem perceber o vínculo estreito que quase todas têm entre si. Um filósofo moderno, escritor elegante e homem de muito espírito, o abade de Gamaches, da Academia real de Ciências, demonstrou no início de sua *Astronomia Física* que, para um cartesiano, não deve haver movimento absoluto; e que é uma consequência necessária da opinião de Descartes a extensão e a matéria serem a mesma coisa. No entanto, os cartesianos creem em sua maioria no movimento absoluto, confundindo a extensão com a matéria. A opinião de Descartes sobre o mecanismo dos animais é muito favorável ao dogma da espiritualidade e da imortalidade da alma, e aqueles que o abandonam neste ponto devem ao menos confessar que as dificuldades contra a alma dos animais são, senão insolúveis, ao menos muito grandes para um filósofo cristão. O mesmo ocorre com vários outros pontos da filosofia deste grande homem. O edifício é vasto, nobre e bem pensado. É uma pena que o século em que viveu não lhe

90. Na verdade, trata-se de Boileau.

tenha fornecido materiais melhores. Diz Fontenelle que é preciso sempre admirar Descartes e segui-lo algumas vezes.

As perseguições que este filósofo sofreu por ter declarado guerra aos preconceitos e à ignorância devem ser a consolação daqueles que, tendo a mesma coragem, experimentarão os mesmos reveses. Hoje é enaltecido nesta mesma pátria onde talvez tenha vivido mais infeliz do que na Holanda.

GALILEU. Lê-se no prefácio das *Memórias da Academia de Dijon*[91] um julgamento muito favorável a respeito das descobertas e do mérito a ser conferido a Galileu. Ali também se lê que, enquanto Francis Bacon indicava o caminho da verdade na Inglaterra, Galileu, na Itália, já o fazia a grandes passos; que o mesmo Galileu foi bastante clarividente para descobrir as leis da queda dos corpos pesados (leis que, posteriormente generalizadas por Newton, explicaram-nos o grande sistema do universo); que trouxe um mundo novo à filosofia com seus instrumentos maravilhosos; que os céus, a seus olhos, parecia crescer e a Terra povoar-se de novos habitantes; que, não satisfeito com a simples glória de ter feito novas descobertas, acrescentou outra, a de com elas trazer grandes vantagens para o gênero humano; e que, depois de ter observado os satélites de Júpiter durante vinte e sete anos, serviu-se das tábuas de seus movimentos para determinar as longitudes e aperfeiçoar a geografia e a navegação; que suas experiências sobre o peso do ar fizeram nascer uma física inteiramente nova, levando Torricelli a explicar a pressão da atmosfera e o deslocamento do

91. Academia fundada em 1725 por Pouffier, conselheiro do Parlamento de Dijon, mas cujo funcionamento efetivo só veio a ocorrer em 1740. Foi dissolvida em 1798 e reconstituída sob a denominação de Sociedade Livre de Agricultura, Ciências e Artes. Mais tarde, em 1802, passou a chamar-se Academia de Ciências, Artes e Belas-Letras de Dijon. As memórias aqui mencionadas referem-se ao período entre 1769 e 1772.

mercúrio nos barômetros; que suas observações sobre o movimento do pêndulo deram aos astrônomos e aos físicos condições de medir o tempo com precisão, fixar a variação dos pesos segundo as condições climáticas e deduzir o verdadeiro formato da Terra. Conclui-se que Galileu muito descobriu, adquirindo evidentes direitos sobre as descobertas posteriores de outros[92].

Ao que os acadêmicos de Dijon disseram, pode-se juntar o testemunho de muitos de nossos autores italianos, que fizeram os maiores elogios a Galileu. Na Holanda, Hugo Grotius diz que suas obras ultrapassam as forças humanas; Huygens o chama de *homem extraordinário*. Leibniz, na Alemanha, e Jean Bernoulli reconheceram-no como o mais clarividente de seu tempo, enquanto Kepler escreve que ele subiu às mais altas muralhas do universo e que tudo descobriu, do começo ao fim. Na Inglaterra, Newton cita muitas vezes seus teoremas e descobertas. Keill[93] escreveu que Galileu, com a ajuda da geometria, penetrou nos segredos mais ocultos da natureza e criou o novo saber do movimento. MacLaurin[94] exaltou os serviços que nos prestou com o recurso do telescópio e com a maneira clara e geométrica com que nos explicou a teoria dos corpos que caem ou que são lançados em qualquer direção que seja. David Hume, em seu apêndice à *História de James I*, faz um

92. A aplicação que Galileu fez da matemática ao movimento dos corpos deu início à física teórica e ao aprimoramento da tecnologia moderna, pois com ela saía-se de questões metafísicas ou teológicas, cujos fenômenos eram considerados perfeitos e imutáveis, para a preocupação com as propriedades particulares dos corpos materiais, sempre submetidos a circunstâncias passíveis de mudança.

93. John Keill (1671-1721), matemático, astrônomo e filósofo escocês, membro da Royal Society, foi um divulgador das teorias de Newton, tendo entrado em polêmica com Leibniz, a quem acusou de plagiador dos cálculos do físico inglês. Em sua *Introductio ad veram physicam* escreveu que: "os únicos verdadeiros filósofos seriam aqueles que explicariam todos os efeitos e fenômenos pelo conhecimento das leis do movimento e da mecânica".

94. Colin MacLaurin (1698-1746), matemático escocês, discípulo e divulgador das teorias de Newton. Publicou *Geometrica organica*, em 1720, e *Treatise of fluxions*, editado em 1742.

paralelo dos mais exatos entre Francis Bacon e Galileu. Diz que Bacon era inferior a Galileu, seu contemporâneo, e talvez até mesmo a Kepler; que Bacon só havia mostrado o caminho, sobre o qual Galileu andou a grandes passos; que o primeiro não sabia geometria e que o segundo a dominava perfeitamente, tanto quanto a filosofia natural; que o primeiro desprezava o sistema de Copérnico, o qual recebeu provas tiradas da razão e do bom senso do segundo; que o estilo do primeiro era duro e o do segundo, agradável e brilhante, embora às vezes prolixo. O historiador inglês diz muito elogiosamente que a Itália não deu a Galileu a atenção que merecia devido à quantidade de homens ilustres que ali floresceram na época.

Galileu Galilei nasceu em Pisa, em 1564, e ali se fez leitor de matemáticas em 1589. Três anos mais tarde, tornou-se professor em Pádua e, em 1610, professor de matemática do grão-duque Ferdinando II, quando retornou à Toscana, onde morreu, em 1640, na cidade de Arcetri, perto de Florença. Nasceu no ano em que morreu Michelangelo Buonarotti e morreu no ano em que nascia, na Inglaterra, Isaac Newton. Em 1583, como o atestam Magalotti em seus *Ensaios sobre a Academia do Experimento*[95], e Viviani, em sua *Vida*[96], encontrando-se sentado na catedral de Pisa, observou que uma lâmpada fazia oscilações em tempos sensivelmente iguais, embora os arcos que descrevesse fossem sensivelmente desiguais entre si. Esta importante observação foi levada tão longe por Galileu que imaginou servir-se de um pêndulo para medir exatamente o tempo, e o aplicou em sua velhice na construção de relógios. Becker, em uma dissertação sobre a medição do tempo, atesta ter ouvido dizer-se ao conde Magalotti que Galileu encomendou a Marc

95. Lorenzo Magalotti (1637-1712), cientista e literato italiano, trabalhou igualmente como diplomata dos Médicis. O livro trata da famosa *Accademia del Cimento* de Florença, fundada em 1657, mas que só perdurou dez anos (ver também nota específica ao fim do artigo).

96. Vicenzio Viviani (1622-1702), físico italiano e discípulo de Galileu, encarregado por Leopoldo II de escrever a primeira biografia do grande cientista.

Treffler, relojoeiro do grã-duque, a construção do primeiro relógio de pêndulo. Magalotti, no entanto, disse que é verdade que Galileu previu a aplicação do pêndulo em relógios, mas que foi seu filho Vincenzo que o pôs em prática, em 1649. Mas temos as cartas de Galileu a Beaugrand e as de Realio e de Hortensius que, juntamente com o que diz Viviani, fazem crer que Galileu foi, indubitavelmente, quem agregou o pêndulo ao relógio. Em 1637, Elio Diodati enviou ao pai do célebre Huygens a descrição de um relógio com pêndulo feito por Galileu. Becker acrescenta que foi remetido à Holanda um exemplar semelhante. Tudo isto é suficiente para responder a Huygens, a Musschenbrök e a muitos outros que queriam retirar da Itália a glória de tão bela invenção. Huygens inventou um pêndulo que oscilava entre os arcos de um cicloide. A invenção é muito engenhosa e a teoria geométrica que o inventor lhe deu é uma das mais belas produções da geometria; mas no que diz respeito à comodidade da prática, o pêndulo cicloidal logo foi abandonado e nós nos servimos presentemente de pêndulos que se movem em pequenos arcos circulares, como Galileu inicialmente concebeu.

Quando leitor em Pisa, deu início a diversas experiências públicas sobre a queda dos corpos pesados e fez ver a todo o mundo que as madeiras, os metais e outros corpos, embora tivessem pesos diferentes, caíam no mesmo intervalo de tempo, com a mesma velocidade, quando da mesma altura. Daí fez um teorema importante – o de que a gravidade absoluta dos corpos é proporcional à quantidade de sua matéria. No ano de 1597, inventou em Pádua seu compasso de proporção, que é e será sempre um instrumento bastante útil. Foi o primeiro a inventar o termômetro e encontrou a maneira de aumentar em cento e oitenta vezes a força do ímã; e tendo ouvido dizer, em 1609, que um holandês havia feito uma luneta que aproximava os objetos, adivinhou imediatamente toda a sequência de sua construção e construiu uma semelhante no dia seguinte. Seis dias depois, trouxe uma outra que aumentava em trinta vezes o diâmetro dos objetos. Nessa ocasião, explicou quais os raciocínios simples, ou melhor, como havia conseguido construí-la por meio de uma fácil experiência. Sabia que os objetos não podiam ser aumentados nem tornados mais claros com um ou com vários vidros planos, nem com uma lente côncava que os repetisse, ou ainda com uma lente convexa que os aumenta e confude. *Limitou-se a provar o que produziria uma lente convexa e uma outra côncava, e viu que o efeito obtido respondia à sua ideia.* Depois, construíram-se lunetas com maior poder de aumento, e que incluíam um campo mais vasto com duas lentes convexas e outras combinações de vidros, mas não há nada a objetar à teoria de Galileu.

Muitos autores encontraram traços desta descoberta nas obras de Roger Bacon e de Giovanni Baptista Porta e lhes atribuíram a invenção do telescópio. Mas o célebre Robert Smith, em seu *Tratado de Óptica*, após ter examinado todas as citações de Roger Bacon, demonstrou que este homem, a quem Voltaire já havia chamado de *um ouro incrustrado em todo o lixo do século*, não só não tinha ideia do telescópio, mas ignorava até mesmo os efeitos de cada lente tomada separadamente. E o senhor De la Hire, em suas *Memórias da Academia de Paris*, de 1717, provou que Porta, em uma parte especial de sua *Magia Natural*, falava apenas de uma simples luneta, na qual havia justaposto uma lente convexa a uma côncava, as quais auxiliavam *a visão daqueles que só viam confusamente*. O senhor de Montlucas, sempre um bom juiz e apologista das invenções italianas, tem a mesma opinião, e diz em sua *História das Matemáticas* que, antes de Galileu, não se conhecia o telescópio. Galileu sempre se dedicou a aperfeiçoá-lo, e de tal modo que inventou um por meio do qual podia-se olhar com os dois olhos. Em 1618, enviou-o ao arquiduque da Áustria, Leopoldo. É bastante surpreendente que Rhéita[97], em um livro impresso em 1645, queira ter parecido o seu inventor.

97. Antonín Maria Šírek z Reity (1597-1660), astrônomo checo, construtor do telescópio encomendado por Kepler, e autor de *Novem stellae circa Jovem visae, circa Saturnum sex, circa Martem nonnullae* (1643) e de *Oculus Enoch et Eliae, siue, Radius sidereomysticus*, ao qual se refere o autor.

Deve-se estimar mais o uso do que a invenção. A luneta, na Holanda, como aliás o ímã, na China, foi apenas um objeto de curiosidade. Galileu, ainda no ano de 1609, olhando a lua com a luneta, observou que os percursos da luz após a lua nova eram irregulares, pois alguns traços se projetavam sucessivamente do fundo ainda escuro[98]. Não estando submetido aos preconceitos das velhas escolas, percebeu imediatamente que a lua era semelhante ao nosso globo e, como ele, coberta de vales e de montanhas ainda mais altas do que as nossas. Em seu primeiro *Diálogo sobre os Dois Máximos Sistemas de Mundo*, explicou muito bem a semelhança que há entre ambos os planetas. Ela, a semelhança, foi levada mais longe por autores que reconheceram em torno da lua diversos indícios de uma atmosfera mais rarefeita e variável do que a nossa, e assim quiseram explicar o círculo que a envolve nos momentos dos eclipses do sol e as variações que Mairan, Cassini, De la Hire, Maraldi, Kirk e De l'Isle observaram muitas vezes nos planetas e nas estrelas fixas, vizinhas do disco lunar. Galileu, depois da descoberta da luneta, continuou suas observações sobre a lua, já que, pouco anos antes de perder a visão, como o afirma Viviani, descobriu a libração do corpo lunar pelas observações que fez da mesma mancha *Grimaldi* e do *Mare Crisium*, que tanto ocuparam Grimaldi, Hevelius e Bouillaud. A observação encontra-se descrita no *Diálogo* citado, no qual tem-se ainda a impressão de que no número 59 já estava prevista a conjectura de Newton sobre a causa que faz com que a lua mostre sempre o mesmo lado para a Terra. Lê-se ali que *é manifesto que a lua, como que atraída por uma virtude magnética, volte sempre o mesmo lado para o globo terrestre, e não mude jamais.*

Todo o céu parecia oferecer novos fenômenos a Galileu. A Via-Láctea pareceu-lhe formada por uma quantidade incalculável de pequeníssimas estrelas; contou mais de quarenta apenas

98. Por esse efeito, Galileu percebeu que a superfície do satélite não era uniformemente iluminada pelo sol e, portanto, não era também uniformemente esférica.

no grupo das Plêiades e mais de quinhentas na constelação de Órion. Somente a nebulosa de Órion lhe pareceu composta de vinte e duas estrelas muito pequenas, e muito próximas entre si; a de Câncer, composta por cerca de quarenta. Viu também os quatro satélites de Júpiter, descobriu as manchas solares, as fases de Vênus e de Marte. Observou certas figuras em Saturno que foram em seguida consideradas por Huygens e explicadas pela hipótese de um anel. Galileu levou ao mais alto grau de perfeição suas observações a respeito de Júpiter. Após um trabalho de três anos, deu início à teoria dos satélites e, no começo de 1613, ousou predizer todas as suas configurações durante os dois meses consecutivos. Imaginou em seguida fazer uso da teoria para o problema das longitudes e, em 1636, por intermédio de Hugo Grotius, ofereceu aos Estados da Holanda dedicar-se a ele inteiramente. Os Estados aceitaram com satisfação sua oferta e destinaram a Galileu uma corrente de ouro e selecionaram quatro comissários para que dialogassem com ele. Martin Hortensius, um deles, viajou à Toscana pouco tempo antes que Galileu perdesse a visão. Após o aparecimento desse mal, Galileu comunicou suas observações e escritos a Ranieri, que se tornou matemático em Pisa, e que foi encarregado pelo grã-duque de descrever as tábuas e as efemérides dos satélites de Júpiter. Ranieri as descreveu, verdadeiramente, e as mostrou ao grão-duque e a muitos outros, como assegura Viviani. Estava a ponto de publicá-las, em 1648, quando morreu de um mal súbito. Não sei por que acidente seus papéis foram perdidos, assim como aqueles que recebeu de Galileu.

As fases de Vênus provaram o que os astrônomos antigos haviam apenas suposto – que o satélite não se movia em torno da Terra, mas do sol. Copérnico aceitou essa hipótese e acrescentou ainda que as fases de Vênus se pareciam com as da lua. A luneta de Galileu fez ver a semelhança das fases de Vênus e algumas irregularidades de Marte, fenômenos que provam evidentemente o movimento de Vênus e de Marte ao redor do sol e de onde se pode crer que os demais planetas também o façam. Como bem observou Montlucas, que alegria não teria tido Copérnico se pudesse conseguir provas como essas a seu favor. Galileu muito contribuiu com seus *Diálogos* para o triunfo que depois obteve o sistema do ilustre prussiano e que foi tão funesto ao nosso italiano. No segundo diálogo, os fenômenos terrestres são muito bem explicados e, no terceiro, todos os celestes. A simplicidade da hipótese de Copérnico encontra-se tão bem exposta, e os inconvenientes das outras hipóteses de Ptolomeu e de Tycho Brahe claramente explicados, que se começa a conhecer os movimento da Terra com a mesma certeza que se pode ter nas matérias físicas, mesmo antes que Bradley, na Inglaterra, tivesse descoberto a aberração da luz, verificada na Itália por Eustaquio Manfedi, que viverá sempre na história e nos fastos da astronomia.

Galileu, antes de sair de Pádua, havia descoberto as manchas do sol e, encontrando-se em Roma, em abril de 1611, mostrou-as a diversas pessoas conhecidas que também as comprovaram. As primeiras observações de Scheiner foram feitas seis meses depois e publicadas em 1612, sob o título *Apelles post tabulam*, com três cartas endereçadas a Velser. Galileu respondeu imediatamente e assegurou a primazia da descoberta. Observou que o falso Apeles havia proposto uma teoria totalmente contrária à sua, ao assegurar que as manchas moviam-se de oriente para ocidente e que declinavam em direção ao sul, quando, na realidade, se moviam de ocidente para oriente e declinavam em direção ao norte. Talvez Apele, preso à antiga opinião sobre a incorruptibilidade dos céus, tenha pensado que as manchas eram planetas. Para Galileu, homem acima de preconceitos, as manchas eram matérias na proximidade da superfície do sol, segundo disse em suas primeiras cartas a Velser, que se aglomeravam e se dissipavam de modo semelhante aos vapores de nossa atmosfera. E acreditava que o sol, pelos movimentos das manchas, girasse em torno de si no tempo de um mês lunar. Montlucas creditou a Galileu a honra de ter sido, além do primeiro, o que se pronunciou mais judiciosamente sobre as manchas.

Foi no ano de 1612 que Galileu começou a publicar suas descobertas sobre as manchas solares, na obra sobre os corpos que flutuam ou se movem no interior de fluidos. Com tais discursos recuperou a doutrina hidrostática de Arquimedes e demonstrou que a imersão de sólidos em fluidos, ou sua flutuação, não depende em nada da configuração desses corpos, mas de sua gravidade específica. No livro intitulado *Saggiatore*, ou o Experimentador (que o conde Algarotti reconhece como a mais brilhante obra polêmica da qual a Itália pode vangloriar-se), se estabelece como máxima que as qualidades sensíveis, como cor e gosto, não residem propriamente nos corpos, mas em nós mesmos. Máxima que se deve atribuir antes aos antigos filósofos que a Descartes. Assim, Galileu fixou os princípios da hidrostática e da física e foi o primeiro na mecânica. Desde 1602, escrevia ao marquês Del Monte ter observado que as oscilações dos corpos móveis, presos a fios com diferentes comprimentos, dão-se em tempos que, entre eles, parecem ser como as raízes de seus comprimentos. Anunciou, em uma carta escrita de Pádua, em 1604, o teorema segundo o qual os espaços que os corpos pesados percorrem ao cair são como os quadrados dos tempos; e embora os espaços sejam percorridos em tempos iguais, aparecem na proporção 1,3,5,7 etc. A primeira edição de seus diálogos sobre a mecânica apareceu em 1638, mesmo ano do tratado do movimento de Baliani[99]; mas os escritos e as descobertas de Galileu sobre as mecânicas já tinham sido divulgadas muito antes dessa época além dos Alpes e não é verossímil que Descartes, e menos ainda Baliani, tenham feito descobertas sem ter lido Galileu.

Entre as principais descobertas que se encontram em seu diálogo da mecânica, ponho em primeiro lugar o princípio da

99. Giovanni Battista Baliani (1582-1666), jurista, físico e matemático italiano. Manteve uma longa correspondência com Galileu a propósito de mecânica. O livro mencionado é o *De motu naturali gravium solidorum* (Sobre o Movimento Natural dos Corpos Pesados), no qual descreve as leis da gravidade, dos movimentos em planos inclinados e dos movimentos pendulares.

composição e da resolução do movimento, que Galileu ensinou expressamente no segundo teorema do movimento dos projéteis e nas notas do segundo teorema do movimento acelerado. Em segundo lugar, menciono as leis do movimento uniforme e do movimento acelerado, dos quais resultam as duas fórmulas tão conhecidas, comumente chamadas *fórmulas de Galileu*: 1. que a força, multiplicada pelo elemento tempo, é igual ao elemento da velocidade; 2. que a força, multiplicada pelo elemento do espaço, é igual ao elemento da velocidade, multiplicado por toda a velocidade. Galileu considerava essas duas fórmulas no caso da força constante, e Newton as estendeu, em seguida e em geral, para todas as hipóteses da força variável. Mas tudo o que se fez depois nas mecânicas depende inteiramente de ambas as fórmulas, assim como do princípio de composição e da resolução do movimento. O tratado do movimento sobre planos inclinados e nas cordas dos arcos circulares é pleno de elegância geométrica. E estaremos sempre surpresos com o fato de um só homem ter alcançado este ponto sem o socorro da álgebra. Os problemas em que se procura a inclinação dos planos, e com a qual um corpo pode deslocar-se mais rapidamente, ou de um ponto dado a uma linha horizontal igualmente dada, ou vice-versa, são, volto a dizer, de grande sutileza.

Galileu tratou maravilhosamente da balística em seu quarto diálogo, o que era totalmente ignorado antes dele. Pois Cardan e Tartaglia apenas supuseram que os projéteis lançados se movem em uma tajetória composta de uma linha reta e de outra circular. Galileu, empregando o princípio da composição do movimento, demonstrou não apenas que os projéteis lançados descrevem uma parábola, mas ensinou mesmo tudo o que diz respeito ao alcance do lançamento, sua altura e direção, pois com duas dessas quantidades podem-se encontrar as duas outras. Enfim, no segundo diálogo ele lançou ainda os princípios de toda a doutrina da resistência dos sólidos, em seguida levada bem longe por Viviani e Grandi.

Galileu, no primeiro e no terceiro diálogos, tratando do cilindro inscrito em uma semi-esfera e dos espaços percorridos no movimento acelerado, deixou-nos os traços do método dos indivisíveis, considerando os sólidos como compostos de uma infinidade de planos e, estes, de uma infinidade de linhas. Mas a verdade nos obriga aqui a observar: 1. que Kepler já havia, em sua *Estereometria*, introduzido o infinito nas matemáticas e fornecido a ideia dos indivisíveis; 2. que Cavalieri empregava com muita precaução essas mesmas frases metafísicas, como se depreende do prefácio do livro VII de sua *Geometria*, e como observou Mac-Laurin; 3. que embora Galileu tenha previsto compor um *Tratado Geométrico* sobre os indivisíveis, não deu nenhuma contribuição à grande obra de Cavalieri. Poderíamos aduzir a tantas provas sobre isso aquela de uma carta que Cavalieri escreveu a Galileu em 21 de março de 1616, prova incontestável de que o primeiro já havia terminado sua obra quando o segundo apenas começara a sua: "naquilo que diz respeito ao livro sobre os indivisíveis – diz ele –, ficaria encantado se vós vos dedicásseis a ele o quanto antes, a fim de que eu possa expedir o meu e retocá-lo enquanto espero". Cavalieri, no entanto, publicou sua obra três anos depois, tendo sido a base principal dos cálculos diferencial e integral.

Mas para retornar aos diálogos, Galileu estipulou como axioma, na primeira edição e no terceiro dos diálogos, que um corpo móvel passando de um ponto dado por um plano inclinado qualquer a uma linha horizontal igualmente dada, ali chega sempre com a mesma velocidade. Viviani foi o primeiro a indicar-lhe que esse princípio tem necessidade de demonstração. Quase cego, Galileu a encontrou imediatamente, comunicando-a a Viviani da maneira como a vemos nas demais edições de seus diálogos. Em seu *Discurso sobre o Rio Bizâncio*, Galileu aplicou este princípio ao caso das águas correntes e explicou em um outro teorema que as velocidades são as mesmas em dois canais com comprimentos e sinuosidades diferentes, quando possuem a mesma altura, quer dizer, quando permanecem fixados nos mesmos limites. No caso particular dos rios, há que se considerar as resistências e várias outras coisas; mas o princípio, em regra geral, permanece verdadeiro, e a utilização que Galileu fez da geometria para o conhecimento das águas correntes concedeu-lhe grande honra.

Varignon descobriu um erro que está no décimo sétimo teorema do terceiro diálogo, no qual Galileu imagina que um corpo, passando de um plano a outro, com inclinações diferentes, conserva toda a velocidade correspondente à primeira queda. Mas Grandi, em suas notas ao mesmo diálogo, diz que esta passagem em Galileu não deve ser considerada de modo absoluto, mas como simples hipótese de onde partir para chegar, em seguida, à queda dos corpos nos arcos circulares. É verdade que, nestes aqui, como em todas as linhas curvas, não há alteração relativamente às diferentes inclinações dos pequenos arcos, com os quais compõe-se a linha curva, e como Varignon, Grandi e muitos outros demonstraram. Não se encontra um teorema mais elegante do que aquele com o qual Galileu abriu um caminho com essa hipótese, a de que um corpo desce mais rapidamente por um arco circular do que por uma corda. Jean Bernoulli entendeu este teorema como se Galileu houvesse acreditado que a descida se faria mais rápida por um arco circular do que por qualquer outra linha curva compreendida entre dois pontos dados. Em seguida, Bernoulli provou que a curva de descida mais veloz é um cicloide, e não um arco circular. Mas a nota do teorema 22 é suficiente para fazer ver que Galileu quis dizer esta verdade: *quo igitur per inscriptos polygonos magis ad circumferentiam accedimus, eo citius absolvitur motus inter duos terminos signatos* (quanto mais nos aproximamos da circunferência inscrevendo polígonos, mais rapidamente se realiza o movimento entre dois pontos assinalados).

No entanto, atribui-se a Galileu a crença de que a linha curva parabólica, na qual os corpos lançados se movem, é a mesma formada por uma corrente suspensa por suas extremidades e que se chama catenária. Curioso ter sido Krafft quem, nestes últimos tempos, fez-lhe a apologia no tomo cinco dos *Novos Comentários de Petersburgo*, citando a passagem que se segue à proposição do quarto diálogo e que diz unicamente que as duas curvas não se diferenciam muito entre elas:

> A corda estendida, mais ou menos estirada, dobra-se em uma linha que se aproxima das parabólicas; e a semelhança é tal que, se vós marcais no horizonte, sobre uma superfície plana elevada, uma linha parabólica, e a mantiverdes invertida, quer dizer, o alto em baixo, com a base paralela à linha do horizonte, tendo suspensa uma pequena corrente presa nas extremidades, vereis, ao afrouxá-la, a dita corrente curvar-se e adaptar-se à parábola. E essa adaptação é tanto mais precisa quanto menos curvatura tiver a parábola marcada, ou seja, quanto mais for estendida. De tal modo que, nas parábolas descritas com elevação de 45 graus, a corrente caminha quase *ad unguem* (com perfeição) sobre a parábola.

Pouco tempo depois, Galileu passou a outra proposição: a de que uma corda horizontal, girando sobre dois pivôs, e considerada de peso nulo, seja estendida, tendo dois pesos nas extremidades. Caso se prenda em seu meio um outro peso, por pequeno que seja, ela se dobrará no meio e, por conseguinte, não manterá a linha reta. Viviani, escrevendo ao prelado Ricci, levanta algumas dúvidas relativamente à demonstração de Galileu, tiradas inicialmente do fato de que o movimento dos dois pesos que sobem, quando a corda se dobra, não ser igual. Essa dificuldade, embora aprovada por homens ilustres, não parece adaptar-se ao caso Galileu, em que, supondo-se pesos infinitamente grandes, quando comparados ao pequeno corpo preso ao meio da corda, seu movimento só poderá ser muito pequeno e, consequentemente, uniforme. É verdade que o caso do equilíbrio não é precisamente aquele que Galileu propôs em sua demonstração, como suspeitava Viviani, e como Simpson o demonstrou no trigésimo oitavo problema de aplicação da álgebra à geometria. Mas a demonstração de Galileu pode ser adaptada igualmente ao verdadeiro caso de equilíbrio, e a proposição principal é sempre verdadeira. A essas dificuldades mecânicas acrescentam-se algumas outras, físicas e astronômicas, que se reduzem, no entanto, a três: 1. que Galileu atribuiu a elevação da água nas bombas ao horror pelo vácuo; 2. que quis explicar o fluxo e o refluxo do mar pela combinação dos movimentos diários e anuais da Terra; 3. não ter acreditado que os cometas fossem planetas girando ao redor do sol. Quanto à primeira objeção, Galileu, no primeiro diálogo, apenas descreveu este fenômeno, segundo o qual a água só se eleva 32 pés nas bombas, e disso inferiu-se que a força necessária para destruir o vácuo seria igual a um cilindro de água com 32 pés de altura. A esse respeito, não há nada a dizer, pois Galileu acrescentou outras conjecturas que não são igualmente sólidas. Galileu propôs u'a máquina para medir o quanto a força de coesão é mais forte do que aquela que se busca para determinar o vácuo, e, em seguida, forneceu dois modos diferentes para medir o peso do ar. Embora em suas experiências não tenha obtido outra proporção senão a de 1 para 400 entre os pesos do ar e da água, deve-se considerá-las como o fundamento e o princípio de tudo o que se fez depois a respeito.

A hipótese formulada no quarto diálogo sobre o sistema de mundo, a fim de explicar o fluxo e o refluxo, é bastante engenhosa, tendo sido a primeira pela qual os filósofos tentaram explicar fisicamente este fenômeno singular. E ainda que a hipótese não seja verdadeira, Descartes, que escreveu depois de Galileu, não deu outra melhor.

No que se refere aos cometas, Galileu objetou ao seu adversário que ele não havia ainda provado serem os cometas corpos sólidos e inalteráveis, e que a paralaxe serve para medir a distância entre os corpos, mas não pode ser aplicada às simples aparências óticas, entre as quais se contavam os cometas. Cassini sustentou também, em um livro impresso em 1653, e dedicado ao duque de Módena, que os cometas eram um amontoado de exalações da Terra e dos planetas. Somente algum tempo depois, como observa Fontenelle, Cassini ensejou, tendo percebido que as irregularidades do movimento dos cometas eram apenas aparentes, e que eles podiam, como os planetas, estar submetidos à possibilidade de cálculos, que todos os astrônomos começassem a acreditar, com fundamento, que os cometas eram corpos sólidos e que giravam ao redor do sol.

Fontenelle, em seu elogio a Viviani, considera Galileu como um gênio raro, cujo nome estará à frente das descobertas mais importantes sobre as quais se fundamenta a filosofia. Descartes, tão inferior a Galileu, censurou nele justamente o que lhe era mais louvável, a saber, que se contentava com os fatos e as demonstrações, sem reverter às primeiras causas. Newton, cujo gênio ultrapassou o espírito humano, cometeu mais erros, talvez, do que Galileu. Devemos admirar em Galileu o filósofo, o geômetra, o mecânico e o astrônomo, a dominar tanto a teoria quanto a prática; aquele que se desvencilhou dos erros da escola antiga, o escritor mais sólido e elegante que a Itália produziu; o mestre de Torricelli, de Castelli, Aggiunti, Viviani, Borelli, Paolo e Candido Del Buono. Os últimos quatro deram forma à Academia Del Cimento[100], cujos ensaios, dignos do século de Newton, pareciam escritos pelo gênio de Galileu, como se vê no prefácio às *Memórias da Academia de Dijon*, citadas no começo deste ensaio.

HERÁCLITO. Heráclito nasceu em Éfeso e conheceu a felicidade, pois que amava a vida retirada. Desde a infância demonstrou possuir uma perspicácia singular. Percebeu a necessidade de estudar-se a si mesmo, de rever as noções que lhe haviam

100. Na qualidade de uma entidade dedicada à experimentação científica, a Academia tem sido considerada o marco inicial da física moderna. Foi fundada, com apoio da família Médici, por sugestões comuns de Evangelista Torricelli e de Vincenzo Viviani. Antes de sua extinção, publicaram-se os *Saggi di naturali esperienze*, coleção de ensaios de seus pesquisadores.

sido sugeridas ou que havia fortuitamente adquirido, e não demorou a sentir-se vaidoso do esforço.

O primeiro passo foi algo de comum com a maior parte daqueles que se distinguiram na procura da verdade, e isso pressupõe mais coragem do que se pensa. O homem indolente, fraco ou distraído prefere permanecer tal como a natureza, a educação ou circunstâncias variadas o fizeram, vagando de maneira incerta durante toda a vida, a utilizar algum tempo para familiarizar-se com os princípios de uma formação sólida. Por isso o vemos descontente em meio a vantagens preciosas, pois negligenciou a arte de usufruí-las. Chegado a um momento de repouso que buscou com contínua obstinação e trabalho assíduo, o germe de uma aflição, que secretamente trazia em si, desenvolve-se pouco a pouco, arruinando a felicidade que tinha em mãos. Convencido desta verdade, dirigiu-se à escola de Xenófanes e seguiu as lições de Hipaso[101], que ensinava então a filosofia de Pitágoras, despojada dos véus que a encobriam.

Após ter escutado os homens mais célebres de seu tempo, afastou-se da sociedade e adotou a solidão como meio de apropriar-se, pela meditação, dos conhecimentos recebidos. De retorno à pátria, foi-lhe conferida a primeira magistratura, mas logo se enfastiou de uma autoridade que exercia sem frutos. Um dia, retirou-se para as redondezas do templo de Diana e pôs-se a jogar ossinhos com as crianças ali reunidas. Alguns efésios, tendo percebido o que se passava, julgaram desaconselhável que um personagem importante se ocupasse de modo tão destoante de seu caráter, e lhe interpelaram. "Oh, efésios – responderam-lhes –, não vale mais a pena divertir-se com esses inocentes do que governar homens corrompidos?". Estava irritado com

101. Hipaso de Metaponto, ou Metapontino, formulou a existência dos números incomensuráveis e, justamente por essa razão, foi expulso da escola pitagórica, já que em seu meio ensinava-se que os fenômenos do universo podiam todos ser reduzidos a números ou quantidades inteiras. Hipaso defendeu, juntamente com Filolau, a existência do movimento de rotação da Terra.

seus compatriotas que há pouco haviam exilado Hermodoro, homem sábio e seu amigo, e não desperdiçava qualquer ocasião de repreendê-los pela injustiça.

De natureza melancólica e com tendências a uma vida retirada, inimigo do tumulto e das perturbações, desviou-se da vida pública para dedicar-se ao estudo da filosofia. Dario desejava tê-lo em sua corte, mas o espírito elevado do filósofo rejeitou com desdém as promessas do monarca. Achava melhor ocupar-se com as questões da verdade, gozar de si mesmo, morar em uma gruta e viver de legumes. Os atenienses, que o tinham em grande consideração, não puderam arrancá-lo deste gênero de vida, cuja austeridade mostrou-se-lhe funesta. Foi atacado pela hidropisia e esta saúde frágil o levou a Éfeso, onde entregou-se à sua própria cura. Persuadido que uma transpiração violenta dissiparia o volume de água acumulado em seu corpo, encerrou-se em um estábulo, onde se fez cobrir de estrume. O remédio não funcionou e ele morreu no segundo dia desta espécie de banho, com a idade de sessenta anos.

A maldade dos homens o afligia, mas não o irritava. Via como os erros os tornavam infelizes e dizia-se que, por esse motivo, chorava. Essa espécie de comiseração é a de uma alma indulgente e sensível. E como não o seria, quando se sabe o quanto o uso da liberdade se enfraquece naquele arrastado por uma paixão violenta ou por um grande interesse solicitado?

Escreveu sobre a matéria, o universo, a república e a teologia, mas não nos chegaram senão fragmentos daqueles diferentes tratados. Não ambicionava os aplausos do vulgo e acreditava falar muito claramente quando diante de um pequeno número de leitores instruídos e inteligentes. Outros o chamavam *o obscuro* (σχοτεινος), e ele pouco se preocupava.

Depositou suas obras no templo de Diana. Como suas opiniões sobre a natureza dos deuses não eram as mesmas do povo, e temia a perseguição dos sacerdotes, teve a prudência, eu diria, ou a fraqueza de cobrir-se de uma névoa de expressões obscuras ou figuradas. Não é surpreendente que tenha sido negligenciado pelos gramáticos e esquecido pelos filósofos durante tanto tempo: eles não o entendiam. Foi um tal de Crates a primeiro a publicar as obras de nosso filósofo.

Heráclito floresceu na sexagésima nona olimpíada. Eis aqui os principais fundamentos de sua filosofia, tanto quanto nos é possível julgá-la, em conformidade com Sexto Empírico e outros autores que os transmitiram.

Lógica de Heráclito

Os sentidos são juízes enganadores; não é à sua decisão que devemos nos ater, mas àquela da razão. Quando falo da razão, entendo esta razão universal, comum e divina, espalhada em tudo o que nos rodeia. Ela está em nós e nós a respiramos.

É a respiração que nos une, durante o sono, à razão universal, comum e divina. Em vigília, a recebemos por mediação dos sentidos, que para ela se abrem como portas ou canais; ela segue tais portas e canais e somos por ela penetrados. É pela interrupção ou continuidade desta influência que Heráclito explicava o esquecimento e a reminiscência.

Dizia: o que nasce de apenas um homem não merece obter qualquer credibilidade, pois o único *criterium* que temos da verdade é ser ele objeto da razão universal, comum e divina. Donde se vê que Heráclito admitia a alma do mundo, mas sem atrelá-la à ideia de espiritualidade.

O desdém generalizado que tinha dos homens prova que eles não compartilhavam igualmente o princípio de racionalidade comum, universal e divina.

Física de Heráclito

A pequena quantidade de axiomas aos quais ela se reduz não nos faz tê-la em alta conta.

Nada se faz do nada, dizia.

O fogo é o princípio de tudo; é o que se observa primeiramente nos entes. A alma é uma partícula ígnea. Cada partícula ígnea é simples, eterna, inalterável e indivisível.

O movimento é essencial ao conjunto dos seres, mas não a cada uma de suas partes; há aquelas que são ociosas ou mortas. As coisas eternas se movem eternamente. As coisas passageiras e perecíveis se movem apenas por um tempo.

Não se veem, não se tocam e não se sentem as partículas ígneas. Elas nos escapam pela pequenez da massa e rapidez de ação. São incorporais.

Há um fogo artificial que não deve ser confundido com o fogo elementar. Se tudo emana do fogo, tudo nele se resolve.

Há dois mundos: um, eterno e incriado; outro, que teve começo e terá fim. O mundo eterno e incriado constitui o fogo elementar que é, foi e sempre será, *mensura generalis accendens et extinguens* (que se acende e se extingue conforme a medida), medida geral de todos os estados dos corpos, desde o momento em que se acende até aquele em que se apaga.

O mundo perecível e passageiro não é outra coisa senão a combinação momentânea do fogo elementar. O fogo eterno, elementar, criador e sempre vivo é Deus. O movimento e a ação são-lhe essenciais; ele jamais está em repouso.

O movimento essencial de onde nasce a necessidade e o encadeamento dos eventos é o Destino. Ele é uma substância inteligente que penetra em todos os seres e neles se encontra; é a alma do mundo. Esta alma é a causa geradora das coisas.

As coisas encontram-se em perpétua vicissitude; elas nascem da contrariedade[102] dos movimentos e é por tais contrariedades que passam.

102. "A contrariedade, ou relação entre contrários, exprime a oposição entre termos diferentes entre si, que se excluem mutuamente, ou que, 'dentro do mesmo gênero, distam maximamente entre si' (Aristóteles). São contrários, por exemplo, o verdadeiro e o falso, o bem e o mal, a saúde e a doença, o branco e o preto. Quando aparecem na forma de proposições e dizem respeito ao mesmo objeto, não podem ser, ao mesmo tempo, verdadeiras, embora possam ser falsas" (Cf. verbete "Contradição (contraditório), Contrário (Contrariedade)", em *Dicionário Sesc, a Linguagem da Cultura*, São Paulo: Perspectiva, 2003).

Um fogo sutilíssimo e deliquescente produziu o ar ao se condensar; um ar mais denso produziu a água; uma água mais contraída formou a terra. O ar é um fogo extinto.

O fogo, o ar, a água e a terra, inicialmente separados, depois reunidos e combinados, engendraram o aspecto universal das coisas. A união e a separação são as duas vias de geração e destruição. O que se dissolve, se dissolve em vapores. Alguns são leves e sutis; outros, pesados e grosseiros. Os primeiros produziram os corpos luminosos; os segundos, os opacos.

A alma do mundo[103] é um vapor úmido. A alma do homem e dos outros animais é uma porção da alma do mundo, a qual recebem por inspiração ou pelos sentidos.

Imaginai alguns barcos côncavos e outros convexos. Formai o que é convexo com vapores pesados e grosseiros; forrai a concavidade com vapores ligeiros e sutis e tereis os astros, suas faces escuras e luminosas, com seus eclipses.

O sol, a lua e os astros não têm uma dimensão maior do que aquela que vemos.

Que diferença entre a lógica e a física dos antigos e sua moral! Eles se encontravam ainda no abc da natureza, embora já tivessem esgotado o conhecimento do homem e de seus deveres.

Moral de Heráclito

O homem quer ser feliz e o prazer é seu objetivo. Suas ações são boas todas as vezes em que, agindo, se considere um instrumento dos deuses. Que princípio!

Para o homem ser feliz, pouco importa o saber muito. Ele sabe muito caso se conheça e se controle.

O que lhe acontecerá se menosprezar a morte e a vida? Que grande diferença verá entre viver e morrer, dormir e estar acor-

103. Vê-se que, em Heráclito, a noção de uma *anima mundi* ainda mantém correspondência com o entendimento físico da filosofia pré-socrática. Já com Platão (Timeu), por exemplo, coube ao Demiurgo dotar o mundo de alma, tornando-o um organismo vivo.

dado, crescer ou envelhecer, se estiver convencido de seguir a lei da natureza em qualquer daqueles estados?

Se bem refletiu, a vida lhe parecerá um estado de morte, e seu corpo, o sepulcro da alma. Não tem nada a temer ou a desejar para além da morte.

Todo aquele que sinta com que absoluta necessidade a saúde sucede à doença, a doença, à saúde, o prazer, ao sofrimento, e este ao prazer, a saciedade, à necessidade, e vice-versa, o repouso, à fadiga, e o cansaço, ao repouso, e assim de todos os estados contrários, consolar-se-á facilmente do mal e se regozijará do bem com moderação.

É necessário que o filósofo saiba muito. Basta ao homem sábio saber comandar-se.

Ser, sobretudo, verdadeiro em seus discursos e ações.

Nascidos ou não com talentos, temos tudo à mão para sermos felizes.

Há uma lei universal, comum e divina, da qual todas as demais emanam.

Deve-se governar os homens como os deuses governam o mundo, onde tudo é necessário e justo.

É preciso confessar que há nesses princípios algo de grande que somente podia brotar de almas fortes e vigorosas e germinar em espíritos semelhantes. Em todos os lugares propõe-se ao homem, aos deuses e à natureza a universalidade das leis.

Heráclito teve alguns discípulos. Platão, ainda jovem, estudou sua filosofia e dele conserva o que aprendeu sobre a natureza da matéria e do movimento. Diz-se ainda que Hipócrates e Zenão construíram seus sistemas às suas expensas. Mas até que ponto Hipócrates apropriou-se das ideias de Heráclito? Isto continuará a ser difícil de saber enquanto as verdadeiras obras deste pai da medicina permanecerem confundidas com as que lhe são falsamente atribuídas.

Os tratados nos quais se percebe Hipócrates abandonar a experiência e a observação, para entregar-se a hipóteses, são suspeitos. Este homem espantoso não desprezava a razão, mas parecer ter tido mais confiança no testemunho dos sentidos para o conhecimento da natureza e do homem. Permitia ao médico misturar-se com a filosofia, mas não suportava o filósofo meter-se com a medicina. Não pensava em decidir sobre a vida de seu semelhante segundo uma ideia sistemática, pré-concebida. E não seguiu, propriamente falando, qualquer seita. *Aquele*, diz ele, *que ousa falar ou escrever de nossa arte, e que pretende relacionar todos os casos a algumas qualidades particulares, tais como o seco e o úmido, o frio e o quente, nos aprisiona em limites muito estreitos e, por não buscar no homem senão uma ou duas causas da vida e da morte, recai em um grande número de erros.* No entanto, a filosofia racional não lhe era estranha. E se nos consentimos remeter ao livro dos princípios e das carnes[104], será fácil perceber as analogias e as disparidades com os princípios de Heráclito.

Física de Hipócrates

Para que serve nos ocuparmos com as coisas do alto? De suas influências sobre os homens e os animais tira-se apenas uma causa bem vaga e geral da saúde e da doença, do bem e do mal, da vida e da morte.

O que se chama quente parece imortal. Ele compreende, vê, ouve e sente tudo o que é e será.

No momento em que a separação das coisas antes confundidas ocorreu, uma parte do quente elevou-se, ocupou as regiões altas e serviu de envoltório a tudo. Uma outra permaneceu sedentária e formou a Terra, que se tornou fria, seca e variável. Uma terceira expandiu-se pelo espaço intermediário e constituiu a atmosfera. O resto penetrou[105] a superfície da Terra ou dela pouco se afastou, e foram as águas e suas exalações.

104. Parte dos 53 escritos reunidos sob a denominação de *Corpus Hippocraticum*.

105. No original, literalmente "lambeu" (*lêcha*).

Daqui Hipócrates, ou quem falou em seu nome, passa à formação do homem e dos animais, à produção dos ossos, das carnes, dos nervos e demais órgãos do corpo.

Segundo o autor, a luz uniu-se a tudo e dominou.

Nada nasce e nada perece. Tudo muda e se altera.

Não se gera um novo animal, nenhum ser novo. Os que existem crescem, permanecem um tempo e passam.

Nada se agrega ao todo e dele nada se suprime. Cada coisa coordena-se ao todo e o todo está em cada parte.

Há uma necessidade universal, comum e divina que se estende indistintamente ao que possui vontade e ao que não a possui.

Na vicissitude geral, cada ser suporta seu destino; e a geração e a destruição são um mesmo fato, visto sob aspectos diferentes.

Se uma coisa cresce, é preciso que outra diminua, alma ou corpo.

Das partes de um todo que se decompõe, há algumas que passam ao homem. São amontoados apenas de fogo ou apenas de água, ou de fogo e água.

O calor possui três movimentos principais: ou ele passa de fora para dentro, se transporta de dentro para fora, ou fica e circula com os humores. Dessas possibilidades resultam o sono, a vigília, o crescimento, a diminuição, a saúde, a doença, a vida, a loucura, a sabedoria, a inteligência, a estupidez, a ação, o repouso. O calor a tudo preside. Jamais está em repouso.

A ordem da natureza é posta pelos deuses. Eles tudo fazem e tudo o que fazem é justo e necessário.

Depois desses princípios, perguntamos se é preciso arrolar Hipócrates entre os sectários do ateísmo. Preferimos imitar a moderação de Mosheim[106], deixando a questão indecisa, do que incluir este nome tão célebre em meio a tantos outros.

106. Pode tratar-se de Johann Lorenz von Mosheim (1693?-1755), filósofo, teólogo luterano e historiador sacro.

HOBBES. Dividiremos este artigo em duas partes. Na primeira, daremos um resumo da vida de Hobbes; na segunda, exporemos os princípios fundamentais de sua filosofia.

Thomas Hobbes nasceu na Inglaterra, em Malmesbury, em 5 de abril de 1588. Seu pai era um eclesiástico obscuro do lugar. A frota que Felipe II da Espanha havia mandado contra os ingleses, e que foi destruída pelos ventos, mantinha o país em estado geral de consternação. O parto da mãe de Hobbes foi antecipado e ela deu à luz esta criança antes do tempo.

Desde cedo foi conduzido ao estudo, apesar da fragilidade de sua saúde, e venceu com surpreendente prontidão as dificuldades das línguas cultas. Traduziu em versos latinos a Medeia, de Eurípides, em uma idade na qual as outras crianças mal conheciam o nome deste autor.

Aos catorze anos foi enviado à universidade de Oxford, onde fez o que chamamos filosofia. De lá passou à casa de William Cavendish, barão de Hardwick e, pouco tempo depois, conde de Devonshire, que lhe confiou a educação de seu primogênito.

Seu caráter afável e os progressos do aluno o tornaram muito querido pela família, que por isso o escolheu para acompanhar o jovem conde em suas viagens. Percorreu então a França e a Itália, procurando encontrar-se com os homens célebres, estudar as leis, os usos e costumes, o gênio, a constituição, os interesses e os gostos de ambas as nações. De volta à Inglaterra, dedicou-se inteiramente ao cultivo das letras e às meditações da filosofia. Havia adquirido aversão às coisas ensinadas nas escolas e à maneira de ensiná-las. Nelas não enxergava qualquer aplicação às condutas geral ou particular dos homens. A lógica e a metafísica dos peripatéticos pareciam-lhe apenas um tecido complicado de ninharias; sua moral, um objeto de disputas vazias de sentido; sua física, apenas devaneios sobre a natureza e seus fenômenos.

Ávido de um alimento mais sólido, voltou à leitura dos antigos, devorando seus filósofos, poetas, oradores e historiadores. Foi então que o apresentaram ao chanceler Bacon, que o admitiu no círculo dos grandes homens entre os quais se encontrava. O governo começara a pender para a democracia e nosso filósofo, assustado pelos males que sempre acompanham as grandes revoluções, lançou os fundamentos de seu sistema político. Cria, de boa-fé, que a voz de um filósofo poderia fazer-se ouvir em meio aos clamores de um povo rebelado. Evocou esta ideia tão sedutora quanto inútil e a reescreveu ao perder, na pessoa de seu aluno, um protetor e amigo. Tinha então 40 anos, tempo em que se pensa no futuro: não tinha fortuna e só um só acontecimento havia derrocado todas as suas esperanças. Gervase Clifton pediu-lhe que acompanhasse seu filho em certas viagens, e ele acedeu. Depois, encarregou-se da educação de um dos filhos da condessa de Devonshire, ao lado de quem pôde rever a França e a Itália.

Em meio a tais distrações, instruiu-se nas matemáticas, vendo nelas as únicas ciências capazes de dar segurança ao juízo. Já pensava que tudo se executa por leis mecânicas e que era nas propriedades da matéria e do movimento que se tinha de procurar a razão dos fenômenos dos corpos brutos e dos seres organizados.

Ao estudo das matemáticas seguiram-se o da história natural e o da física experimental. Encontrava-se então em Paris, onde ligou-se a Gassendi, que no momento se esforçava para retirar do esquecimento a filosofia de Epicuro. Um sistema no qual tudo se explica pelo movimento e pelos átomos não deixava de agradar a Hobbes. Adotou-o e estendeu sua aplicação às sensações e às ideias. Gassendi dizia a respeito de Hobbes que não conhecia, desde então, um espírito mais intrépido, alma mais livre de preconceitos, um homem que penetrasse mais profundamente nas coisas. E o historiador de Hobbes disse do padre Mersenne que sua condição de religioso não o havia impedido de gostar do filósofo de Malmesbury, nem de ser justo a respeito de seus hábitos e talentos, apesar das diferenças que tinha por sua comunhão e princípios.

Foi então que Hobbes publicou seu livro *Do Cidadão*[107]; a acolhida que esta obra recebeu do público e os conselhos dos amigos o levaram ao estudo dos homens e de seus costumes. Este interessante assunto o ocupava quando partiu para a Itália. Em Pisa, conheceu Galileu e a amizade entre ambos foi imediata. A perseguição acabou por estreitar ainda mais os laços que os uniam.

As agitações que logo viriam a ensanguentar a Inglaterra estavam a ponto de explodir. Foi sob tais circunstâncias que publicou seu *Leviatã*. A obra fez muito barulho, o que significa que teve poucos leitores, alguns defensores e muitos inimigos. Ali, Hobbes dizia:

> sem paz, impossível haver segurança; sem poder absoluto, impossível a paz; sem as armas, não há poder; sem impostos, não existem armas; e o medo das armas não estabelecerá a paz se um medo mais terrível que o da morte excitar os espíritos. Ora, este é o medo da danação eterna. Um povo sábio começará, pois, a convir nas coisas necessárias à salvação[108].

Enquanto homens sanguinários faziam retinir nos templos a doutrina homicida dos reis, e distribuíam punhais aos cidadãos para se entredegolarem, pregando a rebelião e a ruptura do pacto civil, um filósofo lhes dizia:

> Meus amigos, meus concidadãos, escutem-me: não é a vossa admiração ou elogio que busco; é de vosso bem, de vós mesmos que me ocupo. Gostaria de vos esclarecer sobre verdades que vos poupariam crimes. Gostaria que vós compreendêsseis que tudo possui

107. *De Cive*. Constitui a terceira parte dos *Elementos de Filosofia* (Elementa philosophiae), sendo a primeira *Do Corpo* (De corpore) e a segunda *Do Homem* (De homine), ensaios editados separadamente.

108. A citação foi retirada do livro de Brucker, ligeiramente alterada em relação ao original de Hobbes: *sine pace impossibilem esse incolumitatem; sine imperio pacem; sine armis imperium; sine opibus in unam manum collatis, nihil valent arma; neque metu armorum quicquam ad pacem proficere illos, quos ad pugnandum concitat malum morte magis formidandum. Nempe dum consensum non sit de iis rebus quae ad felicitatem aeternam necessariae credantur, pacem inter cives esse non posse.*

inconvenientes e que aqueles de vosso governo são bem menores do que os males que vós vos preparais. Sofro com impaciência pelo fato de homens ambiciosos abusarem de vós e procurarem cimentar suas conquistar com vosso sangue. Vós tendes uma cidade e leis; é de acordo com as sugestões de alguns particulares, ou segundo vosso bem comum que deveis amar a justeza de vossas iniciativas? Meus amigos e concidadãos, detende-vos, considerai as coisas e vereis que aqueles que pretendem se subtrair à autoridade civil, afastar-se das responsabilidades públicas e, ainda assim, aproveitar os benefícios da cidade, estando ali protegidos e vivendo tranquilos à sombra de suas muralhas, não são vossos concidadãos, mas inimigos; e vós não acreditareis estupidamente no que eles vos anunciam, com impudência e temeridade, publicamente ou em separado, como sendo a vontade do céu e a palavra de Deus.

Hobbes aduz as mais fortes condenações aos parricidas, que rompem a ligação do povo com o rei e deste com o povo, e que ousam dizer que um soberano submisso às leis, como simples súdito, pode ser julgado e condenado, e ainda considerado mais culpável por sua infração.

O Cidadão e o *Leviatã* caíram em mãos de Descartes, que neles reconheceu, de uma só mirada, o zelo de um cidadão fortemente ligado ao seu rei e à pátria, assim como o ódio à sedição e aos sediciosos.

O que há de mais natural a um homem de letras, ao filósofo, do que as disposições pacíficas? Quem entre nós ignora não haver filosofia sem repouso, repouso sem paz, paz sem tranquilidade interior e crédito no exterior? No entanto, o parlamento enfrentava a corte, e o fogo da guerra civil iluminava todas as partes. Hobbes, defensor da majestade soberana, incorreu no ódio dos democratas. Vendo então as leis pisoteadas, o trono vacilante, os homens arrastados como por uma vertigem geral às ações mais atrozes, concluiu que a natureza humana era má; daí sua fábula ou história sobre o estado de natureza. As circunstâncias fizeram sua filosofia. Tomou alguns incidentes momentâneos por regras invariáveis da natureza e tornou-se o agressor da humanidade e o apologista da tirania.

Em novembro de 1611, houve uma assembleia geral no país; esperava-se que fosse favorável ao rei, o que não aconteceu. Os espíritos se acirraram cada vez mais e Hobbes não se viu em segurança. Retirou-se para a França e ali encontrou os amigos, sendo por eles acolhido. Ocupou-se com a física, a matemática, a filosofia, as belas-letras e a política. O cardeal Richelieu encontrava-se à frente do ministério e sua grande alma aquecia todas as demais.

Mersenne, que era como um centro comum para onde convergiam todos os fios que ligavam os filósofos entre si, pôs-lhe em correspondência com Descartes. Dois espíritos tão imperiosos não eram feitos para estar por muito tempo de acordo. Descartes acabara de propor suas leis do movimento. Hobbes atacou-as. Descartes havia enviado a Mersenne suas meditações sobre o espírito, a matéria, Deus, a alma humana e sobre outros pontos importantes da metafísica. Elas foram comunicadas a Hobbes, que estava muito longe de convir sobre a impossibilidade da matéria pensar. Descartes havia dito: "penso, logo sou". Hobbes dizia: "penso, logo a matéria pode pensar" (*Ex hoc primo axiomate quod Cartesius statuminaverat, ego cogito, ergo sum, concludebat rem cogitationem esse corporeum quid* – do primeiro axioma que Descartes havia estatuído, a saber, 'penso, logo existo', concluía que a coisa pensante era um ser corpóreo). Objetava ainda a seu adversário que qualquer que fosse o objeto do pensamento, ele sempre se apresentaria ao entendimento sob uma forma corpórea.

Apesar do atrevimento de sua filosofia, Hobbes vivia com tranquilidade em Paris. E quando foi preciso dar ao príncipe de Gales um professor de matemática, foi ele o escolhido entre um grande número de outros que desejava o mesmo lugar.

Manteve outra querela filosófica com Bramhall, bispo de Derry. Haviam conversado na casa do bispo de Newcastle sobre a liberdade, a necessidade, o destino e seus efeitos sobre as ações humanas. Bramhall enviou a Hobbes uma dissertação manuscrita sobre aquelas matérias. Hobbes respondeu-lhe e exigiu que sua resposta não fosse publicada, com medo de que as pessoas pouco familiarizadas com seus princípios se assustassem. Bramhall replicou. Hobbes não ficaria atrás de seu antagonista. As peças da controvérsia, no entanto, apareceram e produziram os efeitos que Hobbes temia. Lia-se nelas que cabia ao soberano prescrever aos povos o que a eles cabia acreditar a respeito de Deus e das coisas divinas; que Deus não devia ser chamado de justo, pois não havia qualquer outro ser mais potente que lhe pudesse ordenar, constranger e punir por desobediência; que seu direito de reinar e punir estava fundado sobre a irresistibilidade de sua potência; que retirada tal condição, de sorte que um só ou todos reunidos se lhe pudessem contrapor, o direito se reduziria a nada; que não era a causa das boas e das más ações, mas que apenas por sua vontade é que elas seriam boas ou más; e que pode tornar culpado aquele que não o é, tanto quanto punir e condenar, sem injustiça, mesmo aquele que não pecou.

Todas essas ideias sobre a soberania e a justiça de Deus são as mesmas que aplicou para a soberania e a justiça dos reis. Transportou-as do espiritual para o real e os teólogos concluíram que, para Hobbes, não há nem justiça nem injustiça absolutas; que as ações não agradam a Deus por serem boas, mas são boas quando lhe agradam; e que a virtude, tanto neste quanto no outro mundo, consiste em fazer-se a vontade do mais forte, a do que ordena, e a quem não se pode contrapor com vantagens.

Em 1649, foi acometido por uma febre perigosa. O padre Mersenne, cuja amizade o fez postar-se ao lado de sua cama, acreditou então que era seu dever lhe falar da igreja católica e de sua autoridade. "Meu padre", respondeu-lhe Hobbes, "não esperei esse momento para pensar sobre o assunto, e não estou agora em condições de conversar. O senhor tem coisas mais agradáveis para me dizer. Há muito tempo não vê Gassendi?" O bom religioso percebeu que o filósofo estava resolvido a morrer na religião de seu país; não lhe pressionou mais e

Hobbes recebeu assistência conforme os ritos da Igreja Anglicana. Curou-se da doença e, no ano seguinte, publicou seus tratados da natureza humana e do corpo político. Sethus Wardus, célebre professor de astronomia em Sevilha[109], publicou contra Hobbes uma espécie de sátira pela qual só se percebe uma coisa: que este homem, qualquer que fosse sua habilidade em outros campos, refutava uma filosofia que não entendia e acreditava substituir as boas razões por brincadeiras de mau gosto. Richard Steele[110], que conhecia bem suas obras de literatura e filosofia, tinha estas últimas como as mais perfeitas que o nosso filósofo compusera.

Mas na medida em que adquiria reputação, perdia tranquilidade. As acusações se multiplicavam de todos os lados; foi acusado de mudar do partido do rei para o do usurpador. Esta calúnia ganhou adeptos e Hobbes não se sentiu seguro em Paris, já que ali seus inimigos podiam tudo. Retornou à Inglaterra e ligou-se a dois homens célebres, Harvée[111] e Selden. A família de Devonshire deu-lhe uma pensão. Foi então longe do tumulto e das facções que escreveu sua lógica, sua física, seu livro de princípios ou elementos do corpo, sua geometria e o tratado do homem, de suas faculdades, objetos, paixões, apetites, imaginação, memória, razão, do justo e do injusto, do honesto e do desonesto.

Em 1660, a tirania acabou, a serenidade voltou à Inglaterra, Carlos II foi convocado ao trono, o aspecto das coisas tinha mudado e Hobbes abandonou seu retiro no interior para reaparecer. O monarca a quem em outros tempos havia ensinado as matemáticas o reconheceu e acolheu; passando um dia

109. Conforme esclarece José Bermudo, na tradução espanhola, Diderot leu em Brucker que Seth Ward, bispo de Exeter e de Salisbury, era "tunc astronomiae professor Sabilianus" (então professor de astronomia, sem a incumbência de dar aulas), confundindo o termo *sabilianus* com a cidade da Andaluzia.

110. Dramaturgo, ensaísta de cultura e jornalista britânico, de origem irlandesa (1672-1729).

111. Trata-se de William Harvey, descobridor da circulação sanguínea.

próximo à casa que habitava, fez com que o chamassem, o acariciou e deu-lhe a mão para beijar.

Suspendeu por um momento seus estudos de filosofia para instruir-se nas leis de seu país, e sobre elas deixou um comentário manuscrito bem considerado.

Acreditava que a geometria estava desfigurada por paralogismos: a maior parte dos problemas, tais como a quadratura do círculo, a trissecção do ângulo, a duplicação do cubo, era insolúvel porque as noções que teríamos das relações, da quantidade, do número, do ponto, da linha, da superfície e do sólido não eram também as verdadeiras. Dedicou-se, pois, a aperfeiçoar as matemáticas, cujo estudo começou tarde, não as dominando o suficiente, entretanto, para ser um reformador.

Teve a honra de ser visitado por Cosme de Médicis, que reuniu suas obras e as levou com seu busto para a célebre biblioteca de seu palácio.

Hobbes chegara à velhice mais avançada e tudo parecia prometer-lhe tranquilidade nesses últimos momentos; mas assim não foi. A juventude, ávida de sua doutrina, alimentava-se dela; tinha-se tornado motivo de conversas mundanas e de disputa de escolas. Um jovem bacharel da universidade de Cambridge, chamado Scargil, teve a imprudência de inserir certas proposições suas em uma tese, sustentando que o direito do soberano baseava-se apenas na força; que as penalidades das leis civis constituem toda a moralidade das ações; que os livros santos têm força de lei somente por vontade do magistrado; e que é preciso obedecer a essa vontade, estejam ou não os decretos de acordo com o que se considera a lei divina. O escândalo que a tese provocou foi geral. O poder eclesiástico pediu ajuda à autoridade secular e o jovem bacharel foi perseguido. Hobbes viu-se implicado no caso e embora muito explicasse e pretendesse demonstrar que Scargil não o houvera compreendido, ninguém o escutou. A tese foi rasgada, Scargil perdeu sua graduação e Hobbes foi responsabilizado de toda a odiosa aventura que melhor se julgará após a exposição de seus princípios.

Cansado do comércio dos homens, voltou ao campo, fazendo bem em dali não sair. Divertia-se com as matemáticas, a poesia e a física. Traduziu em versos as obras de Homero já com a idade de 90 anos. Escreveu contra o bispo Laney a propósito da liberdade ou da necessidade das ações humanas. Publicou seu decâmero fisiológico e terminou a história da guerra civil[112]. O rei a quem esta obra manuscrita havia sido mostrada, desaprovou-a; no entanto, foi editada posteriormente e Hobbes receava novas perseguições, que certamente sofreria se sua morte não as detivesse. Foi atacado por uma retenção de urina em outubro de 1679, seguida de uma paralisia de seu lado direito, que lhe tirou a fala e que o levou alguns dias mais tarde. Morreu com a idade de 91 anos, embora tivesse nascido com um temperamento fraco, mas fortalecido pelo exercício e a sobriedade. Viveu no celibato, sem ser, todavia, inimigo das relações com as mulheres.

Os homens de gênio têm, comumente, no curso de seus estudos, uma progressão que os caracteriza. Hobbes publicou primeiro sua obra sobre o cidadão. Em lugar de responder às críticas que se fizeram, compôs o seu tratado sobre o homem; deste elevou-se ao exame da natureza animal; daí passou ao estudo da física ou dos fenômenos da natureza, que por sua vez o conduziram à pesquisa das propriedades gerais da matéria e do encadeamento universal das causas e dos efeitos. Terminou seus diversos tratados pela lógica e livros de matemática. Essas diferentes produções foram organizadas em ordem inversa. Vamos expor-lhe os princípios, com a precaução de citar o texto onde quer que a superstição, a ignorância e a calúnia, que parecem se ter unido para atacar a obra, estiverem tentadas a nos atribuir pensamentos dos quais somos apenas historiadores.

112. *Decameron physiologicum* (1678) e *Behemoth, History of the Civil Wars of England* (1688).

Princípios Elementares e Gerais

As coisas que não existem fora de nós tornam-se objeto de nossa razão, ou para falar na língua de nosso filósofo, são inteligíveis e comparáveis pelos nomes que lhes impusemos. É assim que discorremos sobre os fantasmas[113] de nossa imaginação, mesmo na ausência das coisas reais e, de acordo com os quais, imaginamos;

O espaço é um fantasma de algo existente (*phantasma rei existentis*), abstração feita de todas as propriedades da coisa, à exceção daquela de aparecer fora de quem a imagina;

O tempo é um fantasma do movimento, considerado sob um ponto de vista que nos faz discernir prioridade e posteridade, ou sucessão;

Um espaço é parte de um espaço e um tempo é parte de um tempo, sempre que o primeiro estiver contido no segundo e houver mais neste último;

Dividir um espaço ou um tempo é discernir uma parte, depois outra, e assim sucessivamente;

Um espaço ou um tempo é um quando os distinguimos entre outros espaços e tempos;

O número é a soma de uma unidade e outra, e assim sucessivamente;

Compor um espaço ou um tempo é considerar, após um deles, um segundo, um terceiro, um quarto, e olhar todos com um só;

O todo é o que engendramos pela composição; as partes, o que reencontramos pela divisão;

Tudo o que não possa ser imaginado como composto de partes nas quais se decomponha não é verdadeiro;

Dois espaços são contíguos se não houver entre eles outro espaço;

113. Aqui, por força do original, e em todo o restante do texto, mantivemos a tradução literal de *fantôme*, com os significados de: aparência vã ou enganosa que as coisas apresentam; quimera (Littré, Académie); imagem produzida no cérebro pela impressão de objetos exteriores (conceituação escolástica).

Um tempo ou um espaço é finito em potência quando se pode aplicar uma quantidade de tempo ou de espaço finitos que os meçam exata ou excessivamente. Um tempo ou um espaço é infinito em potência quando não se pode aplicar quantidades finitas;

Tudo o que se divide, divide-se igualmente em partes divisíveis e estas em tantas outras; logo, não há divisível que seja o menor divisível;

Chamo de corpo o que existe independentemente de meu pensamento, coextensivo ou coincidente com alguma parte do espaço;

O acidente é uma propriedade do corpo com a qual o imaginamos, ou que entra necessariamente no conceito que ele nos imprime;

A extensão de um corpo ou sua grandeza, que independem de nosso pensamento, são a mesma coisa; o espaço coincidente com a grandeza de um corpo é o lugar do corpo; o lugar forma sempre um sólido e sua extensão difere daquela do corpo, terminando por uma superfície coincidente com a superfície do corpo;

O espaço ocupado por um corpo é um espaço pleno; o que um corpo não ocupa é um espaço vazio;

O movimento é a passagem contínua de um lugar a outro; estar em repouso é permanecer um tempo em um mesmo lugar; ser movido é ter estado em outro lugar que aquele que agora ocupa;

Dois corpos são iguais se podem preencher o mesmo espaço;

O movimento de dois corpos iguais é igual quando a velocidade considerada em toda a extensão de um é igual à velocidade considerada em toda a extensão do outro; a quantidade de movimento considerada sob tal aspecto chama-se também *força*;

O que está em repouso se prevê que assim permaneça, desconsiderando um outro corpo que perturbe o repouso;

Um corpo não pode engendrar-se nem perecer; passa por sucessivos e diferentes estados aos quais damos nomes: são os acidentes do corpo que começam e se findam; impropriamente se diz que eles se movem;

O acidente que dá nome ao seu objeto é o que chamamos *essência*;

A matéria primeira, ou os corpos em geral considerados, é tão-somente um nome;

Um corpo age sobre outro quando produz ou destrói um acidente;

O acidente, no agente ou no paciente, sem o qual o efeito não se produz (*causa sine qua non*) é, por hipótese, necessário;

Do agregado de todos os acidentes, no agente ou no paciente, conclui-se a necessidade de um efeito; reciprocamente, concluiu-se da falta de um só acidente a impossibilidade de um efeito; o agregado de todos os acidentes indispensáveis à produção do efeito chama-se, no agente, *causa completa* ou *causa simples* (*causa completa, causa simpliciter*); esta, após a produção do efeito, chama-se no agente *causa eficiente*, e no paciente, *causa material*; onde o efeito é nulo, nula é a causa;

A causa completa tem sempre efeito; no momento em que se completa, o efeito se produz e é necessário; a geração dos efeitos é contínua;

Se os agentes e os pacientes são os mesmos e se encontram dispostos da mesma maneira, os efeitos serão os mesmos em tempos diferentes;

O movimento não tem causa a não ser pelo movimento de um corpo contíguo; toda mudança é movimento;

Os acidentes, quando considerados em relação a outros que os precederam, mas sem dependência de causa e efeito, chamam-se *contingentes*;

A causa está para o efeito assim como a potência para o ato; são, antes, a mesma coisa;

No momento em que a potência se dá inteira ou plenamente, o ato se produz; as potências ativa e passiva são partes da potência inteira ou plena; um ato é impossível quando não se produz a potência inteira;

O ato que não é impossível é necessário; desde que seja possível produzi-lo, ele o será; de outro modo, seria impossível; assim, todo ato futuro o é, necessariamente;

O que acontece, acontece por causas necessárias; e só existem atos contingentes em relação a outros efeitos, pois em relação àqueles primeiros não há vínculo ou dependência;

A potência ativa consiste de movimento;

A causa formal (ou essência) e a causa final (ou término) dependem das causas eficientes;

Conhecer a essência é a conhecer a coisa; uma segue-se à outra;

Dois corpos são diferentes caso se possa dizer de um o que não se pode dizer do outro, no momento em que os comparamos;

Todos os corpos diferem numericamente;

A relação entre dois corpos consiste em sua igualdade ou desigualdade, semelhança ou diferença; a relação não é um novo acidente, mas consiste nas qualidades de um e de outro corpos, antes da comparação que se faz;

As causas dos acidentes de dois correlativos são as causas da correlação;

A ideia de quantidade nasce da ideia de limites;

Não há grande ou pequeno, a não ser por comparação;

A relação é uma atribuição de valores de quantidade por comparação; e a comparação é de natureza aritmética ou geométrica;

O esforço, ou *nisus*, é um movimento espacial e temporal menor do que qualquer outro dado;

O *ímpeto*, ou quantidade de esforço, é a própria velocidade considerada no momento do arranque;

A resistência é a oposição de dois esforços ou *nisus* no momento de contato;

A força é o ímpeto multiplicado ou por si mesmo, ou pela magnitude do móvel;

A grandeza ou a duração do todo nos são para sempre interditas;

Não há vácuo absoluto no universo;

A queda dos corpos não é a consequência de um apetite próprio, mas o efeito da ação que a Terra exerce sobre eles;

A diferença da gravitação nasce da diferença das ações ou esforços exercidos nas partes elementares dos corpos pesados;

Há duas maneiras de proceder em filosofia: ou se desce da geração aos efeitos possíveis, ou se remonta dos efeitos às gerações.

Após haver estabelecido estes princípios comuns a todo o universo, Hobbes passou à consideração da porção sensitiva, ou animal, e daí àquela que reflete e pensa, o homem.

Do Animal

A sensação naquele que sente é um movimento em alguma de suas partes;

A causa imediata da sensação é um objeto que afeta o órgão;

A definição geral da sensação é, pois, a aplicação de um órgão a um objeto exterior; há, entre um e outro, uma reação, de onde nasce a impressão ou o fantasma;

O sujeito da sensação é o ser que sente; seu objeto, o ser que se faz sentir; o fantasma é o efeito;

Não se sentem duas sensações ao mesmo tempo;

A imaginação é uma sensação lânguida, que se enfraquece pelo afastamento do objeto;

O despertar de fantasmas no ser que sente constata a atividade anímica; ele é comum ao homem e ao animal;

O sonho é um fantasma daquele que dorme;

O medo, a consciência do crime, a noite, os lugares sagrados, os contos que ouvimos nos despertam fantasmas que denominamos espectros; foi por representá-los fora de nós, por meio de nomes vazios de sentidos, que nos veio a ideia de incorporeidade;

Há sensações de um outro gênero: são o prazer e a dor; eles consistem no movimento contínuo que se transmite da extremidade de um órgão ao coração;

O desejo e a aversão são as causas do primeiro esforço do animal; os espíritos se movem pelos nervos ou dele se retiram; os músculos se retesam ou se relaxam; os membros se estedem ou se retraem, e o animal se move ou para;

Se o desejo é seguido por um encadeamento de fantasmas, o animal pensa, delibera, quer;

Se a causa do desejo é plena, inteira, o animal necessariamente quer; querer não é ser livre; é, quando muito, ser livre para fazer o que se quer, mas não para querer.

Do Homem

A fala é um tecido artificial de sons instituídos pelos homens para comunicar a sequência de suas ideias;

Os signos que a necessidade natural nos sugere ou tira de nós não formam uma língua;

A ciência e a demonstração nascem do conhecimento das coisas;

A demonstração só acontece nas ocasiões em que as causas se encontram sob nosso poder. No restante, tudo o que demonstramos é que a coisa é possível;

As causas do desejo e da aversão, do prazer e do sofrimento são objetos dos sentidos; assim, se se é livre para agir, não se é para odiar ou desejar;

Damos às coisas o nome de *boas* quando as desejamos; de *más* quando as tememos;

O bem é aparente ou real; a conservação do próprio ser é para ele um bem real, o primeiro dos bens; sua destruição, um mal real, o primeiro dos males;

As afecções ou perturbações da alma são movimentos alternativos do desejo ou da aversão que nascem das circunstâncias e que sacodem nossa alma insegura;

O sangue chega com velocidade aos órgãos de ação, e deles sai com rapidez; o animal está pronto para se mover e, no instante seguinte, se detém; no entanto ele desperta em si uma série de fantasias alternativamente espantosas e terríveis;

Não é necessário procurar a origem das paixões para além da organização do corpo, das fibras, do sangue, dos humores e dos espíritos;

O caráter nasce do temperamento, da experiência, do hábito, da prosperidade, da adversidade, das reflexões, dos discursos, dos exemplos, das circunstâncias; mudai essas coisas e o caráter mudará;

Os costumes são formados quando o hábito incorporou-se ao caráter e nos submetemos às ações que exigem de nós, sem esforço ou reclamos; se os costumes são bons, nós os chamamos de virtudes; se maus, de vícios;

Mas nada é igualmente bom ou mau para todos; os costumes que são virtuosos para o juízo de alguns, são viciosos para o juízo de outros;

Portanto, as leis da sociedade são a única medida comum do bem e do mal, dos vícios e das virtudes; não se é verdadeiramente bom ou mau a não ser em uma comunidade política;

O culto exterior que sinceramente se presta a Deus é o que os homens denominaram religião; a fé, que tem por objeto as coisas acima de nossa razão, não é, sem o concurso de um milagre, algo além de uma opinião baseada na autoridade daqueles que nos falam; de modo privado, um homem só pode exigir de outro a crença no milagre em atos de religião; na ausência dele, é preciso que a religião permaneça entregue aos julgamentos dos particulares ou que se sustente por leis civis; assim a religião é um assunto de legislação, e não de filosofia;

Não existem cultos públicos sem cerimônias, pois o que é um culto público senão a marca exterior da veneração que todos os cidadãos prestam ao deus da pátria, marca prescrita por aquele que governa, de acordo com o tempo e o lugar; é àquele que governa que cabe decidir o que convém ou não nesse ramo da administração, tanto quanto nos demais; os signos da veneração dos povos não estão menos subordinados a quem comanda do que à natureza da coisa.

Eis as proposições sobre as quais o filósofo de Malmesbury se propôs a construir o sistema que nos apresenta na obra intitulada *Leviatã*, e a qual vamos analisar.

O Leviatã de Hobbes

Não há noções no espírito que não tenham pré-existência na sensação; esta é a sensação de tudo; o objeto que age sobre o sentido, que afeta ou comprime, é a causa da sensação;

A reação do objeto sobre o sentido e deste sobre o objeto são as causas dos fantasmas; longe de nós, esses simulacros imaginários que emanam dos objetos passam por nós e aí se fixam;

Se um corpo se movimenta, continuará a mover-se eternamente, se um movimento contrário ou diferente não se lhe oponha; esta lei é observável na matéria e no homem;

A imaginação é uma sensação que se abranda e desvanece na ausência de seu objeto e presença de outro;

Imaginação e memória possuem a mesma qualidade sob nomes diferentes; imaginação, quando permanece no ser sensitivo como imagem ou fantasma; memória, se o fantasma se desvanece e resta apenas um nome;

A experiência é a memória de muitas coisas;

Há imaginação simples e imaginação composta, diferentes entre si, tal como a palavra do discurso e uma figura de um quadro completo;

Os fantasmas mais bizarros que a imaginação compõe no sono tiveram existência na sensação; são movimentos confusos ou tumultuados das partes internas do corpo que, sucedendo-se e combinando-se numa infinidade de modos, engendram a variedade dos sonhos;

É difícil distinguir os fantasmas da fantasia dos fantasmas do sono, e uns e outros da presença de um objeto, quando, sem que se perceba, se passa do sono à vigília; ou quando, na véspera, a agitação das partes do corpo foi muito intensa; assim, Marcus Brutus acreditará ter visto o terrível espectro que sonhou;

Acabai com o medo dos espectros e vós banireis da sociedade a superstição, a fraude e a maior parte das artimanhas utilizadas para enganar o espírito dos homens nos Estados mal governados;

O que é o entendimento? O tipo de imaginação factícia que nasce da instituição convencional dos signos; ele é comum ao homem e ao animal;

O discurso mental, a atividade da alma ou sua conversação consigo própria é um encadeamento involuntário de conceitos ou de fantasmas que se sucedem;

O espírito só passa de um conceito a outro, de um fantasma a outro se a mesma sucessão preexistiu na natureza ou na sensação;

Há dois tipos de discurso mental: um, irregular, vago, incoerente; outro, regular, contínuo e com tendência a um objetivo; este aqui chama-se *pesquisa*, *investigação*; é uma espécie de procura, pela qual o espírito segue a pista de marcas deixadas por uma causa ou de um efeito, presente ou passado; eu a chamo *reminiscência*;

O discurso ou o raciocínio sobre um evento futuro constitui a previsão;

Um acontecimento ocorrido indica um outro que o precedeu e do qual é signo;

Não há nada no homem que lhe seja inato e possa ser utilizado sem o hábito; o homem nasce, possui sentidos e adquire o restante;

Tudo o que concebemos é finito; o termo infinito é, pois, vazio de ideia; se pronunciamos o nome de Deus, nem por isso o compreendemos mais; assim, isso não é necessário, bastando reconhecê-lo e adorá-lo;

Não se concebe senão o que tem lugar, é divisível e limitado; não se concebe que uma coisa possa estar inteiramente em um lugar e noutro, no mesmo instante, assim como que duas ou várias coisas possam estar, no mesmo instante, no mesmo lugar;

O discurso oral é a tradução do pensamento; é composto de palavras e essas são próprias ou comuns;

A verdade e a falsidade não são coisas, mas se encontram no discurso; onde não há discurso, não há verdadeiro ou falso, embora possa haver erro;

A verdade consiste numa aplicação justa das palavras; daí a necessidade de defini-las;

Se uma coisa é designada por um nome, encontra-se no conjunto daquelas que podem entrar no pensamento ou no raciocínio, formar uma quantidade ou ser desta suprimida;

O ato do raciocínio denomina-se *silogismo* e é a expressão do liame entre as palavras;

Há palavras desprovidas de sentido, que não são definidas e nem podem sê-lo, e cuja ideia é e permanecerá vaga, inconsistente, equívoca; por exemplo, substância incorporal (*dantur nomina insignificantia, hujus generis est substantia incorporea* – há palavras sem sentido, entre as quais a substância incorpórea);

A inteligência própria ao homem é um efeito do discurso; o animal não o possui;

Não se concebe que uma afirmação seja universal e, ao mesmo tempo, falsa;

Aquele que raciocina busca um todo por adição das partes, ou um resto ou diferença por subtração; se utiliza palavras, seu raciocínio é a expressão do elo entre as palavras *todo* e *parte*, ou de ambas com a palavra *resto*; o que o geômetra executa por meio de quantidades e linhas, o lógico o faz com as palavras;

Raciocinamos tão justamente quanto possível, quando partimos de palavras gerais ou assim admitidas em seu uso;

O uso da razão consiste na pesquisa dos vínculos afastados que as palavras possuem entre si;

Se se raciocina sem se servir de palavras, supõe-se algum fenômeno que ocorreu de modo verossímil ou que, do mesmo modo, deverá seguir-se; se a suposição for falsa, incorre-se em erro;

Se nos servirmos de termos universais e chegamos a uma conclusão universal e falsa, houve alguma coisa de absurdo nos termos. Eram vazios de sentido;

Não ocorre com a razão o que acontece com os sentidos e a memória. Ela não nasce conosco. É adquirida por instrumentos e se forma pelo exercício e a experiência;

É preciso saber impor palavras às coisas, passar das palavras dadas à proposição, desta ao silogismo e chegar ao conhecimento da relação das palavras entre si;

Muita experiência é prudência; muita ciência, sabedoria;

Aquele que sabe está em condições de ensinar e convencer;

Há no animal dois tipos de movimento que lhe são próprios; um, vital; outro, animal; o primeiro, involuntário; o outro, voluntário;

A tendência da alma em direção à causa de seu *impetus* chama-se desejo. O movimento contrário, aversão. Há um movimento real em ambos os casos;

Ama-se o que se deseja. Odeia-se aquilo de que se foge. Despreza-se o que não se deseja e aquilo de que não se foge;

Qualquer que seja o desejo, ou seu objeto, ele é bom; qualquer que seja a aversão, ou seu objeto, a chamamos má;

O bom que nos é anunciado por signos de aparência chama-se belo; o mal de que somos ameaçados por signos aparentes chama-se feio.

As espécies da bondade variam. A bondade considerada nos signos que a prometem é a beleza; na coisa, conserva o nome de bondade; na finalidade, chama-se prazer, e utilidade nos meios;

Todo objeto produz na alma um movimento que leva o animal a se afastar ou a se aproximar. O nascimento deste movimento é o do prazer ou o do infortúnio. Eles se iniciam no mesmo instante. Todo desejo é acompanhado de algum prazer; toda aversão arrasta com ela uma aflição;

Toda volúpia nasce ou da sensação de um objeto presente, sendo ela sensual, ou da espera de uma coisa, da provisão dos fins, da importância das sequências, sendo então intelectual – dor ou alegria;

O apetite, o desejo, o amor, a aversão, o ódio, a alegria, a dor tomam diferentes nomes conforme o grau, a ordem, o objeto e demais circunstâncias. São elas que multiplicaram as palavras ao infinito;

A religião é um medo dos poderes invisíveis. Sendo tais poderes reconhecidos pela lei civil, guardam o nome de religião. Não o sendo, o medo que deles se tem recebe o nome de superstição. Se os poderes são reais, a religião é verdadeira. Se quiméricas, a religião é falsa: *Hinc oriuntur passionum nomina. Verbia et gratia, religio; metus potentiarum invisibilium, quae si publicie acceptae, religio; secus, superstitio* (daqui nascem os nomes das paixões; por exemplo, a religião; medo das potências invisíveis que, aceitas publicamente, chamam-se religião; de outro modo, superstição);

É do agregado de diversas paixões da alma, sucedendo-se continuamente, até que o efeito se produza, que nasce a deliberação. O último desejo que nos conduz, ou a última aversão que nos afasta, chama-se vontade;

O animal delibera; logo, ele quer;

O que é a felicidade? Um sucesso constante nas coisas desejadas.

Chama-se opinião o pensamento de que uma coisa é ou não é, do que se fará ou não, e que deixa atrás de si apenas uma presunção. Do mesmo modo que na deliberação, o último desejo é a vontade; nas questões de passado e de futuro, o último juízo é a opinião. A sucessão completa das opiniões, alternativas, diversas ou contrárias, faz a dúvida;

A consciência é o conhecimento interior e secreto de um pensamento ou de uma ação;

Se o raciocínio está fundado sobre o testemunho de um homem cuja inteligência e veracidade não nos são suspeitas, temos a fé e cremos. A fé diz respeito à pessoa; a crença, ao fato;

A qualidade, em qualquer coisa, é aquilo que impressiona o seu grau ou grandeza; mas toda grandeza é relativa. A própria virtude só o é por comparação. As virtudes ou as qualidades intelectuais são faculdades da alma que louvamos nos outros e que desejamos para nós. Existem as naturais e as adquiridas;

A facilidade de perceber as semelhanças e as diferenças nas coisas chama-se boa aptidão; nos pensamentos, bom juízo;

Reduz-se a pouca coisa o que se adquire pelo estudo e pelo método, sem a arte da palavra;

A diversidade dos espíritos nasce da diversidade das paixões e estas, da diversidade dos temperamentos, dos humores, dos hábitos, das circunstâncias e das educações;

A loucura é o grau extremo de paixão. Assim foram os endemoniados do Evangelho: *Tales fuerunt quos historia sacra vocavit judaico stylo demoníacos* (tais foram os que a história sagrada, no estilo judaico, chamou demoníacos);

O poder de um homem é o agregado de todos os meios para chegar a um fim. Ele é natural ou instrumental;

De todos os poderes humanos, o maior é aquele que reúne, em uma só pessoa, pelo consentimento, o poder compartilhado de um grande número de outros, seja pessoa natural, como homem, seja artificial, como cidadão;

A dignidade ou o valor de um homem é a mesma coisa. Um homem vale tanto quanto o valor com que o outro queira comprá-lo, conforme a necessidade que tenha dele;

Demonstrar estima ou necessidade é honrar. Honra-se pelo louvor, pelos sinais, pela amizade, pela fé, pela confiança, pela ajuda que se requer, pelo conselho que se procura, pela presença concedida, pelo respeito que se traz, pela imitação a que se propõe, pelo culto que se paga e pela adoração que se rende;

Os hábitos relativos à espécie humana consistem nas qualidades que tendem a estabelecer a paz e a assegurar a duração do estado civil;

A felicidade da vida não deve ser procurada na tranquilidade ou no repouso da alma, o que é impossível. A felicidade é a passagem perpétua de um desejo satisfeito a outro satisfeito. As ações a ela não são conduzidas todas da mesma maneira. É preciso a algumas poder, honras, riquezas; a outras, lazer, conhecimentos, elogios, mesmo após a morte. Daí a diversidade dos costumes;

O desejo de conhecer as coisas vincula o homem ao exame dos efeitos. Ele remonta de um efeito a uma causa, desta aqui a uma outra, e assim por diante, até chegar ao pensamento de uma causa eterna, que nem uma outra pode preceder;

Aquele, pois, que se ocupar da contemplação das causas naturais referir-se-á, necessariamente, por propensão, a reconhecer um Deus, ainda que a natureza divina lhe permaneça obscura e desconhecida;

A ansiedade nasce da ignorância das causas; da ansiedade nasce o medo dos poderes invisíveis; e do medo dos poderes, a religião. Medo dos poderes invisíveis, ignorância das causas referidas, tendência a honrar o que receia, acontecimentos fortuitos tidos por prognósticos, sementes de religião;

Duas espécies de homens aproveitaram-se dessa tendência e cultivaram as suas sementes: homens de imaginação ardente, convertidos em chefes de seitas, e homens de revelação, a quem os poderes invisíveis se manifestaram. Religião, parte da política dos primeiros; política, parte da religião dos outros;

A natureza deu a todos as mesmas faculdades de espírito e corpo; deu a todos o direito a tudo, mesmo que ofendendo outrem, pois não se deve a ninguém tanto quanto a nós mesmos;

Em meio a tantos interesses diversos, a melhor maneira de se conservar é prevenir-se de seus concorrentes; disto segue o direito adquirido de comandar, dada a necessidade de se manter;

Daí também a guerra de todos contra todos, desde que não haja um poder coator, e uma infinidade de infortúnios, em meio aos quais nenhuma segurança se obtém, a não ser por uma preeminência do espírito e do corpo; em parte alguma a indústria, a recompensa devida ao trabalho, nenhuma agricultura, nada de artes ou de sociedade, mas medo perpétuo de uma morte violenta;

Da guerra de cada um contra todos segue-se ainda que tudo é abandonado à fraude e à força, não havendo nada de próprio a ninguém, nenhuma posse real ou qualquer justiça;

As paixões que levam o homem à paz são o medo, sobretudo de uma morte violenta, o desejo de coisas indispensáveis a uma vida doce e tranquila e a esperança de obtê-las por alguma indústria;

O direito natural não é outra coisa senão a liberdade de cada um de usar seu poder de maneira a mais conveniente à sua própria conservação;

A liberdade é a ausência de obstáculos exteriores;

A lei natural é uma regra geral ditada pela razão, em consequência da qual tem-se a liberdade de fazer-se aquilo que se admite contrário ao próprio interesse;

Enquanto os homens conservarem essa lei, a do estado de natureza, na qual todos têm direito a tudo, sem excetuar a vida de seu semelhante, nenhuma segurança haverá, mesmo para o mais forte;

Daí uma primeira lei geral, ditada pela razão, que é a de procurar a paz, se houver alguma esperança de se consegui-la; ou, na impossibilidade de tê-la, servir-se de auxílios em qualquer parte;

Uma segunda lei da razão é a de, após se ter providenciado sua defesa e conservação, renunciar seu direito a tudo e retendo, de sua liberdade, apenas aquela porção que se pode deixar aos outros, sem inconvenientes para si;

Abdicar de seu direito a uma coisa é renunciar à liberdade de impedir os outros de seu direito àquela coisa;

Abdica-se de um direito por renúncia simples que joga, por assim dizer, o direito em meio aos demais, sem atribuí-lo a ninguém, ou por uma colação[114] para cujo efeito é necessário haver signos ajustados;

Não se concebe que um homem confira seu direito a outro sem receber em troca algum outro bem ou direito;

A concessão recíproca de direitos é o que se chama contrato;

Aquele que cede o direito à coisa, abandona também o seu uso;

No estado de natureza, o pacto arrancado pelo medo é válido;

114. Aqui, no sentido de ação que confere um benefício.

Um primeiro pacto torna um segundo inválido. Dois motivos concorrem para obrigar a prestação do pacto – a baixeza de enganar e o receio de consequências desagradáveis, decorrentes da infração; ora este receio é de ordem religiosa ou civil, dos poderes invisíveis ou dos poderes humanos. Se o medo civil é nenhum, o religioso é o único que dá força ao pacto; daí o juramento;

A justiça comutativa é aquela dos contratantes; a justiça distributiva é aquela do árbitro entre os que contratam;

Uma terceira lei da razão é a de submeter-se ao pacto. Eis o fundamento da justiça. A justiça e a santidade do pacto começam quando há uma sociedade de força coativa;

Uma quarta regra da razão é que aquele que recebe um benefício gratuito não dê jamais motivo ao benfeitor de se arrepender do benefício concedido;

Uma quinta, a de ajustar-se aos demais que possuem um caráter como o nosso;

Uma sexta, a de que tendo as seguranças necessárias para o futuro, conceder o perdão aos que se arrependem pelas injúrias passadas;

Uma sétima, a de não considerar a vingança conforme a grandeza do mal cometido, mas segundo o bem que deve resultar do castigo;

Uma oitava, a de não manifestar a outro nem ódio, nem desprezo, seja por ação, palavra, olhar ou gesto;

Uma nona, a de tratar os homens como iguais por natureza;

Uma décima, a de que no tratado de paz geral, ninguém reterá um direito que não queira deixar aos demais;

Uma décima-primeira, a de abandonar ao uso comum o que não for objeto de partilha;

Uma décima-segunda, que o árbitro escolhido de uma parte e outra será justo;

Uma décima-terceira, que no caso em que uma coisa não possa ser partilhada, tirar-se-á a sorte para o direito completo ou primeira possessão;

Uma décima-quarta, a de que há dois modos de decisão: o do primeiro ocupante, ou o do primogênito, para a qual não é necessário admitir o direito senão para coisas indivisíveis por sua natureza;

Uma décima-quinta, a de que é preciso segurança de ir e vir, para todos os mediadores da paz;

Uma décima-sexta, a de aquiescer na decisão do árbitro;

Uma décima-sétima, a de que ninguém seja juiz em causa própria;

Uma décima-oitava, a de julgar segundo as testemunhas nas questões de fato;

Uma décima-nona, a de que haverá uma causa conveniente todas as vezes em que um árbitro se pronunciar por uma das partes, de preferência a outra;

Uma vigésima, a de que as leis da natureza, que obrigam sempre o foro íntimo, não obriguem sempre o foro externo. É a diferença entre o vício e o crime;

A moral é a ciência das leis naturais ou das coisas que são boas ou más nas sociedades dos homens;

Chama-se àquele que age em seu nome, ou em nome de outro, uma pessoa; é própria se age em seu nome; representativa, se em nome de outra;

Nada mais nos resta, após o que dissemos sobre a filosofia de Hobbes, senão deduzir suas consequências, e teremos um esboço de sua política;

É o interesse pela conservação e pelas vantagens de uma vida mais calma que retiram os homens do estado de guerra de todos contra todos, para reuni-los em sociedade;

As leis e os pactos não são suficientes para fazer cessar o estado natural de beligerância; é preciso um poder coativo a que homens se submetam;

A associação de um pequeno número não pode obter segurança; é preciso aquela da multidão;

A diversidade dos julgamentos e das vontades não permite esperar nem paz nem segurança onde a multidão governa;

Não é importante governar ou ser governado por um certo tempo; é necessário enquanto durar o perigo e a presença do inimigo;

Só há um meio de formar um poder comum que produza a segurança; é o de submeter a sua vontade a um só ou a um certo número;

Após esta renúncia, a multidão é apenas uma pessoa a quem chamamos *cidade*, *sociedade* ou *república*;

A sociedade pode usar de toda a sua autoridade para constranger os particulares a viverem em paz entre si e congregarem-se contra o inimigo comum;

A sociedade é uma pessoa cujo consentimento e pactos autorizaram a ação e na qual se conservou o direito de usar o poder de todos para a conservação da paz e da defesa comum;

A sociedade se forma ou por instituição ou por aquisição;

Por instituição quando, por consentimento unânime, os homens cedem a um só ou a um certo número entre eles o direito de governar e prometem obediência;

Pode-se tirar a autoridade soberana a quem a possui em caso de má-administração;

Qualquer coisa que se faça àquele a quem se confiou a autoridade soberana, não pode ser ela suspeita para quem a conferiu;

Visto não ser culpável, não pode ser julgado, castigado ou punível;

Cabe à autoridade soberana decidir tudo o que diz respeito à conservação da paz e à sua ruptura e à prescrição das regras, para que cada um conheça, em conformidade com elas, o que é seu e delas goze tranquilamente;

É a ela que pertence o direito de declarar a guerra, fazer a paz, escolher os ministros e criar títulos honoríficos;

A monarquia é preferível à democracia, à aristocracia e a toda forma de governo mista;

A sociedade se forma por conquistas quando se obtém a autoridade soberana sobre os semelhantes pela força; de sorte que o medo da morte ou a necessidade de reunião submeteram a multidão à obediência de um só ou de muitos;

Os direitos do soberano são os mesmos se a sociedade é formada por instituição ou por conquista;

A autoridade se adquire ainda por via da geração; é aquela dos pais sobre seus filhos; e pelas armas, como a do tirano sobre seus escravos;

A autoridade conferida a um só ou a muitos é tão grande quanto possa ser, embora algum prejuízo possa resultar de uma renúncia completa, pois aqui neste mundo nada é sem inconvenientes;

O medo, a liberdade e a necessidade que chamamos de *natureza* e de *causas* podem subsistir conjuntamente. Aquele que é livre pode tirar de sua força e de suas outras faculdades toda a vantagem que lhe agrade;

As leis da sociedade circunscrevem a liberdade, mas não retiram do soberano o direito de vida e morte. Se ele o exerce contra um inocente, peca aos olhos dos deuses; comete uma iniquidade, mas não injustiça: *ubi in innocentem exercetur, agit quidem inique, et in deum peccat imperans, non vero injuste agit;*

Na sociedade conservamos o direito a tudo o que não podemos renunciar ou transferir, assim como a tudo o que não está expresso nas leis sobre a soberania. O silêncio das leis é a favor dos súditos: *Manet libertas circa res de quibus leges silent pro summo potestatis império;*

Os súditos só estão obrigados ao soberano na medida em que este conserve o poder de protegê-los. Eis a máxima que fez de Hobbes suspeito de haver abandonado o partido de seu rei, que estava então reduzido a tais limites que os súditos não podiam esperar seu auxílio;

O que é uma sociedade? Um agregado de interesses opostos, um sistema no qual, pela autoridade conferida a um só, os interesses contrários se acomodam. O sistema é regular ou irregular, absoluto ou subordinado;

Um ministro da autoridade soberana é aquele que age nos assuntos públicos em nome do poder que governa, e que o representa;

A lei civil é uma regra que define o bem e o mal para o cidadão; ela não obriga o soberano: *hac imperans non tenetur*;

O uso prolongado dá força de lei. O silêncio do soberano demonstra que essa foi a sua vontade;

As leis civis somente obrigam após promulgadas;

A razão é elucidada pelas leis naturais. As leis civis só são conhecidas pela promulgação;

Não cabe aos doutores nem aos filósofos interpretar as leis da natureza. É assunto do soberano. Não é a verdade, mas a autoridade que faz a lei: *non veritas, sed auctoritas facit legem;*

A interpretação da lei natural é um julgamento do soberano que demonstra sua vontade em um caso particular;

São a ignorância, o erro ou a paixão que causam a transgressão da lei e o crime;

O castigo é um mal infligido publicamente ao transgressor, a fim de que o medo do suplício contenha os demais em obediência;

É preciso olhar a lei pública como consciência do cidadão: *lex publica civi pro conscientia subeunda*;

A finalidade da autoridade soberana, ou a saúde dos povos, é a medida da extensão dos deveres do soberano: *imperantis officia dimentienda ex fine, qui est salus populi*;

Este é o sistema político de Hobbes. Ele dividiu sua obra em duas partes. Em uma, trata da sociedade civil e ali estabelece os princípios que acabamos de expor. Na outra, examina a sociedade cristã, e aplica ao poder eterno as mesmas ideias que fez do poder temporal.

Caráter de Hobbes

Ele recebeu da natureza esta ousadia de pensar e esses dons com os quais nos impomos aos outros homens. Teve um espírito justo e vasto, penetrante, profundo. Seus sentimentos são convenientes e sua filosofia um pouco comum. Embora tenha estudado muito e muito aprendido, não atribuiu suficiente importância aos conhecimentos adquiridos. Foi consequência de sua predisposição para a meditação. Ela o conduziu de ordinário à descoberta das grandes energias que fazem mover os homens. Mesmo seus erros serviram mais ao progresso do espírito humano do que uma enorme quantidade de obras tecidas com verdades comuns. Tinha o defeito dos sistemáticos, o de generalizar os fatos particulares e dobrá-los manhosamente às suas hipóteses; a leitura de suas obras requer uma pessoa madura e circunspecta. Ninguém anda mais solidamente e é mais consequente. Poupai-vos de ir além de seus primeiros princípios, se não quereis segui-lo aonde lhe agrada vos conduzir.

A filosofia do senhor Rousseau, de Genebra, é quase o inverso daquela de Hobbes. Um acredita que o homem natural seja bom; o outro, malvado. Segundo o filósofo de Genebra, o estado de natureza é um estado de paz; conforme o filósofo de Malmesbury, é o estado de guerra. São as leis e a formação da sociedade que tornaram o homem melhor, caso se acredite em Hobbes. Ou que o depravaram, se se crê em Rousseau. Um nasceu em meio ao tumulto e às facções; o outro vivia no mundo entre sábios. Outros tempos, outras circunstâncias, outra filosofia.

O senhor Rousseau é eloquente e patético; Hobbes, seco, austero e vigoroso. Este aqui via o trono abalado, cidadãos armados uns contra os outros e sua pátria inundada de sangue pelos furores do fanatismo presbiteriano, tendo adquirido aversão por deus, seus ministros e os altares. Via homens versados em vários conhecimentos afligirem-se, odiarem-se, se entregarem a paixões, ambicionarem a fama, a riqueza, as dignidades e se conduzirem de maneira pouco conforme às luzes que haviam adquirido. Por isso desprezou as ciências e os sábios.

Ambos foram exagerados. Entre os sistemas de um e de outro, existe um terceiro que talvez seja o verdadeiro: é que, embora o estado da espécie humana seja o de uma vicissitude perpétua, sua bondade e sua maldade são as mesmas; sua felicidade e seu infortúnio encontram-se circunscritos por limites que não pode ultrapassar. Todos os benefícios artificiais são compensados pelos males e todos os males naturais por outros bens. Hobbes, pleno de confiança, filosofou por si mesmo. Foi um homem honesto, cidadão zeloso, homem simples, reto, aberto e benfeitor. Teve amigos e inimigos. Foi elogiado e recriminado sem medidas. A maior parte dos que não podem ouvir seu nome sem fremir, não o leram e não têm condições de ler uma página de suas obras. Qualquer que seja a opinião, boa ou o má, que se tenha de Hobbes, ele deixou um retrato do mundo tal como era. Fez pouco caso da filosofia experimental. Se se for dar o nome de filósofo a um feitor de experiências, dizia, o cozinheiro, o perfumista e o destilador são filósofos. Menosprezou Boyle e foi por ele desprezado. Acabou por destruir o ídolo da escola que Bacon havia abalado. Foi censurado por ter introduzido em sua filosofia termos novos; mas possuindo um modo particular de considerar as coisas, seria impossível que se mantivesse nas palavras recebidas.

Se não foi ateu, é preciso confessar que seu deus difere pouco daquele de Spinoza. Sua definição de malvado me parece sublime: é um garoto robusto (*malus est puer robustus*). Com efeito, a maldade é tanto maior quanto mais frágil for a razão e as paixões mais fortes. Suponde que uma criança tivesse com seis semanas a imbecilidade de julgamento de sua idade, e a força e as paixões de um homem de quarenta: é certo que bateria no pai, violaria a mãe, estrangularia a ama e não teria qualquer atitude de segurança para as coisas que lhe fossem próximas. Pois bem, ou a definição de Hobbes é falsa, ou o homem torna-se bom na medida em que se instrui.

No cabeçalho de sua biografia pôs-se a seguinte epígrafe, tirada de Ângelo Polizano:

> Os que nos condenam são os maiores histriões: imitam aos Curios, mas vivem como num bacanal. São pessoas loquazes, ligeiras, encapuzadas, calçadas com sapatos de madeira, com uma corda ao redor da cintura, rebanhos humanos sombrios de nuca curvada. Porque se

distinguem dos demais em hábitos e culto, vendem indulgências com o rosto triste e atraem para si os censores e tiranos, aterrorizando a plebe temerosa[115].

Para além das obras filosóficas, Hobbes escreveu outras que não são aqui nosso objeto.

LEIBNIZ. Os modernos possuem alguns homens, tais como Bayle, Descartes, Leibniz e Newton, que podem contrapor-se, e com vantagem, talvez, aos gênios mais extraordinários da Antiguidade. Se existisse sobre nossas cabeças uma espécie de ser que observasse nossos esforços, como nós observamos aqueles dos que se arrastam aos nossos pés, com que surpresa ela teria visto esses quatro maravilhosos insetos. Quantas páginas não se teriam preenchido em suas efemérides naturais? Mas a existência de espíritos intermediários entre o homem e Deus não está suficientemente comprovada para que não ousemos supor que a imensidão do intervalo esteja vazia e que, na grande corrente que se segue após o Criador universal, seja o homem quem se apresente. E que à frente da espécie humana esteja Sócrates ou Tito, Marco Aurélio ou Pascal, Trajano ou Confúncio, Bayle ou Descartes, Newton ou Leibniz.

Este último nasceu em Leipzig, no Saxe, em 23 de junho de 1646[116]. Foi chamado Gottfried Wilhelm. Friedrich, seu pai, era professor de moral e escrivão da universidade; Catherine

115. "Qui nos damnant, histriones sunt maximi, / Nam Curios simulant et bacchanalia vivunt. / Hi sunt praecipue quidam clamosi, leves, / Cucullati, lignipedes, cincti funibus, / Superciliosi, incurvi-cervicum pecus, / Qui, quod ab aliis habitus et cultur dissentiunt, / Tritesque vultu vedunt sanctionias / Censuram sibi quamdam et tyrannidem occupant, / Pavidamque plebem territant minaciis".

116. Na verdade, em 1 de julho do mesmo ano. A diferença se deve à mudança do calendário juliano para o gregoriano.

Schmuck, sua mãe, terceira mulher de Friedrich, era filha de um doutor e professor de direito. Paul Leibniz, seu tio-avô, tinha servido na Hungria e merecido, em 1600, títulos de nobreza do imperador Rodolfo II.

Leibniz perdeu seu pai com a idade de seis anos e o destino de sua educação recaiu sobre sua mãe, mulher de méritos. Mostrou-se igualmente dotado para todos os gêneros de estudos, tendo para com eles o mesmo ardor e sucesso. Quando se olha para si mesmo e se comparam os pequenos talentos que se recebe com os olhos de Leibniz, fica-se tentado a jogar fora os livros e ir morrer tranquilamente no fundo de um canto ignorado. Seu pai lhe havia deixado uma coleção bastante ampla de livros; apenas soube um pouco de grego e latim, pôs-se a lê-los todos – poetas, oradores, historiadores, jurisconsultos, filósofos, teólogos, médicos. Logo sentiu a necessidade de auxílio e foi procurá-lo. Ligou-se particularmente a Thomasius; ninguém tinha conhecimentos mais profundos de literatura e de filosofia antiga que Thomasius e, no entanto, o discípulo não tardou a se tornar mais hábil que o mestre. Thomasius confessava a superioridade de Leibniz e este reconhecia as dívidas com Thomasius. Aconteceu muitas vezes um combate de elogios, de um lado, e de reconhecimento, de outro.

Leibniz aprendeu com Thomasius a atribuir grande importância aos filósofos antigos, à frente dos quais ele punha Pitágoras e Platão; tinha gosto e talento para a poesia – seus versos têm conteúdo. Eu aconselho nossos jovens autores a ler o poema que ele compôs em 1676 sobre a morte de Johann Friedrich Brunswic, seu protetor; verão o quanto a poesia, quando não é um barulho inútil, exige conhecimentos particulares.

Aprofundou-se em história e conheceu de perto os interesses dos príncipes. Jan Kazimierz Waza, rei da Polônia, tendo abdicado da coroa em 1668, permitiu que Wilhelm von Neuburg, conde palatino, fosse um dos pretendentes e Leibniz, sob o nome de George Ulicovis, provou que a república não podia fazer uma escolha melhor; tinha então 22 anos e sua obra foi atribuída aos mais famosos jurisconsultos do tempo[117].

Quando começou a tratar da paz de Nimega, teve dificuldades com o cerimonial relativo aos príncipes livres do império que não eram eleitores. Recusavam-se a seus ministros as honras dadas àqueles príncipes italianos. Escreveu então em favor dos primeiros a obra intitulada *Caesarinio Furstenerii tractatus de jure suprematus ac legationis principum Germaniae* (Supremacia por Direito do César Fursteneri e Princípio de Delegação na Alemanha). É um sistema no qual se vê um luterano colocar o papa ao lado do imperador, como chefe temporal de todos os Estados cristãos, ao menos no Ocidente. O assunto é restrito, mas a cada passo o espírito de autor voa e se eleva às visões gerais.

Em meio a tais ocupações, ligou-se a todos os sábios da Alemanha e da Europa. Examinava em teses ou em cartas questões de lógica, de metafísica, de moral, de matemática e de teologia e seu nome era inscrito em muitas academias.

Os príncipes de Brunswic encomendaram-lhe escrever a história da família. Para cumprir dignamente o projeto, percorreu a Alemanha e a Itália, visitando as antigas abadias, vasculhando os arquivos das cidades e examinando túmulos e outras antiguidades, recolhendo assim tudo o que se podia difundir de prazer e de esclarecimento sobre matéria tão ingrata.

Foi, ao passear num pequeno barco, de Veneza a Mesola, região de Ferrara, que um terço, com o qual se muniu para quaisquer acontecimentos num país de inquisição, salvou-lhe a vida. Uma furiosa tempestade elevou-se e o piloto, que o olhava como a causa do perigo e não acreditava que pudesse ser entendido por um alemão, decidiu jogar-lhe ao mar, mas retendo suas roupas e moedas, que estas não eram heréticas. Leibniz, sem se perturbar, tirou o terço com um ar muito devoto e este artifício fez com

117. Trata-se do *Specimen demonstrationum politicarum pro rege Polonorum eligendo*.

que o piloto mudasse de ideia. Um filósofo antigo, Anaxágoras, creio, escapou do mesmo perigo, mostrando ao longe, àqueles que pensavam aplacar os deuses atirando-o às ondas, os barcos já virados pela tempestade, e nos quais ele não estava.

De volta de suas viagens a Hanôver, em 1699, publicou uma parte da coleta que fizera, sob o título *Código do Direito das Gentes*, pois sua avidez era a de se debruçar sobre tudo. É ali que demonstra que as ações públicas entre as nações são as fontes mais certas da história e que, quaisquer que sejam as pequenas causas vergonhosas que puseram em movimento essas grandes massas, é nos tratados que precederam as emoções e acompanharam seu repouso momentâneo que é preciso descobrir os verdadeiros interesses. O prefácio do *Codex juris gentium diplomaticus* é um extrato de gênio. A obra é um mar de erudição e apareceu em 1693.

O primeiro volume do *Scriptorium Brunsvicensia illustrantium*, ou a base de sua história, surgiu em 1707. É ali que aprecia, sem que tenha havido contestação, todos os materiais que deviam servir para o resto do edifício. Acreditava-se que os governadores das cidades do império de Carlos Magno tinham se tornado, com o tempo, príncipes hereditários. Leibniz prova que sempre o tinham sido. Olhava-se para os séculos X e XI como os mais bárbaros do cristianismo. Leibniz deslocou a crítica até o século XIV, período em que os homens, estabelecidos na pobreza e ávidos por comodidades, inventavam fábulas por necessidade. Vêmo-lo seguir o encadear dos acontecimentos, discernir os fios delicados que os atraíram uns para os outros e assentar as regras de uma espécie de vaticínio segundo as quais, sendo conhecidos o estado anterior e o estado atual de um povo, pode-se anunciar no que ele se converterá.

Dois outros volumes do *Scriptorum Brunsvicensia illustrantium* apareceram em 1710 e 1711, não tendo o resto sido completado. O senhor de Fontenelle expôs o plano geral da obra em seu elogio a Leibniz nos anais da Academia de Ciências de 1716. No curso de suas pesquisas, pretendeu ter descoberto a verdadeira origem dos franceses e sobre ela publicou uma dissertação também em 1716.

Leibniz era um grande jurisconsulto. Aliás, o direito era e será por muito tempo o estudo dominante da Alemanha. Apresentou-se com a idade de 20 anos aos exames do doutorado. Sua juventude, que deveria ter atraído a benevolência da mulher do decano da faculdade, excitou, não sei como, seu mau humor, e Leibniz foi rejeitado. Mas o aplauso geral e a mesma dignidade que lhe foi oferecida pelos habitantes da cidade de Altorf vingaram-no dessa injustiça. Se for permitido julgar o mérito de um candidato pela escolha do assunto de sua tese, que ideia não se fará de Leibniz? Ele discutiu *os casos de ambiguidade no direito*. A tese foi impressa na sequência com dois outros pequenos tratados, um intitulado *Specimen Encyclopediae in jure*, e outro de nome *Specimen certitudinis seu demonstrationum in jure exhibitum in doctrina conditionum*.

Esta palavra *Enciclopédia* havia sido empregada em um sentido mais geral por Alstedius[118]: este aqui se propusera aproximar as diferentes ciências e mostrar as linhas de comunicação que mantêm entre si. O projeto havia agradado a Leibniz e ele se propôs a aperfeiçoar a obra de Alstedius. Chamou para ajudá-lo alguns pensadores e a obra ia começar quando o chefe do empreendimento, desencaminhado pelas circunstâncias, foi arrastado para outras ocupações, infelizmente para nós que o sucedemos e para quem o mesmo trabalho não foi senão uma fonte de perseguições, de insultos e de desgosto, que se renova dia a dia, que começou há quinze anos e que talvez só termine com a nossa vida.

Com a idade de 22 anos, dedicou ao eleitor de Mainz, Johann Schomborn, *Um Novo Método de Ensinar e Aprender a Jurisprudência, com um Catálogo de Coisas a Serem*

118. Johann Heinrich Alsted (1588-1638), filósofo, teólogo, professor e enciclopedista, autor, entre outras obras, de *Cursus philosophici encyclopaedia*, *Compendium philosophicum* e *Encyclopaedia septem tomis distincta*.

Desejadas na Ciência do Direito. No mesmo ano, saiu o seu *Projeto pela Reforma Geral do Corpo do Direito*. A cabeça deste homem era inimiga da desordem e era necessário que as matérias mais embaraçosas se ordenassem quando ali estivessem. Reunia duas grandes qualidades quase incompatíveis – os espíritos de invenção e de método; e o estudo mais pertinaz e variado, fazendo-o acumular os conhecimentos mais diversos, não enfraqueceram nem a um nem a outro. Filósofo e matemático – tudo o que estas duas palavras envolvem, ele o era. Foi de Altorf a Nurembergue visitar certos pensadores e ali insinuou-se em uma sociedade secreta de alquimistas que o aceitaram como adepto, após uma carta recheada de termos obscuros que ele lhes escreveu e que aparentemente entenderam, mas que, seguramente, o próprio Leibniz não entendia. Eles o tomaram como secretário e Leibniz instruiu-se bastante com eles, enquanto eles acreditavam instruir-se com Leibniz.

Em 1670, com a idade de 24 anos, tendo escapado do laboratório de Nurembergue, fez reimprimir o tratado de Marius Nizolius de Bersello, *De veris principiis et vera ratione philosophandi contra pseudo-philosophos* (Sobre os Verdadeiros Princípios e a Verdadeira Filosofia contra os Pseudo-Filósofos)[119], com um prefácio precedido de notas nas quais buscava conciliar o aristotelismo com a filosofia moderna: é ali onde mostra a distância que existe entre as disputas das palavras e a ciência das coisas, onde desdobra o estudo profundo que havia feito sobre os antigos e mostra que um erro do passado é, às vezes, o germe de uma verdade nova. Este homem, com efeito, ilustrou-se e ilustrará, ao dizer branco, após outro ter dito negro. Existe mais mérito ao se pensar em algo que ainda não tenha sido bem examinado do que pensar apenas sobre aquilo há muito discutido. O último degrau do mérito,

119. Mario Nizolio ou Nizzoli (1498-1575), filólogo, filósofo e educador italiano, nascido em Bersello.

a verdadeira marca do gênio, é encontrar a verdade sobre um assunto importante e novo.

Publicou uma carta – *De Aristoteles recentioribus reconciliabili* – na qual ousa falar vantajosamente de Aristóteles em uma época na qual os cartesianos pisoteavam aquele filósofo, que deve ser um dia desafrontado pelos newtonianos. Pretendia que Aristóteles contivesse mais verdades do que Descartes e demonstrou que a filosofia do primeiro era corpuscular e a do segundo, mecânica.

Em 1711, enviou à Academia de Ciências sua Teoria do Movimento Abstrato e, à Sociedade Real de Londres, sua Teoria do Movimento Concreto. O primeiro tratado é um sistema do movimento em geral; o segundo é uma aplicação do anterior aos fenômenos da natureza. Em um e outro, admitia a existência do vácuo; via a matéria como simples extensão, indiferente ao movimento e ao repouso, e veio a acreditar que, para descobrir a essência da matéria, era preciso conceber uma força particular que pode exprimir-se somente por essas palavras: *Mentem momentaneam, seu carentem recordatione, quia conatum simul suum et alienum contrarium non retineat ultra momentum, adeoque careat memória, sensu actionum passionumque suarum, atque cogitatione* (um espírito momentâneo, carente de recordação, posto que não conserva, para além do momento, sua própria tendência e a que lhe é contrária e, portanto, carente de memória, que não sente o que faz, o que padece e o que pensa).

Ei-lo bastante próximo da enteléquia de Aristóteles, de seu sistema das mônadas, da sensibilidade, propriedade geral da matéria e de muitas outras ideias que atualmente nos ocupam. Em lugar de medir o movimento pelo produto da massa e da velocidade, substituiu um desses elementos pela força, o que dava para a medida do movimento o produto da massa pelo quadrado da velocidade. Foi este o princípio sobre o qual estabeleceu uma nova dinâmica; foi atacado e se defendeu com vigor. E se a questão não foi decidida, ao menos foi bem esclarecida depois por homens que reuniram a metafísica mais sutil à mais alta geometria.

Tinha ainda uma ideia particular sobre a física geral: a de que Deus fez, com a maior economia possível, o que havia de melhor e mais perfeito. É o fundador do otimismo ou do sistema que parece fazer de Deus um autômato em seus decretos e ações e reconduzir, sob outro nome e forma espiritual, o *fatum* dos antigos, ou esta necessidade das coisas serem o que são.

Inútil dizer que Leibniz era um matemático de primeira ordem. Disputou com Newton a invenção do cálculo diferencial. O senhor de Fontenelle, que sempre parece favorável a Leibniz, diz que Newton é certamente o inventor e que sua glória a respeito é segura, mas que não se pode ser muito circunspecto quando se trata de intentar uma acusação de roubo e de plágio contra um homem como Leibniz. E o senhor de Fontenelle tem razão.

Leibniz era um neófito em alta geometria quando, em 1676, conheceu Huyghens em Paris. Leu o tratado *De orologio oscillatorio*, meditou sobre as obras de Pascal e de Gregório de São Vicente e imaginou um método no qual encontrou, em seguida, traços profundos em Gregory, Barrow[120] e outros. É este o cálculo pelo qual ele se vangloriava de ter submetido a análise das coisas que, até então, nunca o tinham sido.

Qualquer que seja a história que Leibniz fez de suas descobertas, por solicitação do senhor Bernoulli, é certo que se percebem diferenças de ordem infinitamente pequenas em seu Tratado do Movimento Abstrato, publicado em 1671; que o cálculo diferencial apareceu em 1684; que os princípios matemáticos de Newton só foram publicados em 1687 e este não reivindicou sua descoberta. Mas Newton, depois que seus amigos

120. James Gregory (1638-1675), matemático e físico escocês, autor de *Vera circuli et hyperbolae quadratura* e de *Geometriae pars universalis, inserviens quantitatum curvarum transmutationi et mesurae*. Issac Barrow (1630-1677), matemático inglês, tradutor de Euclides e pesquisador dedicado a combinar conceitos de Descartes e de Gregory, aplicando-os ao cálculo. Newton sucedeu-lhe na cátedra de Cambridge.

suscitaram a querela, não permaneceu menos tranquilo, como Deus em meio à sua glória.

Leibniz havia empreendido uma grande obra, *Da Ciência do Infinito*, mas não a concluiu. De suas altas especulações ele descia frequentemente às coisas de uso comum. Propôs máquinas para a secagem das águas, que fazem com que se abandonem e sempre se interrompam os trabalhos das minas. Empregou uma parte de seu tempo e de sua fortuna para a construção de u'a máquina aritmética, só inteiramente acabada nos últimos anos de sua vida.

Até aqui mostramos Leibniz como poeta, jurisconsulto e matemático; vamos considerá-lo como metafísico ou como homem que remonta dos casos particulares às leis gerais. Todo o mundo conhece seus princípios da razão suficiente e da harmonia pré-estabelecida, assim como sua ideia de mônada. Mas não insistiremos sobre isso; remetemos o leitor aos diferentes artigos deste dicionário e à exposição resumida de sua filosofia que terminará este verbete.

Em 1715, ergue-se uma discussão entre ele e o famoso senhor Clarke sobre o espaço, o tempo, o vácuo, os átomos, o natural, o sobrenatural, a liberdade e outros temas não menos importantes e espinhosos. Houve uma outra, antes, com um discípulo de Socino[121], chamado Wissoratius, em 1671, sobre a Trindade, pois Leibniz era ainda teólogo no sentido estrito desta palavra, e publicou contra seu adversário um escrito intitulado *Sacrosancta Trinitas per nova inventa logicae defensa*. É sempre o mesmo espírito que reina nas obras de Leibniz. Quando de uma questão sobre os mistérios, ele propõe meios para aperfeiçoar a lógica e expõe os defeitos que dela se seguem. Foi chamado às conferências que houve no início deste século sobre o casamento de um grande príncipe católico e de

121. Pode referir-se a Lelio Sozzini (1525-1562) e/ou a seu sobrinho Fausto (1539-1604), teólogos italianos contrários às ideias sobre a Trindade. Do primeiro eram conhecidos *De sacramentis dissertatio*, *De resurrectione* e *De Trinitatis*.

uma princesa luterana. Repreendeu o senhor Burnet, bispo de Salisbury, sobre os pontos de vista pouco exatos que tinha em seu projeto de reunir a igreja anglicana com a luterana. Defendeu a tolerância religiosa contra o senhor Pelisson. Deu à luz a Teodiceia, em 1711 – é uma resposta às dificuldades de Bayle sobre a origem dos males físico e moral.

Já deveríamos neste momento ter esgotado Leibniz; no entanto, ele não o está ainda. Concebeu o projeto de uma língua filosófica que associasse todas as nações, mas não o executou. Observou apenas que os pensadores de seu tempo, que haviam tido a mesma visão que ele, perdiam tempo e não chegavam ao objetivo verdadeiro.

Após o esboço de sua vida de pensador, passaremos a alguns detalhes de sua vida particular. Pertencia à sociedade secreta dos alquimistas de Nurembergue, quando o barão de Boineburgo, ministro do eleitor de Mainz, o encontrou por acaso em uma hospedaria e, reconhecendo seus méritos, fez-lhe algumas propostas e o pôs a serviço de seu amo. Em 1688, o eleitor o fez conselheiro da Câmara de Revisão de sua chancelaria. O senhor de Boineburgo havia enviado seu filho a Paris e convidou Leibniz a fazer a viagem para cuidar dos negócios particulares e da conduta do filho. O senhor de Boineburgo morreu em 1673 e Leibinz, estando na Inglaterra, soube pouco tempo depois da morte do eleitor. Este acontecimento deu início à mudança de seu destino. Mas o duque de Brunswic Lunebourg apossou-se do cargo enquanto estava vago e o gratificou pelo posto de conselheiro e com uma pensão. Entretanto, não partiu imediatamente para a Alemanha. Retornou a Paris e dali à Inglaterra; e só em 1676 voltou para junto do duque Johann Friedrich, a quem perdeu no fim de três anos. O duque Ernst August ofereceu-lhe sua proteção e o encarregou da história de Brunswic (nós falamos desta obra e das viagens que ela ocasionou). Em 1696, o duque Ernst o nomeou conselheiro privado de justiça (na Alemanha não se acredita que um filósofo seja incapaz de ocupações práticas).

Em 1699, a Academia de Ciências de Paris o pôs à frente de seus sócios estrangeiros. Naquela capital, encontrou uma situação bastante agradável, mas era preciso mudar de religião e a exigência o desagradou. Inspirou então ao eleitor de Brandenburgo o desejo de estabelecer uma academia em Berlim, projeto executado em 1700, segundo suas ideias. Foi nomeado seu presidente perpétuo, uma escolha aplaudida por muitos.

Em 1710, apareceu um volume da academia de Berlim sob o título de *Miscellanea Berolinensia*. Leibniz mostrou-se ali sob todas as suas formas: de historiador, antiquário, etimologista, físico, matemático e orador.

Tinha as mesmas pretensões para os Estados do eleitor de Saxe e pensava sobre o estabelecimento de outra academia em Dresden, mas as agitações na Polônia não lhe deixaram qualquer esperança de sucesso.

Em troca, o czar, que havia ido a Torgau para o casamento de seu filho mais velho com Charlotte-Christine, viu Leibniz e o consultou sobre um projeto para tirar seus povos da barbárie; honrou-lhe com presentes e conferiu-lhe o título de conselheiro de justiça, com uma pensão considerável.

Mas toda prosperidade humana termina. O rei da Prússia morreu em 1713 e o gosto militar de seu sucessor conduziu Leibniz a procurar um novo asilo para as ciências. Voltou-se para a corte imperial e obteve o favor do príncipe Eugênio; talvez tivesse fundado uma academia em Viena, mas a peste que sobreveio à cidade tornou inúteis todos os seus movimentos.

Encontrava-se em Viena em 1714 quando a rainha Anne morreu e o eleitor de Hanôver sucedeu-lhe. Leibniz dirigiu-se para ali, mas não o encontrou e já não tinha idade para segui-lo. No entanto, o rei da Inglaterra passou pela Alemanha e Leibniz teve a alegria que desejava: depois dessa época, sua saúde debilitou-se continuamente. Sofria de gota e o mal atingiu-lhe os ombros; uma tisana, da qual um jesuíta de Ingolstadt lhe havia dado a receita, causou-lhe convulsões e dores excessivas, das quais morreu em 14 de novembro de 1716.

No estado enfermo ainda meditava. Um instante antes de expirar, pediu tinta e papel; escreveu, mas querendo ler o que havia escrito, sua vista obscureceu e cessou de viver, com a idade de 70 anos. Não se casou. Tinha compleição forte, não sofrendo de doenças, a não ser de algumas vertigens e da gota. Era melancólico e passava com frequência as noites no sofá. Estudava durante meses em sequência, fazendo resumos de todas as leituras. Gostava de conversar com todo tipo de pessoa, da corte, soldados, artesãos e trabalhadores. Não há ignorantes com os quais não se possa aprender alguma coisa. Amava a convivência com as mulheres e elas apreciavam a sua. Mantinha uma correspondência literária extensa. Fornecia pontos de vista aos eruditos, os animava, os aplaudia e prezava tanto a glória dos outros quanto a sua. Enraivecia-se, mas logo se recompunha; indignava-se primeiramente com a contradição, mas seu segundo movimento era mais tranquilo. É acusado de ter sido apenas um grande e rígido observador do direito natural: seus pastores deram-lhe reprimendas públicas e inúteis. Dizia-se que nunca amava o dinheiro; obteve uma soma considerável que mantinha escondida. Este tesouro, após tê-lo atormentado durante a vida, foi ainda funesto para sua herdeira – esta mulher, quando sabedora da riqueza, foi tomada de tal alegria que morreu subitamente.

Falta-nos expor os principais axiomas da filosofia de Leibniz. Aqueles que queiram conhecer mais a fundo a vida, os trabalhos e o caráter deste homem extraordinário, podem consultar os atos dos eruditos Korthold, Eckard, Baringius[122], as memórias da Academia de Ciências, o elogio de Fontenelle, Fabricius, Feller, Gundmann, Gentzkennius, Reimann, Collins, Murat, Charles Gundelif-Ludovici. Foi ainda Weigel[123] quem lhe

122. Daniel Eberhard Baring (1690-1753), historiador e bibliotecário alemão.

123. Erard Weigel (1625-1699), professor de matemáticas em Iena. Autor de *Sphaericae Euclidea methodo conscripta* e de *Philosophia mathematica*.

inspirou a ideia de sua aritmética binária, método de expressar todo número com 1 e 0.

No fim da vida, retornou ao projeto da enciclopédia que o havia ocupado na juventude e ainda esperava executá-lo com o concurso de Wolf. Foi encarregado pelo senhor Montausier da edição de Marciano Capella[124], para uso do delfim. A obra estava concluída quando lhe foi roubada. Publicou pouco em separado; a maior parte encontra-se dispersa em jornais e nas compilações de academias, de onde retiramos sua *Protogée*[125], obra não sem mérito, seja quando se a considera pela essência, seja pelo caráter elevado do discurso.

Princípios das Meditações Racionais de Leibniz

Dizia: o conhecimento é claro ou obscuro; o conhecimento claro é evidente ou confuso; o conhecimento evidente é adequado ou inadequado, intuitivo ou simbólico.

Se o conhecimento é, ao mesmo tempo, adequado e intuitivo, é perfeito.

Se uma noção não for suficiente para o conhecimento da coisa representada, ela é obscura; se satisfizer, é clara.

Se não posso enunciar separadamente os caracteres necessários de distinção entre uma coisa e outra, meu conhecimento é confuso, embora na natureza a coisa tenha suas qualidades em uma enumeração exata daquelas que a limitam e a decompõem. Assim, os odores, as cores, os sabores e outras ideias relativas aos sentidos nos são claramente conhecidos: as distinções que deles fazemos é correta, mas a sensação é a nossa única garantia. As qualidades que distinguem tais coisas não são enunciáveis. No entanto, elas têm causas: as ideias são por elas compostas e parece que, se nada faltasse à nossa inteligência, às nossas investigações, aos nossos idiomas, haveria uma certa coleção de palavras na qual elas poderiam se fundamentar e expressar.

124. Martianus Minens Felix Capella, escritor latino do século v, autor de *De nuptis philologiae et Mercurii*

125. Publicada em 1749, em latim, na Alemanha.

Se uma coisa foi suficientemente examinada, se a coleção dos signos que a distinguem de toda outra é complexa, então a noção que dela teremos será evidente. É assim que conhecemos certos objetos comuns a vários sentidos, a muitas afecções da alma, a tudo o que podemos dar uma definição verbal. Pois o que é esta definição senão uma enumeração suficiente dos caracteres da coisa?

Existe, no entanto, conhecimento de uma coisa indefinível, todas as vezes que ela seja primitiva, que ela tenha nela mesma seu próprio caráter, ou que, sendo entendida por ela mesmo, nada possua de anterior ou de mais conhecido e no qual se resolva.

Nas noções compostas, se acontece de a totalidade dos caracteres não ser percebida de uma só vez, ou de haver alguns que escapem ou faltem, ou ainda que a percepção clara, geral ou particular dos caracteres seja momentânea e fugitiva, o conhecimento é distinto, mas inadequado.

Se todos os caracteres da coisa forem permanentes, bem apreendidos e expressos, conjunta e separadamente, quer dizer, se a resolução e a análise se fizerem sem embaraços e defeitos, o conhecimento será adequado.

Não podemos sempre abranger em nosso entendimento a natureza inteira de algo muito composto. Servimo-nos então de signos que a resumem. Mas temos a consciência ou a memória de que a resolução ou a análise inteira é possível e será executada quando a quisermos. Nesse caso, o conhecimento é cego ou simbólico.

Não podemos de uma só vez apreender todas as noções particulares que formam o conhecimento completo de uma coisa muito composta. É um fato. Quando possível, nosso conhecimento é intuitivo, tanto quanto pode sê-lo. O conhecimento de uma coisa primitiva e distinta é intuitivo; aquele da maior parte das coisas compostas é simbólico.

As ideias das coisas que nós conhecemos distintamente apenas nos são apresentadas por uma operação intuitiva de nosso entendimento.

Acreditamos erroneamente ter ideias das coisas quando há termos cuja explicação não foi realizada, mas suposta.

Frequentemente, só temos uma noção pelas palavras, uma memória precária de seu valor e nos apegamos a esse conhecimento cego, sem nos esforçarmos em seguir a análise das expressões tão longe e tão rigorosamente quanto o poderíamos. É por isso que nos escapa a contradição envolvida na noção de uma coisa composta.

O que é uma definição nominal? E uma definição real? Uma definição nominal é a enumeração dos caracteres que distinguem uma coisa de outra. Uma definição real é aquela que nos assegura, pela comparação e a explicação dos caracteres, que a coisa definida é possível. A definição real não é, pois, arbitrária, pois todos os caracteres da definição nominal nem sempre são compatíveis.

A ciência perfeita exige mais do que definições nominais, a menos que não se saiba, além disso, que a coisa definida seja possível.

A noção é verdadeira se a coisa for possível; falsa, se houver contradição entre seus caracteres.

A possibilidade da coisa é conhecida *a priori* ou *a posteriori*. É conhecida *a priori* quando resolvemos sua noção com outras possibilidades admitidas e cujos caracteres não implicam nenhuma contradição. Assim é todas as vezes que conhecemos a maneira pela qual uma coisa pode ser produzida. De onde se segue que, entre todas as definições, as mais úteis são aquelas que se fazem pelas causas.

A possibilidade é conhecida *a posteriori* quando se constata a existência atual da coisa, pois o que é ou já foi é possível.

Se se tem um conhecimento adequado, tem-se igualmente um conhecimento *a priori* da possibilidade, pois, seguindo-se a análise até o seu fim, e não se encontrando nenhuma contradição, nasce a demonstração da possibilidade.

Há um princípio do qual deve-se temer o abuso; é que podemos dizer uma coisa, e diremos que é verdadeira, se afirmarmos que o que percebemos é percebido clara e distintamente. Quantas coisas obscuras e confusas parecem claras e distintas para aqueles que se apressam a julgar! O axioma do qual se trata é, pois, supérfluo, caso não se tenham estabelecido as regras da verdade das ideias e as marcas da clareza e da distinção, da obscuridade e da confusão.

As regras que a lógica comum prescreve a respeito dos caracteres das enunciações da verdade são desprezíveis apenas para os que as ignoram, e não têm nem a coragem nem a sagacidade necessárias para aprendê-las: não são as mesmas que as dos geômetras? Umas e outras prescrevem só admitir por certo o que está apoiado sobre a experiência ou a demonstração. Uma demonstração é sólida se guarda as formas estabelecidas pela lógica. Não se trata de sujeitar-se sempre à forma do silogismo, mas é preciso que todo raciocínio seja redutível a esta forma e que ela dê força, evidentemente, à conclusão.

Nada deve estar fora de premissas; tudo o que elas abrangem deve ter sido ou suposto ou demonstrado; no caso da suposição, a conclusão é hipotética.

Não se pode nem louvar em demasia nem se submeter muito severamente à regra de Pascal, que pretende que um termo seja definido por pouco que seja obscuro, e que uma proposição seja provada por pouco que seja duvidosa. Com um pouco de atenção aos princípios precedentes, ver-se-á como ambas as condições podem ser preenchidas.

É uma opinião bastante antiga a de que vemos tudo em Deus e ela, bem entendido, não é de se desprezar. Embora víssemos tudo em Deus, não seria menos necessário ao homem ter ideias próprias, sensações, movimentos da alma ou afecções correspondentes àquilo que nele perceberíamos. Nossa alma sofre tantas modificações sucessivas quanto são os pensamentos diversos. As ideias das coisas em que não pensamos atualmente não se encontram diferentemente em nossa alma de uma figura de Hércules em um bloco informe de mármore.

Deus não possui apenas a ideia presente da extensão absoluta e infinita, mas a ideia de toda figura ou modificação desta grandeza.

O que se passa em nós com a sensação das cores e dos odores? Movimentos de fibras, modificações de figuras, mas tão desprendidas que nos escapam. Por esta razão não percebemos, entretanto, que ali está tudo o que entra na percepção composta dessas coisas.

Metafísica de Leibniz, ou o que Pensou dos Elementos das Coisas

O que é a mônada? Uma substância simples. Os compostos são formados por elas. Eu a chamo *simples* porque não contém partes.

Dado haver compostos, é preciso haver substâncias simples, pois o que é um composto senão o agregado de simples?

Onde não há partes, não há extensão, nem figura ou divisibilidade. Assim é a mônada, átomo real da natureza, o elemento verdadeiro das coisas. Não é preciso temer a dissolução. Não se concebe nenhuma maneira pela qual uma substância simples possa perecer naturalmente. Não se concebe nenhuma maneira pela qual uma substância simples possa nascer naturalmente. Pois tudo o que perece, o faz por dissolução; tudo o que se forma, forma-se por composição. Logo, as mônadas não podem ser ou cessar a não ser em um instante, por criação ou por aniquilação. Não se pode explicar como a elas sobreviria alguma alteração natural: o que não contém partes não admite intercepção de um acidente ou substância. É necessário, no entanto, que possuam algumas qualidades, sem as quais não se distinguiriam do não ser. É preciso mais. Uma mônada difere de outra qualquer, pois não há na natureza um só ser que seja absolutamente igual a outro, de sorte que não seja possível reconhecer-lhe uma diferença interna ou aplicável a qualquer coisa interna. *Talvez não haja nada de menos razoável que este princípio para aqueles que só pensam superfi-*

cialmente, e nada de mais verdadeiro para os demais. Não é novo; era uma das opiniões dos estoicos.

Todo ser criado está sujeito à mudança. A mônada é criada e, portanto, cada uma submete-se a uma contínua vicissitude. As mudanças da mônada natural partem de um princípio interno, pois nenhuma causa externa lhe pode influir.

Em geral, não há ponto de força que não seja um princípio de mudança.

Além de um princípio de mudança, é preciso ainda admitir, para aquilo que muda na forma, algum modelo que especifique e diferencie. Daí o múltiplo no simples, a quantidade na unidade, pois toda mudança natural se faz progressivamente. Alguma coisa muda e alguma coisa permanece imudável. Assim, pois, na substância existe pluralidade de afecções, de qualidades e de relações, embora haja ausência de partes.

O que é um estado passageiro que assinala o múltiplo e a pluralidade no ser simples e na substância una? Não se concebe outro a não ser o que chamamos *percepção*, algo bem distinto do que entendemos por consciência, pois há percepção antes da consciência. *Este princípio é muito difícil de atacar e muito difícil de defender. É,* segundo Leibniz, *o que constitui a diferença da mônada e do espírito, do ser corporal e do ser intelectual.*

A ação de um princípio interno, causa de mutação ou de passagem de uma percepção a outra, é o que se pode chamar *apetite*. O apetite nem sempre alcança a percepção para a qual tende, mas se lhe aproxima, por assim dizer, e por leve que seja essa alteração, dela surgem novas percepções.

Não é preciso aplicar causas mecânicas a tais percepções, nem a seus resultados, pois não existem movimento, figura ou partes agentes e reagentes. Essas percepções e suas mudanças são tudo o que há na substância simples. Constituem todas as ações internas.

Pode-se, caso se queira, dar-se o nome de *enteléquia* a todas as substâncias simples ou mônadas criadas, pois têm uma certa perfeição própria, uma suficiência essencial, sendo elas mesmas as causas de suas ações internas. São como autômatos incorpóreos. Que diferença há entre estes seres e a molécula sensível de Hobbes? Não a percebo. O axioma seguinte me inclina mais ainda a crer que são a mesma coisa.

Se se quer chamar de alma ao que, em geral, possui percepção e apetite, não me oponho a que se vejam as substâncias simples ou mônadas como almas. No entanto, estando a percepção lá onde não está o conhecimento, seria melhor manter-se para as substâncias simples, que só têm a percepção, os nomes de mônadas ou enteléquias; e para as substâncias que possuem percepção e memória, ou consciência, as palavras alma e espírito.

No desfalecimento, no estupor ou no sono profundo, a alma, a quem não falta inteiramente a percepção, não difere de uma simples mônada. O estado presente de uma substância simples procede, naturalmente, de seu estado anterior, e assim o presente está cheio de futuro.

Quando saímos do sono, do desfalecimento ou do estupor, temos consciência de nossas percepções. É preciso, pois, que não tenha ocorrido qualquer interrupção absoluta, que tenha havido percepções imediatamente precedentes e contíguas, ainda que delas não tenhamos consciência. Pois a percepção é engendrada da percepção, como o movimento, do movimento: este axioma fecundo merece o maior exame possível.

Parece que estaríamos em um estado de perfeito estupor se nada distinguíssemos de nossas percepções. Ora, esse estado é o da mônada pura.

Parece ainda que a natureza, tendo dotado os animais de órgãos que se parecem a muitos raios de luz, a muitas ondulações de ar, e cuja eficácia é uma consequência de sua união ou aglomeração, deu-lhes a causa de percepções sublimes. É preciso raciocinar da mesma maneira a respeito do saber, dos odores e do tato. É pela memória que as percepções se ligam às almas. A memória imita a razão, mas não é ela.

Os animais percebem um objeto, são por ele afetados, esperam por uma percepção ou sensação semelhante àquela que experimentaram anteriormente da parte do objeto; movem-se, mas não raciocinam; têm memória.

A imaginação forte que nos impressiona e nos comove nasce da frequência e da energia das percepções precedentes. O efeito de uma só impressão forte equivale algumas vezes ao efeito habitual e reiterado de uma impressão fraca e durável.

Os homens têm em comum com os animais o princípio que liga suas percepções. A memória é a mesma neles. A memória é um médico empírico que age por experiência, sem teoria.

É o conhecimento das verdades necessárias e eternas que distingue o homem do animal. É ele que nos faz desenvolver a razão, a ciência, a alma. É ao conhecimento das verdades necessárias e eternas, e às suas abstrações, que se deve atribuir esses atos refletidos que formam a nossa própria consciência. Os atos de reflexão constituem a fonte mais fecunda de nossos raciocínio. É a escada pela qual nós nos elevamos ao pensamento do ser, das substâncias, simples ou complexa, do imaterial, do eterno, de Deus. Concebemos que o que é limitado em nós, nele existe sem limites.

Nossos raciocínios têm duas grandes bases: uma é o princípio de contradição; outra é a da razão suficiente. Olhamos como falso tudo o que implica contradição e pensamos que nada existe sem uma razão suficiente, por que algo é assim e não de outra maneira, embora esta razão não seja, frequentemente, conhecida. *Este princípio não é novo; os antigos o utilizaram.*

Se uma verdade é necessária, pode-se dividi-la em seus elementos e chegar, por análise ou por via de decomposição, às ideias primitivas onde se finaliza a demonstração.

Há ideias simples que não se definem. Há também axiomas, perguntas e princípios primitivos que não se provam. A prova e a definição seriam idênticas à enunciação.

Pode-se descobrir a razão suficiente nas coisas contingentes ou de fato. Ela se encontra no encadeamento universal – há uma resolução ou análise sucessiva de causas ou razões particulares que se vinculam a outras razões ou causas particulares e assim por diante.

No entanto, toda essa sequência nos conduz de contingência em contingência e, exigindo também a última uma análise progressiva, tal como a primeira, não se pode parar. Para chegar à certeza, é preciso captar a razão última ou suficiente, ainda que se fosse ao infinito. Mas onde está essa razão última e necessária senão em uma substância necessária, fonte e princípio de todas as mutações? E qual é essa substância, termo final da série, senão Deus? Deus é, pois, sendo suficiente.

Essa substância una, suprema, universal e necessária nada contém fora de si que dela não dependa. É, pois, ilimitada, contém toda a realidade possível, sendo assim perfeita. Pois o que é a perfeição senão o ilimitado de uma grandeza real e positiva? Donde se segue que a criatura tem de Deus a sua perfeição e a imperfeição de sua própria natureza, incapaz do ilimitado. Eis o que a distingue de Deus.

Deus é a fonte dos existentes e das essências, do que há de real no possível. O entendimento divino é o seio das verdades essenciais. Sem Deus, nada de real há no possível, no existente e mesmo no nada.

Com efeito, se há alguma realidade nas essências, nos existentes e nas possibilidades, essa realidade fundamenta-se em algo existente e real e, consequentemente, na necessidade de um ser que basta ser possível para ser existente. *Esta é a demonstração de Descartes, à qual se retorna.*

Deus é o único ser que tem esse privilégio de ser necessariamente, se ele for possível. Ora, como nada indica a contradição de sua possibilidade, sua existência é, pois, *a priori*, demonstrada. E o é também *a posteriori*, pois as contingências o são; ora, os contingentes só têm razão última e suficiente num ser necessário, ou que possua em si mesmo a razão de sua existência.

Não se pode inferir daí que as verdades eternas que não se veem sem Deus sejam arbitrárias e dependentes de sua vontade. Deus é uma unidade ou substância simples, origem de todas as mônadas criadas, que dela emanaram, por assim dizer, em fulgurações contínuas. *Nós nos servimos desta palavra* fulguração *porque não conhecemos outra que lhe corresponda.* De resto, esta ideia de Leibniz é toda ela platônica, pela sutileza e sublimidade.

Há em Deus poder, entendimento e vontade. Poder, origem de tudo; entendimento, modelo de tudo; vontade, pela qual tudo se executa para o melhor.

Também existem nas mônadas as mesmas qualidades correspondentes, a percepção e o apetite; mas percepção limitada e apetite finito.

Diz-se que a criatura aje para fora de si e sofre a ação de outras. Aje para fora de si enquanto ser perfeito, e sofre a ação enquanto ser imperfeito. A mônada é ativa quando possui percepções distintas; e passiva quando possui percepções confusas.

Uma criatura é mais ou menos perfeita que outra pelo princípio que a torna capaz de explicar o que se passa em si e na outra. É assim que age sobre a outra.

Mas nas substâncias simples, a influência de uma mônada, por exemplo, é puramente ideal: só tem efeito por intermediação de Deus. Nas ideias de Deus, a ação de uma mônada liga-se à ação de outra, sendo ele a causa da ação de todas; é seu entendimento que forma suas dependências mútuas.

O que há de ativo e de passivo nas criaturas, é recíproco. Deus, comparando duas substâncias simples, percebe em uma e noutra a razão que as obriga entre si. Uma é ativa sob determinado aspecto, e passiva sob outro; ativa quando explica o motivo do que acontece com aquilo que dela procede; passiva quando explica o motivo do que acontece com aquilo da qual ela procede.

No entanto, como há uma infinidade de combinações e de mundos possíveis nas ideias de Deus, e que de tais mundos só um pode existir, é necessário que haja uma razão suficiente para sua escolha; ora, esta razão não pode ser outra senão a diferença no grau de perfeição, de onde se segue que o mundo existente é o mais perfeito. Deus o escolheu em sua sabedoria, o concebeu por sua bondade, o produziu na plenitude de sua potência. *Eis como Leibniz chegou ao seu sistema do otimismo.*

Pela correspondência entre uma coisa criada e outra, e de cada uma com o todo, concebe-se que há em cada substância simples relações segundo as quais, sendo uma inteligência proporcional ao todo, dada uma mônada o universo inteiro poderia sê-lo. Uma mônada é, pois, uma espécie de espelho representativo de todos os seres e de todos os fenômenos. Esta ideia, que os espíritos menores tomarão por uma visão, é a de um homem de gênio: para percebê-la, basta aproximá-la de seu princípio de encadeamento e de seu princípio de dessemelhança.

Caso se observe uma cidade sob pontos diferentes, vêmo-la diferentemente: é uma multiplicação de ótica. Assim, a variedade das substâncias simples é tão grande que se acreditaria haver uma infinidade de universos diferentes. Mas são imagens de uma coisa só, considerada sob aspectos diferentes de cada mônada. Eis a fonte da verdade, da ordem, da economia e da maior perfeição possível, e esta hipótese é a única que responde à grandeza, à sabedoria e à magnificência de Deus.

As coisas, portanto, não podem ser diferentemente do que são, tendo Deus produzido a mônada para o todo, e este para a mônada que o representa, não perfeitamente, mas de uma maneira confusa, não por ela, mas por Deus, sem quem ela seria, ela mesma, Deus.

A mônada é limitada não em suas relações, mas em seu conhecimento. Todas elas tendem a um mesmo propósito infinito. Todas têm em si razões suficientes deste infinito, mas com limitações e graus diferentes de percepção. E o que dizemos dos simples, é preciso entender nos compostos.

Sendo tudo pleno, estando todos os seres ligados, todo movimento se transmite com mais ou menos energia em razão da distância, e todo ser recebe em si a impressão do que se passa no todo, tendo-lhe a percepção. E Deus, que a tudo vê, pode ler em um ser o que acontece em todos, o que houve e haverá, e o mesmo ocorreria na mônada não fossem as distâncias, se as debilidades não lhe adviessem, sendo ela, além disso, finita.

A alma só pode ver em si o que lhe é distinto; não pode pois estar em todas as perfeições, pois elas são diversas e infinitas. Embora a alma ou toda mônada criada seja representativa do universo, ela o é bem mais do corpo ao qual encontra-se atada e do qual constitui a enteléquia. O corpo, por sua concexão com o todo, representa o todo; a alma, por sua conexão com o corpo e com o todo, também o representa.

O corpo e a mônada, sua enteléquia, constituem o que chamamos *ser vivente*; o corpo e a mônada, sual alma, constituem o animal.

O corpo de um ser, seja animal, seja vivente, é sempre orgânico, pois, o que é a organização? Um agregado de partes que formam um todo relativo a um outro. De onde se segue que as partes são todas representativas da universalidade: a mônada por suas percepções; o corpo por sua forma e movimentos, ou estados diversos.

Um corpo orgânico de um ser vivente é uma espécie de máquina divina, que ultrapassa infinitamente todo autômato artificial. O que impediu o grande Obreiro de produzir tais máquinas? A matéria não é divisível ao infinito, não é, mesmo atualmente, divisível ao infinito?

Ora, esta máquina divina que representa o todo não pôde ser outra além do que é. Há, pois, para falar com rigor, na menor porção de matéria, um mundo de criaturas viventes, animais, enteléquias, almas etc. Não há, pois, no universo nada de inútil, estéril, morto, nenhum caos, nenhuma confusão real.

Cada corpo possui uma enteléquia dominante, que é a alma do animal; mas esse corpo tem seus membros plenos de outros seres vivos, de plantas, animais etc, e cada um destes tem com sua alma dominante sua enteléquia.

Todos os corpos são instáveis, algumas partes se perdem, continuamente, e outras a eles se acrescentam. A alma não muda e o corpo muda pouco-a-pouco. Há metamorfoses, mas nenhuma metempsicose. Não há almas sem corpos. Consequentemente, não há geração nem morte perfeita; tudo se reduz a desenvolvimentos e a perecimentos sucessivos.

Depois que se demonstrou que a putrefação não engendra nenhum corpo orgânico, segue-se que o corpo orgânico já existia na concepção e que a alma ocupava este corpo pré-existente; e que o animal ali estava, aparecendo sob uma outra forma.

Eu chamaria de *espermáticos* a estes animais que alcançam, por meio de concepção, uma dimensão considerável; os demais, que não passam por formas sucessivas, nascendo, crescendo, são multiplicados e destruídos. Os grandes animais não se diferenciam muito quanto ao destino; apenas se mostram em cena, e o número dos que mudam de teatro é pequeno. Se, naturalmente, um animal não começa, naturalmente não termina.

A alma, espelho do mundo indestrutível, não é destruída. Mesmo o animal perde seus invólucros e adquire outros; mas apesar de suas metamorfoses, sempre permanece algo de si.

Deduz-se destes princípios a união ou antes a conformidade da alma e de um corpo orgânico. A alma tem suas leis que ela segue, e o corpo as suas. Se estão unidos, tal se dá pela força da harmonia pré-establecida entre todas as substâncias, das quais não há uma só que não seja representativa do universo.

As almas agem segundo as leis das causas finais, por apetites, por meios e por fins; os corpos, segundo as leis das causas eficientes ou motrizes e existem, por assim dizer, dois reinos coordenados entre eles: um das causas eficientes e outro das causas finais.

Descartes defendeu a impossibilidade da alma dar alguma força ou movimento ao corpo, pois a quantidade de força permanece sempre a mesma na natureza; no entanto, acreditou que a alma pudesse mudar a direção dos corpos. Foi consequência da ignorância que ainda havia em seu tempo sobre uma lei da natureza, que determina que a mesma direção total persevere na matéria. Com este conhecimento a mais e com o passo que ele já havia dado, chegar-se-ia infalivelmente ao sistema da harmonia pré-estabelecida. *É incrível como duas leis mecânicas, geometricamente demonstradas, uma sobre a soma do movimento na natureza e outra sobre a direção das partes da matéria, tiveram um efeito sobre o sistema de união da alma e do corpo. Eu naturalmente perguntaria se tais especulações físico-matemáticas e abstratas, aplicadas às coisas intelectuais, não obscureceriam, em lugar de esclarecer, e não abalariam antes a distinção das duas substâncias para as quais não explicam o intercâmbio. Além disso, que quantidade de outras dificuldades não nascem desse sistema leibniziano sobre a natureza e a graça, sobre os direitos de Deus e sobre as ações dos homens, a vontade, a liberdade, o bem e o mal, os castigos presentes e futuros.*

Deus criou a alma no começo, de modo que ela se represente e produza em si tudo o que se executa no corpo; e o corpo, de maneira que ele execute tudo o que a alma se representa e queira.

A alma produz suas percepções e seus apetites e o corpo seus movimentos; a ação de uma das substâncias conspira com a ação da outra, em consequência da união ordenada por Deus entre elas na formação do mundo.

Uma percepção precedente é a causa de uma percepção seguinte na alma. Um movimento análogo à percepção primeira da alma é a causa de um segundo movimento, análogo à segunda percepção da alma. É preciso convir ser difícil perceber-se como, em meio a esta dupla mudança, a liberdade do homem pode ser conservada. Os leibnizianos pretendem que isso em nada interfere. Acredite quem quiser.

A alma e o animal possuem a mesma origem que o mundo e não acabarão com ele. As almas espermáticas dos animais racionais passam do estado de alma sensível àquele mais perfeito de alma racional.

As almas em geral são espelhos do universo, imagens representativas das coisas; a alma do homem é, além disso, um espelho representativo, uma imagem de seu Criador.

Todos os espíritos juntos formam a cidade de Deus, o governo mais perfeito de todos sob o monarca mais perfeito. Esta cidade, esta monarquia é o mundo moral no mundo natural. Há também a mesma monarquia pré-estabelecida entre o reino físico da natureza e o reino moral da graça, quer dizer, entre o homem e Deus, considerado como autor da grande máquina ou soberano da cidade dos espíritos.

Em consequência desta hipótese, as coisas conduzem à graça pelas vias da natureza. Este mundo será destruído e restaurado por meios naturais, e a punição ou o castigo dos espíritos terá lugar sem que a harmonia cesse. Este derradeiro evento será do mundo o complemento.

O Deus arquiteto do universo satisfará ao Deus legislador, e as faltas serão punidas, assim como as virtudes recompensadas na ordem da justiça e do mecanismo. Nada temos de melhor a fazer do que fugir do mal e seguir o bem, convencidos de que não poderíamos senão aprovar o que se passa no mundos físico e moral, se nos fosse dado abraçar o todo.

Princípios da Teologia Natural de Leibniz

A onipotência de Deus consiste em que tudo dele depende e ele de nada depende. Deus é independente em sua existência e em suas ações. Em sua existência, porque é necessário e eterno. Em suas ações, natural e moralmente. Naturalmente, porque é livre; moralmente, porque não tem superior.

Tudo depende de Deus, os possíveis e os existentes. Os possíveis têm sua realidade em sua existência, pois se ele não existisse nada seria possível. Os existentes dependem de Deus em sua existência e em suas ações. Na existência, pois ele os criou livremente e os conserva; em suas ações, pois ele concorre para elas e o pequeno bem que possuem dele procede.

O concurso de Deus é ordenado ou especial. Deus tudo sabe e a tudo conhece, os possíveis e os existentes. Os existentes no mundo e os possíveis, nos mundos possíveis. A ciência dos existentes passados, presentes e futuros chama-se *ciência de visão*. Ela não difere da ciência de inteligência simples deste mundo, apenas considerado como possível. A ciência de inteligência simples, tomada em sentido estrito, relaciona-se às verdades necessárias e possíveis; chama-se *ciência média* com relação às verdades possíveis e contingentes; e *ciência de visão*, relativamente às verdades contingentes e atuais.

Se o conhecimento do verdadeiro constitui a sabedoria, o desejo do bem constitui a bondade. A perfeição do entendimento depende da primeira, a perfeição da vontade depende da outra.

A natureza da vontade supõe a liberdade, e a liberdade supõe a espontaneidade e a deliberação, condições sem as quais há necessidade.

Existem duas necessidades: a metafísica, que implica a impossibilidade de agir, e a moral, que implica o incoveniente de agir desta e não daquela maneira. Deus não pôde enganar-se na escolha. Sua liberdade é a mais perfeita. Havia muitas ordens de coisas possíveis, diferentes daquela que escolheu. Louvemos sua sabedoria e bondade e não concluamos nada contra sua liberdade. Enganam-se os quc supõem só ser possível o que é.

A vontade é antecedente ou consequente. Pela antecedente, Deus quer que tudo seja um bem e não haja o mal; pela consequente, há o bem e o mal que aí estão, pois o todo não poderia ser de outro modo. A vontade antecedente não tem seu efeito pleno; a consequente, sim.

A vontade de Deus divide-se ainda em produtiva e permissiva. Ele produz seus atos e permite os nossos.

O bem e o mal podem ser considerados sob três pontos de vista: o metafísico, o físico e o moral. O metafísico é relativo à perfeição e à imperfeição das coisas não inteligentes; o físico, às comodidades e aos incômodos das coisas inteligentes; o moral, às ações virtuosas ou viciosas.

Em nenhum destes casos o mal real é objeto da vontade produtiva de Deus. Resulta de sua vontade permissiva. O bem sempre nasce, mesmo quando permite o mal.

A providência de Deus mostra-se em todos os resultados deste universo. Ele apenas pronunciou um decreto, e tudo foi como é. O decreto de Deus é irrevogável, pois viu tudo antes de realizá-lo. Nossas preces e trabalhos entraram em seu plano e seu plano foi o melhor possível.

Submetâmo-nos, pois, aos eventos, e ainda que eles nos sejam prejudiciais, não acusemos sua obra. Servâmo-lo, obedeçâmo-lo, amêmo-lo e ponhamos toda a nossa confiança em sua bondade.

Sua inteligência, junto com sua bondade, constitui sua justiça. Há bens e males neste mundo e os haverá no outro; mas por pequeno que seja o número dos eleitos, a pena dos infelizes não será comparável à recompensa dos bem-aventurados.

Não há objeções retiradas do bem e do mal moral que os princípios precedentes não resolvam.

Não penso que possamos evitar a crença de que as almas preexistentes tenham sido corrompidas em nosso primeiro pai. Entretanto, o contágio que contraímos nos deixou com os restos de nossa origem celeste: a razão e a liberdade. A razão, que podemos aperfeiçoar; a liberdade, que está isenta de necessidade e de coação.

A previsão do futuro das coisas, a preordenação dos acontecimentos e a presciência de Deus não afetam nossa liberdade.

Exposição dos Princípios que Leibniz Opôs a Clarke em sua Controvérsia

Nas obras de Deus, a força se conserva sempre a mesma. Ela passa da matéria à matéria segundo as leis da natureza e a melhor ordem preestabelecida.

Se Deus produz um milagre, é uma graça e não um efeito da natureza. Não é às matemáticas que se deve recorrer contra a impiedade, mas à metafísica.

O princípio de contradição é o fundamento de toda verdade matemática; é pelo princípio da razão suficiente que se passa das matemáticas à física. Quanto mais houver matéria no universo, mais Deus pode exercer sua sabedoria e poder. O vazio não tem nenhuma razão suficiente.

Se Deus tudo sabe, não é apenas por sua presença em tudo, mas ainda por sua operação; ele conserva pela mesma ação que os produziu, os seres e tudo o que neles há de perfeição.

Deus tudo previu e se as criaturas têm uma necessidade contínua de seu concurso não é nem para corrigir nem para melhorar o universo.

Os que tomam o espaço por um ser absoluto se embaraçam em grandes dificuldades: admitem um ser eterno, infinito, que não é Deus, pois o espaço tem partes e Deus não as tem.

O espaço e o tempo são apenas relações. O espaço é a ordem das coexistências e o tempo, a ordem das sucessões.

O que é sobrenatural ultrapassa as forças de toda criatura; é um milagre. Uma vontade sem motivo é uma quimera, contrária à natureza da vontade e à sabedoria de Deus.

A alma não tem ação sobre o corpo; são dois seres que conspiram em consequência das leis da harmonia preestabelecida.

Somente Deus pode acrescentar forças à natureza e isso é uma ação miraculosa e sobrenatural.

As imagens com as quais a alma se vê afetada estão nela; mas se encontram coordenadas com as ações do corpo. A presença da alma no corpo é imperfeita.

Aquele que crê que as forças ativas e vivas sofrem com o enfraquecimento no universo não entendem nem as leis primitivas da natureza nem a beleza da obra divina.

Há certos milagres que os anjos podem operar e outros que estão só na esfera do poder de Deus, como os de criar ou aniquilar.

O que é necessário, o é essencialmente, e o que é contingente deve sua existência a um ser melhor, que é a razão suficiente das coisas.

Os motivos inclinam, mas não forçam. A conduta dos contingentes é infalível, mas não necessária.

A vontade nem sempre segue a decisão do entendimento; leva-se um tempo para um exame mais maduro.

A quantidade não está menos nas coisas relativas do que nas coisas absolutas. Assim, embora o tempo e o espaço sejam relações, eles não são menos apreciáveis.

Não há substância criada absolutamente sem matéria. Mesmo os anjos a ela estão ligados.

O espaço e a matéria são uma só coisa. Não há espaço onde não haja matéria. O espaço e a matéria possuem entre si a mesma diferença que o tempo e o movimento; embora diferentes, não estão nunca separados.

A matéria só é eterna e necessária na falsa suposição da necessidade e da eternidade do espaço.

O princípio dos indiscerníveis[126] põe abaixo a hipótese dos átomos e dos corpos similares.

Não se pode concluir a duração da extensão.

Se o universo se aperfeiçoa ou se deteriora, então teve um começo. O universo pode ter tido um começo e não ter fim. De qualquer forma, há limites. E o mundo não seria subtraído à potência de Deus por sua eternidade.

É preciso retornar à mônada para ali encontrar a causa da harmonia universal. É por ela que se liga um estado consequente a outro antecedente. Todo ser que decorre de causas finais é livre, ainda que aja de acordo com um ser submetido, sem conhecimento das causas eficientes.

Se a universalidade dos corpos aumenta com uma força nova, tal acontece por milagre, pois este aumento se faz em um lugar, sem haver diminuição em outro.

Se não houvesse criaturas, não haveria nem tempo nem espaço, e a imensidade de Deus cessaria.

126. Princípio de Leibniz segundo o qual os entes não são perfeitamente semelhantes ou idênticos.

Aquele que negar o princípio da razão suficiente cairá no absurdo.

Princípios do Direito Natural Segundo Leibniz

O direito é uma espécie de poder moral e a obrigação, uma necessidade do mesmo gênero. Entende-se por moral aquilo que para um homem de bem equivale ao natural. O homem de bem é aquele que ama todos os seus semelhantes, tanto quanto a razão lhe permita. A justiça, ou esta virtude que regula o sentimento, e que os gregos designaram de *filantropia*, é a caridade do sábio. A caridade é uma benevolência universal, e a benevolência, um hábito de amor. Amar é contentar-se com a felicidade de um outro, ou fazer de sua felicidade uma parte integrante de outra. Se um objeto é belo e sensível ao mesmo tempo, o amamos de amor. Ora, como não há nada de tão perfeito como Deus, nada de mais afortunado, poderoso ou sábio, não há amor superior ao amor divino. Se somos sábios, quer dizer, se amamos a Deus, participamos de sua felicidade e ele fará a nossa.

A sabedoria não é outra coisa senão a ciência da felicidade. Eis a fonte do direito natural, no qual existem três níveis: direito estrito na justiça comutativa; equidade ou, mais rigorosamente, caridade na justiça distributiva; e piedade ou probidade na justiça universal. Disso tudo nascem os preceitos de a ninguém ofender, de dar a cada um o que lhe pertence e de bem viver.

É um princípio de direito estrito o de a ninguém ofender, a fim de não haver ações contra nós na cidade ou ressentimento fora da cidade, permitindo a justiça comutativa.

O nível superior ao direito estrito pode ser chamado de *equidade*, ou, caso se prefira, *caridade*, virtude que não se atém ao rigor do direito estrito, mas pela qual se contratam obrigações que impedem ações coatoras àqueles que poderiam estar interessados em fazê-las contra nós.

Se o último grau é o de não ofender a ninguém, um intermediário é o dever servir a todos, do mesmo modo que convém a cada um, desde que eles sejam dignos, pois não é permitido favorecer a todos os seus semelhantes, nem a todos igualmente. É isto o que constitui a justiça distributiva e funda o princípio de direito que exige de se dar a cada um o que lhe é devido.

Aqui é preciso lembrar as leis políticas: essas leis são instituídas na república para a felicidade dos súditos; apoiam aqueles que nada têm senão o direito, quando exigem dos outros o que é justo que lhes seja dado. Às leis políticas cabe pesar o mérito: delas nascem os privilégios, os castigos e as recompensas. Segue-se que a equidade restringe-se nos negócios ao direito estrito e que ela não perde de vista a igualdade natural nos casos em que se vê conduzida pela razão a um bem maior.

O primeiro nível de direito ou de justiça é a probidade ou a piedade. O direito estrito conserva a miséria e o mal. O nível superior ao direito estrito tende à felicidade, mas a uma felicidade que nos é permitida obter neste mundo, sem levar nossos olhares além. Mas caso nos proponhamos à demonstração universal de que tudo o que é honesto é útil, e de que tudo o que é desonesto é prejudicial, é preciso alçar-se a um princípio mais elevado, à imortalidade da alma e à existência de um Deus criador do mundo, de modo que sejamos todos considerados como entes de uma cidade muito perfeita, e sob um soberano tão sábio que não se possa enganar, tão poderoso do qual não se possa escapar à autoridade e tão bom que a felicidade seja a de obedecer-lhe.

É por seu poder e sua providência admitida entre os homens que o que só é direito se torna fato, que ninguém é ofendido ou ferido a não ser por si mesmo, que nenhuma boa ação exista sem recompensa assegurada e nenhuma ação má, sem um castigo certo. Pois nada é negligenciado nesta república do mundo pelo suserano universal.

Sob esse ponto de vista, há uma justiça universal que proscreve o abuso das coisas que nos pertencem por direito natural, que nos retém a mão na infelicidade, que impede um grande número de ações más e não exerce qualquer influência sobre muitas boas: é a submissão ao grande monarca, àquele que nos fez, a quem nos devemos e nossos bens; é o medo de prejudicar a harmonia universal.

É essa mesma consideração ou crença que dá força ao princípio do direito: que é preciso bem viver, quer dizer, honesta e piedosamente.

Além das leis eternas do direito, da razão e da natureza, cujas origens são divinas, há outras livres e intencionais que pertencem aos costumes e que o são pela autoridade de um superior.

Eis a origem do direito civil. Este direito conserva sua força daquele que tem o poder em mão na república; fora da república, daqueles que têm o mesmo poder que ele. É o consentimento voluntário e tácito dos povos que fundamenta o direito das gentes.

Este direito não é o mesmo para todos os povos e tempos, ou, ao menos, não é assim necessário.

A base do direito social está no círculo do direito da natureza.

O direito das gentes protege aquele que deve velar pela liberdade pública, que não está submetido ao poder de um outro, que pode dirigir as tropas, ter homens em armas, ainda que esteja ligado a um superior por obrigações, a quem deve fé, homenagem e obediência. Daí as noções de potentado e de soberano.

A soberania não exclui uma autoridade a ela superior na república. É soberano quem goza de um poder e de uma liberdade tais que está autorizado a intervir nos negócios das nações por suas armas e assisti-las em seus tratados.

Há poder civil nas repúblicas livres, como na natureza. Corresponde àquele que tem vontade.

Se as leis fundamentais na república não forneceram àquele que tem vontade gozar de seu direito, então ocorre vício.

Os atos são disposições que têm sua eficácia pelas vias de direito, ou é preciso olhá-los como vias de fato. Os atos que têm sua eficácia de direito são judiciários ou intrajudiciários; apenas um ou muitos ali intervêm; um só, como no testamento; muitos como nas convenções.

Eis a análise sucinta da filosofia de Leibniz. Talvez homem algum tenha lido tanto e tanto estudado, meditado e escrito do que Leibniz. No entanto, dele não existe um corpo de obras. É surpreendente que a Alemanha, a quem este homem honrou como Platão, Aristóteles e Arquimedes juntos o fizeram à Grécia, não tenha ainda recolhido o que saiu de sua pluma. O que escreveu sobre o mundo e Deus, sobre a natureza e a alma comporta a mais sublime eloquência. Se suas ideias houvessem sido expostas com o colorido de Platão, o filósofo de Leipzig nada deveria ao de Atenas.

Deplora-se, e com alguma razão, que não tenhamos rendido a este filósofo toda a justiça que mereceria. Seria aqui o lugar para reparar esta falta se a houvéssemos cometido. E o faríamos com alegria. Jamais pensamos depreciar os grandes homens e somos bastante zelosos da honra da espécie humana. E nos esforçaríamos em vão, pois suas obras transmitidas à posteridade deporiam a seu favor e contra nós. Elas não serão vistas como menores e nos achariam muito pequenos.

LOCKE[127]**.** John Locke nasceu em Wrington, a sete ou oito milhas de Bristol, em 20 de agosto de 1631[128]. Seu pai serviu nos exércitos dos parlamentares ao tempo das guerras civis. Cuidou da educação de seu filho, apesar do tumulto das armas. Após os primeiros estudos, enviou-o à universidade de Oxford[129], onde fez poucos progressos. Os exercícios do colégio pareceram-lhe frívolos e este excelente espírito talvez

127. Curiosamente, Diderot dedicou poucas páginas a Locke, considerando-se o prestígio e a autoridade que o filósofo exercia sobre os enciclopedistas. Mas faz uma menção ao que viriam a ser os estudos bem mais recentes da linguística.

128. Na verdade, Locke nasceu em 29 de agosto de 1632 e morreu em 28 de outubro de 1704.

129. O *Christ College*, para o aprendizado do grego e da retórica.

nada tivesse produzido se o acaso, dando-lhe a oportunidade de encontrar alguns livros de Descartes, não lhe tivesse mostrado que havia uma doutrina mais satisfatória do que aquela que o havia até então ocupado e que seu desencantamento, que tomava por uma incapacidade natural, era, na verdade, um desprezo secreto de seus mestres.

Passou do estudo do cartesianismo ao da medicina, quer dizer, tomou conhecimento de anatomia, de história natural e de química, considerando então o homem sob uma infinidade de pontos de vista interessantes.

Somente cabe àquele que durante muito tempo praticou a medicina escrever sobre a metafísica. Apenas ele viu os fenômenos, a máquina tranquila ou furiosa, débil ou vigorosa, sã ou alquebrada, delirante ou regulada, sucessivamente imbecil, esclarecida, estúpida, ruidosa, muda, letárgica, agente, viva e morta.

Viajou à Alemanha, na Prússia. Examinou o que a paixão e o interesse podem exercer sobre os caracteres. De volta a Oxford, continuou o curso de seus estudos na solidão e na obscuridade. É assim que se torna sábio e pobre. Locke o sabia, mas não se incomodava.

O cavaleiro Ashley, bastante conhecido posteriormente sob o nome de Shaftsbury, apegou-se ao filósofo, menos pelas contribuições com as quais lhe gratificava do que pela estima, a confiança, a amizade. Tudo isso se adquire de um homem como Locke, mas não o compramos. É o que os ricos, que fazem de seu ouro a medida de tudo, ignoram, exceção talvez feita à Inglaterra. É raro ver-se um lorde que se tenha lastimado da ingratidão de um sábio. Queremos ser amados, e Locke o foi por milorde Ashley, pelo duque de Buckingham, por milorde Halifax, menos ciosos de seus títulos do que de suas luzes, pois não pretendiam ser iguais a Locke. Este acompanhou o conde de Northumberland e sua esposa à França e à Itália. Fez a educação do filho de milorde Ashley e os pais deste jovem senhor deixaram-lhe o cuidado de casar seu aluno. Não se deve acreditar que o filósofo tenha sido mais sensível a esse símbolo de consideração do que à doação de uma bolsa de moedas?

Tinha então 35 anos. Sabia que os passos a serem dados na procura da verdade seriam sempre incertos, enquanto o instrumento não fosse melhor conhecido e assim elaborou o projeto de seu *Ensaio sobre o Entendimento Humano*. Depois, sua fortuna passou por diferentes revoluções; perdeu, sucessivamente, vários empregos aos quais a benevolência de seus protetores o havia conduzido. Foi atacado pela tísica, pela consumpção, e deixou seu país, vindo à França, onde foi acolhido por pessoas distintas. De retorno a Londres, ali não permaneceu muito tempo. Foi obrigado a procurar segurança na Holanda, onde terminou sua grande obra.

Os homens poderosos são bem inconsequentes. Perseguem os que por seus talentos são a glória das nações que governam, mas receiam sua deserção. O rei da Inglaterra, ofendido pela saída de Locke, mandou apagar seu nome dos registros do colégio de Oxford. Na sequência, amigos que deploravam a atitude, solicitaram seu perdão. Mas Locke rejeitou com altivez uma graça que o teria acusado de um crime não cometido. Indignado, o rei solicitou que os Estados Gerais o processassem, juntamente com 84 pessoas ligadas ao duque de Montmouth em uma sedição. Locke não se safou, embora fizesse pouco caso do duque de Montmouth; seus propósitos pareciam-lhe tão perigosos quanto mal articulados. Separou-se do duque e refugiou-se em Amsterdã, Utrecht e Cleves, onde viveu algum tempo escondido. As agitações do Estado cessaram, no entanto, e sua inocência foi reconhecida. Foi chamado de volta e lhe prestaram honras acadêmicas das quais havia sido injustamente privado. Ofereceram-lhe postos importantes. Voltou à pátria na mesma frota que conduzia a princesa de Orange. Cabia-lhe ser enviado a diferentes cortes europeias, mas seu gosto pelo repouso e a meditação o afastavam dos assuntos públicos. Assim, após a última demão em seu tratado do entendimento humano, que apareceu pela primeira vez em 1697.

Foi então que o governo envergonhou-se da indigência e da obscuridade de Locke: pediram-lhe com insistência para entrar na comissão estabelecida para o comércio das colônias e das plantações. A saúde, enfraquecida, não lhe permitiu ocupar-se muito tempo desta importante função. Abandonou-a sem reter os honorários atribuídos e retirou-se para uma propriedade do conde de Marsham, a vinte e cinco milhas de Londres. Já havia publicado uma pequena obra sobre o governo civil – *De imperii civili* – na qual expunha a injustiça e os inconvenientes da tirania e do despotismo.

No campo, elaborou seu tratado de educação das crianças, sua carta sobre a tolerância, um escrito sobre as moedas e um texto singular intitulado *Cristianismo Racional*, no qual bane todos os mistérios da religião e dos autores sagrados, restitui à razão seus direitos e abre as portas da vida eterna aos que creram em Jesus Cristo reformador e praticaram a lei natural. Esta obra suscitou-lhe ódios e disputas, o que o afastou de seu trabalho intelectual. Além disso, sua saúde se enfraquecia. Dedicou-se então inteiramente ao repouso e à leitura da sagrada escritura, sentindo que a chegada do verão o reanimava. Mas essa estação deixou de produzir-lhe o efeito desejado, e ele passou a conjecturar o fim de sua vida, conjectura que se mostrou verdadeira. Suas pernas se inflamaram e ele mesmo anunciou sua morte aos que o rodeavam. Os doentes cujas forças declinam com rapidez, pressentem, pelo que perderam em determinado tempo, até onde podem ir com o que lhes resta e não se equivocam no cálculo. Locke morreu em 1704, no dia 8 de novembro, em sua poltrona, senhor de seus pensamentos, como um homem que desperta e cochila a intervalos dados, até o momento em que para de acordar. O que quer dizer que seu último dia foi a imagem de toda a nossa vida.

Era pessoa fina, sem ser falso, agradável, sem amargura, amigo da ordem e inimigo das discussões; consultava outras pessoas de bom grado e as aconselhava, por sua vez, adaptando-se aos espíritos e aos caracteres, encontrando em todos os lugares ocasião de se esclarecer ou instruir-se, curioso de tudo o que era pertinente às artes, pronto para irritar-se e logo se acalmar, homem honesto e menos calvinista do que sociniano.

Renovou o antigo axioma segundo o qual não há nada no entendimento que antes não tenha estado na sensação e disso concluiu não haver nenhum princípio de especulação, nenhuma ideia inata de moral. De onde poderia ter tirado uma outra consequência muito útil: a de que toda ideia deve resolver-se em última análise em uma representação sensível e que, como tudo o que se encontra em nosso entendimento nos veio pela via da sensação, tudo o que sai de nosso entendimento é quimérico, ou deve, retornando pelo mesmo caminho, encontrar em nosso exterior um objeto sensível para com ele religar-se.

Daqui uma grande regra em filosofia: a de que toda expressão que não encontra fora de nosso espírito um objeto sensível ao qual se vincular, é vazia de sentido. Parece-me que ele tomou frequentemente por ideias coisas que não o são e que não podem ser conforme seu princípio: deste modo, por exemplo, o frio e o quente, o prazer e a dor, a memória, o pensamento, a reflexão, o sono, a vontade são estados que nós experimentamos e para os quais inventamos signos, mas dos quais não temos ideia se não os sentimos. Pergunto a um homem o que ele entende por prazer, quando dele não goza, e o que é a dor, quando ele não a sofre. Confesso por mim, após me examinar, que percebo apenas palavras de apelo[130] para determinar certos objetos. Nada mais. É uma grande infelicidade que não seja de modo diverso, pois se a palavra prazer, pronunciada ou meditada, nos despertasse alguma sensação ou ideia, e se não fosse apenas um puro som, seríamos felizes tanto e tão frequentemente quando quiséssemos.

Apesar de tudo o que Locke e outros escreveram sobre as ideias e sobre os signos de nossas ideias, acredito que o assunto

130. No original, *réclame*, ou seja, termo da falcoaria para chamar de volta a ave.

seja novo e constitua fonte intacta de uma infinidade de verdades cujo conhecimento simplificaria em muito a máquina que chamamos *espírito*, e complicaria prodigiosamente a ciência que chamamos *gramática*. A verdadeira lógica pode ser reduzida a um pequeno número de páginas; mas quanto mais este aqui for curto, mais longo será o número dedicado às palavras.

Após haver seriamente refletido, talvez encontremos:

1. que o que chamamos *associação de ideias* em nosso entendimento não é senão a memória da coexistência dos fenômenos na natureza; e o que denominamos em nosso entendimento *consequência* não é outra coisa que uma recordação do encadeamento ou da sucessão dos efeitos na natureza;
2. que todas as operações do entendimento se reduzem ou à memória de signos e sons, ou à imaginação ou memória de formas e figuras.

Mas não é suficiente, para ser feliz, possuir um bom espírito; é preciso ainda ter um corpo são. Eis o que levou Locke a compor seu tratado da educação, após ter publicado o do entendimento.

Locke examina a criança desde que nasceu. Mas parece-me que poderia ir mais longe. Como assim? Não haveria regras a prescrever para a produção de um homem? Aquele que deseja que a árvore de seu jardim prospere, escolhe a estação, prepara o solo e toma um grande número de precauções cuja maior parte me parece aplicável a um ser da natureza muito mais importante do que uma árvore. Quero que os pais sejam sãos, que estejam contentes, que tenham serenidade e que no momento que se disponham a dar existência a uma criança seja aquele em que se sintam os mais satisfeitos. Se enchermos de amargor a jornada de uma mulher grávida, creríamos que isso não tenha consequências para a planta que germina e cresce em suas entranhas? Quando tenhais plantado em vosso pomar uma nova muda, sacudi-a com violência apenas uma vez por dia e vereis o que acontecerá. Que uma mulher grávida seja, portanto, sagrada para seu esposo e seus vizinhos.

Quando ela tiver trazido à luz seu fruto, não o recubrais nem muito nem pouco. Acostumai-o a andar com a cabeça descoberta, tornai-o insensível ao frio dos pés. Dai-lhe de comer alimentos simples e comuns. Alongai sua vida abreviando seu sono. Multiplicai sua existência fazendo-o aplicar sua atenção e sentido a tudo. Armai-o contra os azares, tornando-o insensível aos contratempos. Armai-o contra os preconceitos, submetendo-lhe sempre à autoridade da razão. Se vós nele fortificais a ideia de ordem, ele amará o bem; se vós nele fortificais a ideia geral de vergonha, temerá o mal. Ele terá a alma elevada se vós conduzis seus primeiros olhares para as grandes coisas. Acostumai-o ao espetáculo da natureza se quereis que ele tenha um gosto simples e grande, pois assim é a natureza. Infelizes as crianças que jamais tenham visto correr as lágrimas de seus pais ao ouvirem uma ação generosa.

A fábula diz que Deucalião e Pirra repovoaram o mundo jogando pedras atrás de si. Permanece na alma mais sensível uma molécula que mantém relações com sua origem e que é preciso trabalhá-la para que se reduza a sua resistência e seja reconhecida.

Locke havia dito em seu ensaio sobre o entendimento humano que não via nenhuma impossibilidade para que a matéria pensasse. Homens pusilânimes ficarão horrorizados com tal asserção. Mas o que importa se a matéria pensa ou não? O que isto compromete a justiça ou a injustiça, a imortalidade e todas as verdades do sistema, seja político ou religioso?

Se a sensibilidade fosse o primeiro germe do pensamento, se fosse uma propriedade geral da matéria, inegavelmente distribuída entre todas as produções da natureza, e se exercesse com mais ou menos energia, conforme a variedade da organização, que consequência dolorosa poder-se-ia tirar disso? Nenhuma. O homem seria sempre o que é, julgado pelo bom e pelo mau uso de suas faculdades.

MALEBRANCHE[131]. Nicolas (Nicolau) Malebranche nasceu em Paris a 6 de agosto de 1638, filho de um secretário do rei e de uma dama da nobreza, sendo o último dos seis filhos do casamento. Veio a este mundo com uma compleição delicada e com um defeito em sua constituição: tinha a espinha dorsal curvada e o esterno muito fundo.

Recebeu sua educação na casa paterna, da qual saía apenas para estudar filosofia no colégio *de la Marche* e teologia na *Sorbonne*. Nas aulas se mostraria um homem de espírito, mas não um gênio destacado.

Entrou na congregação do Oratório em 1660. Em princípio, dedicou-se ao estudo da história sagrada, mas os fatos não se encaixavam em sua cabeça e o escasso progresso trouxe-lhe desânimo. Pela mesma razão, abandonou o estudo do hebraico e da exegese bíblica.

Quando o acaso lhe pôs nas mãos o *Tratado do Homem*, de Descartes, viu nele a ciência para a qual era chamado. Entregou-se então inteiramente ao cartesianismo, para grande escândalo de seus confrades.

Tinha apenas 36 anos quando publicou sua *Procura da Verdade*[132]. Esta obra, embora fundada em princípios já conhecidos, tem seus valores. Nela, merecem destaque a arte de expor e unir com clareza as ideias abstratas, o estilo, a imaginação e outras qualidades muito estimáveis, cujo ingrato proprietário encarregava-se, ele mesmo, de desmentir.

A *Procura da Verdade* produziu um grande número de escritos, contra e a favor. Segundo Malebranche, Deus é a única causa; toda ação sai de si; as causas segundas são apenas ocasiões que determinam a ação de Deus.

Em 1677, o autor intentou realizar a difícil tarefa de conciliar seus sistema filosófico com a religião, na obra *Conversações*

131. Artigo exclusivo de Diderot.

132. O título completo é: *De la recherche de la vérité. Où l'on traitte de la nature de l'esprit de l'homme, et de l'usage qu'il en doit faire pour eviter l'erreur dans les sciences*

Cristãs (Conversations chrétiennes). O fundo de toda a sua doutrina enraíza-se na tese de que *o corpo não pode ser movido fisicamente pela alma nem a alma afetada pelo corpo, nem um corpo por outro, sendo Deus quem faz tudo em tudo por sua vontade geral*.

Essa tese o leva a formular outra sobre a graça. Imagina que a alma humana de Jesus era a causa ocasional da distribuição da graça, em virtude da eleição que faz de certas pessoas para pedir a Deus que seja enviada; e que da mesma maneira que essa alma, por perfeita que seja, é finita, não é possível que a ordem da graça esteja isenta de defeitos, tal como ocorre com a ordem da natureza. Assim, se opunha a Arnauld[133].

Não havia razão alguma para pensar que este dois homens, sutil filósofo um e teólogo o outro, se pusessem de acordo. E tampouco fizeram algo para consegui-lo. Tão logo Malebranche publicou seu *Tratado da Natureza e da Graça* (Traité de la nature et de la grâce, 1680), Arnauld voltou a atacá-lo.

Nesse ínterim, o padre Malebranche compôs suas *Meditações Cristãs e Metafísicas* (Méditations chrétiennes et métaphysiques), aparecidas em 1683, que consiste de um diálogo entre ele e o Verbo, por meio do qual Malebranche se esforça em demonstrar que o Verbo é a razão universal; que tudo quanto veem os espíritos criados o veem nesta substância incriada, incluídas as ideias dos corpos; que o Verbo é, pois, a única luz que nos ilumina e o único mestre que nos instrui.

No mesmo ano, Arnauld publicou sua obra *Verdadeiras e Falsas Ideias*. A proposição segundo a qual *vemos todas as coisas de Deus* foi atacada na obra. Arnauld não necessitava usar todo o seu talento nem consideração de que desfrutava para usufruir de grande vantagem sobre Malebranche. Por mais

133. Um dos mais importantes jansenistas de Port Royal, discípulo direto do fundador Duvergier de Hauranne, Antoine Arnauld denunciou Malebranche em Roma e conseguiu que o livro *Procura da Verdade* fosse para o índex em 1689. O tema da graça era um dos pilares da interpretação agostiniana dos jansenistas.

fortes razões, era quase inútil misturar a questão com outros autores, acusar seu adversário de admitir uma extensão material em Deus e de defender dogmas capazes de corromper a pureza do cristianismo. Em suma, aconteceu com Malebranche o que ocorrerá com qualquer filósofo que, imprudentemente, se ponha a discutir com um teólogo. Recorrendo este, para tudo, à Revelação e aquele à razão existem cem possibilidades de que um acabe por ser pouco ortodoxo e o outro por ser um raciocinador superficial, e que a religião sofra alguma ferida profunda.

Sob os efeitos desta enérgica contestação, Malebranche escreveu o *Tratado da Moral* (Traité de la morale, 1684), obra em que extrai os deveres do homem a partir de princípios que lhe seriam particulares. Tal coisa parece-me bastante insolente, para não dizer algo pior. Não concebo que se tenha de fazer depender a conduta dos homens da verdade de um sistema metafísico.

As *Reflexões Filosóficas e Teológicas sobre o Tratado da Natureza e da Graça* (Reflexions philosophiques et téologiques sur le traité de la nature et de la grâce) foram publicadas em 1685. Nelas, Arnauld pretende demonstrar que a doutrina de Malebranche não é nem nova nem sua; restitui o que é filosófico a Descartes e o teológico a Santo Agostinho. Farto de discussões, Malebranche ocupou-se em reordenar suas idcias sob um único ponto de vista, coisa que fez com *Diálogos sobre Metafísica e Religião* (Entretiens sur métaphysique et religion).

Antes disso, havia sustentado uma discussão com Régis[134] a respeito das dimensões aparentes da lua e dos objetos em geral. Essa disputa foi avaliada por quatro eminentes geômetras como sendo favorável ao nosso filósofo. Régis reencetou a discórdia e atacou Malebranche em sua tese de que *o prazer faz feliz aos homens*. Pode-se ver então um austero cristão fazer a apologia da voluptuosidade.

134. Trata-se de Pierre-Sylvain Régis, divulgador de Descartes, membro da Academia de Ciências e crítico do idealismo místico de Malebranche.

O livro *Do Conhecimento de Si-Mesmo*, no qual o padre beneditino François Lami havia apoiado a autoridade de Malebranche em sua ideia sobre o amor de Deus, deu origem a que este último escrevesse, em 1697, seu *Tratado do Amor de Deus* (Traité de l'amour de Dieu). Sustenta aqui que este amor é sempre interessado, vendo-se exposto a dois tipos de acusações opostas: a de favorecer a opinião epicurista sobre o prazer e a de sutilizar de tal modo o amor de Deus que dele se excluía todo o prazer.

Arnauld morreu em 1694. Com caráter póstumo publicaram-se duas cartas deste doutor: *Sobre as Ideias* (Sur les idées) e *Sobre o Prazer* (Sur le paisir). Malebranche escreveu uma resposta a ambas e a ela acrescentou um *Tratado contra o Preconceito* (Traité contre la prévention, 1715). Este último trabalho não é, como o título poderia induzir a pensar, um escrito moral contra uma das doenças mais generalizadas do espírito humano, mas uma paródia em que se propõe demonstrar, geometricamente, que Arnauld não havia escrito nenhum dos livros que apareceram com seu nome contra o padre Malebranche. Para isso, parte da suposição de que Arnauld havia dito a verdade quando afirmou ante Deus que sempre tinha tido um sincero desejo de valorizar adequadamente os sentimentos daqueles a quem combatia e que nunca ousara empregar artifícios para dar ideias falsas dos autores e de seus livros. Assim, mostrando o uso de citações cortadas, de sentidos mal compreendidos em seu contexto, de artifícios excessivamente assinalados para que pudessem ser tomados como voluntários, conclui que quem fez aquele julgamento não poderia ter escrito tais livros.

Enquanto Malebranche sofria detrações em seu país, tentava-se persuadi-lo de que sua filosofia tinha grande êxito na China. Para corresponder à cortesia dos chineses, elaborou, em 1708, um folheto intitulado *Conversas de um Filósofo Cristão e de um Filósofo Chinês* (Entretiens d'un philosophe chrétien et d'un philosophe chinois). O chinês pretendia que a matéria é eterna, infinita, incriada e que o *lis*, espécie de forma da matéria, é a inteligência, a sabedoria soberana, de modo que não existe um ser inteligente e sábio distinto da matéria e independente dela. Os jornalistas de Trévoux[135] consideraram que o filósofo europeu havia caluniado as letras da China pelo ateísmo a elas atribuído.

As *Reflexões sobre a Premonição Física* (Refléxions sur la prémonition physique), nas quais responde à obra *Da Ação de Deus sobre as Criaturas*[136] constituíram a última produção de Malebranche. Parecia a nosso filósofo que o sistema exposto nesta obra, ao tratar da ação de Deus e nela conservar a liberdade, aniquilava as coisas; e se esforçava por explicar como seu sistema as conservava em todo o seu ser. Representa a premonição física valendo-se de uma comparação tão concludente e, talvez, tão chocante como todas as sutilezas metafísicas. Diz ele: *um artesão fez uma estátua que se move mediante uma dobradiça e diante dele se inclina respeitosamente quando se puxa um cordão. Cada vez que puxa o cordão, fica muito contente com a homenagem que a estátua lhe rende; mas num dia em que não puxa o cordão, a estátua não lhe presta homenagem e a faz em pedaços, cheio de despeito.* Malebranche não se incomoda em concluir que esta estranha estátua não tenha nem bondade nem justiça. Na sequência, ocupa-se em expor uma doutrina na qual a ideia de Deus encontra-se despojada do falso rigor que alguns teólogos lhe atribuem, legitimada pelo verdadeiro rigor que a religião nela descobre, e ainda livre da frieza que a filosofia pressupõe.

Malebranche não era apenas um metafísico, mas ainda um geômetra e um físico. Em consideração a essas duas últimas qualidades, a Academia de Ciências outorgou-lhe, em 1699, o título de honorário. Na última edição de *Procura da Verdade*, aparecida em 1712, ofereceu uma teoria das leis do

135. Os que escreviam no periódico dos jesuítas.

136. *De l'action de Dieu sur les créatures*, do jansenista Bousier, publicada em 1713.

movimento, um ensaio sobre o sistema geral do universo, sobre a duração dos corpos, sua elasticidade, o peso, a luz, sua propagação instantânea, sua reflexão e refração, a geração do fogo e sobre as cores. Descartes inventara os turbilhões que compõem este universo; Malebranche inventou os turbilhões em que cada grande turbilhão estava distribuído. Os turbilhões de Malebranche são infinitamente pequenos; sua velocidade é muito grande, a força centrífuga é quase infinita; sua expressão é o quadrado da velocidade dividido pelo diâmetro. Quando as partículas materiais estão em repouso, umas ao lado das outras, e se tocam de forma imediata, acham-se comprimidas em todos os seus sentidos pelas forças centrífugas dos turbilhões que as rodeiam; disso provém a dureza. Caso se as comprimam, de modo que os pequenos torvelinhos contidos nos interstícios ali não se possam mover como o faziam antes, tenderiam por suas forças centrífugas a restabelecer nos corpos seu primeiro estado; de onde provém a elasticidade.

Malebranche morreu em 13 de outubro de 1715, com a idade de 77 anos[137]. Foi uma mente especulativa das mais profundas e sublimes. Uma página de Locke contém mais verdade que todos os volumes de Malebranche; mas uma linha deste mostra mais sutileza, imaginação, finura e talvez gênio que o volumoso livro de Locke em seu conjunto. Poeta, desprezava a poesia. Suas ideias não fizeram fortuna nem na Alemanha, onde Leibniz dominava, nem na Inglaterra, onde Newton havia conseguido dirigir os espíritos para objetos mais sólidos.

137. Neste último parágrafo, observa-se mais um exemplo da ironia diderotiana. De um lado, reconhece a qualidade imaginativa ou especulativa de Malebranche justamente para ressaltar a objetividade e a superioridade filosófica dos demais autores com os quais o compara.

PLATÃO E O PLATONISMO. De todas as seitas que saíram da escola de Sócrates, nenhuma obteve tanto brilho, foi tão numerosa e sustentou-se por tão longo tempo quanto o platonismo. Foi como uma religião que os homens professaram após seu estabelecimento, sem interrupção, até seus últimos tempos. Teve um destino comum ao resto dos conhecimentos humanos: percorreu todos os países da Ásia, da África e da Europa, neles entrando na medida em que as luzes os interessavam e deles se afastando quando as trevas ali se reagrupavam. Vimos Platão andar com o mesmo passo de Aristóteles, dividindo a atenção do universo. São duas vozes igualmente manifestas que se fazem ouvir, uma nas sombras das escolas, outra na obscuridade dos templos. Platão trouxe consigo a eloquência, o entusiasmo, a virtude, a honestidade, a decência e as graças. Aristóteles, o método na mão direita e o silogismo na esquerda: ele examina, divide, distingue, debate, argumenta, enquanto seu rival parece profetizar.

Platão nasceu em Egina. Pelo lado de Ariston, seu pai, tinha relações com Codrus, e, por sua mãe, com Sólon. O sétimo dia de *Thargelion*, da 87ª olimpíada, dia de seu nascimento, tornou-se depois um dia de festa para os filósofos. Seus primeiros anos foram empregados nos exercícios de ginástica, na prática da pintura e no estudo da música, da eloquência e das poesias ditirâmbica, épica e trágica. Mas tendo comparado seus versos com os de Homero, queimou-os e se dedicou inteiramente à filosofia.

Diz-se que Apolo, tomado pela beleza de sua mãe, Perictioné, com ela coabitou e que o filósofo deve a ele os seus dias. Diz-se também que um espectro descansou sobre ela, que então concebeu essa criança, sem deixar de ser virgem. Conta-se que um dia Ariston e sua mulher faziam sacrifícios às musas sobre o monte Hymette. Perictioné pôs o jovem Platão entre os mirtos, tendo-o reencontrado envolvido por um enxame de abelhas, algumas das quais volitavam sua cabeça e outras recobriam seus lábios de mel. Conta-se que Sócrates viu em sonho um jovem cisne escapar do altar consagrado ao Amor na Academia e acomodar-se em seus joelhos e depois elevar-se nos ares e encantar, pela doçura de seu canto, os ouvidos de homens e de deuses. E quando Ariston apresentou seu filho a Sócrates, este gritou: "reconheço o cisne de meu sonho". São tantas as ficções que os autores mais sérios não se envergonharam de tê-las como verdades, ou talvez houvesse perigo em contradizê-las, caso Platão fosse o fundador de algum sistema religioso adotado.

Na juventude, ligou-se a Crátilo e a Heráclito. Sócrates, com quem estudou por oito anos, logo reconheceu-lhe o gosto pelo sincretismo, esta espécie de filosofia que, procurando conciliar opiniões opostas, as adultera e corrompe. Não abandonou o mestre durante sua perseguição. Mostrou-se aos juízes e fez sua apologia; ofereceu sua fortuna para que lhe concedessem o *sursis* da condenação. Mas aqueles que lhe haviam feito calar-se enquanto se defendia rejeitaram as ofertas e Sócrates bebeu a cicuta.

A morte de Sócrates trouxe a dor e o pânico entre os filósofos. Refugiaram-se em Mégara, terra do dialético Euclides, onde esperaram um tempo menos tempestuoso. Dali Platão se foi ao Egito, onde visitou os sacerdotes; à Itália, onde iniciou-se na doutrina de Pitágoras; em Cirene, visitou o geômetra Teodoro, pois não negligenciava nenhum meio de aumentar seus conhecimentos. De retorno a Atenas, abriu uma escola. Escolheu um ginásio circundado por árvores e situado nos confins de um subúrbio. Este lugar chamava-se *academia* e lia-se na entrada: "aqui não se é admitido sem ser geômetra".

A academia era vizinha do bairro Cerâmico. Lá havia estátuas de Diana, um templo, os túmulos de Trasíbulo, de Péricles, de Chabrias e daqueles que morreram em Maratona, de monumentos a certos homens que haviam sido merecedores da república, uma estátua ao Amor, altares consagrados a Atena, Hermes, às Musas, a Héracles e a Zeus, alcunhado καταιβατης[138] e

138. Katabaités, "aquele que desce" dos céus.

às três Graças, assim como a sombra de plátanos antigos. Ao morrer, Platão deixou esta parte de seu patrimônio a todos os que amassem o repouso, a solidão, a meditação e o silêncio.

A Platão não faltavam ouvintes. Spêusipo, Xenócrates e Aristóteles assistiram suas lições. Formou Hypérides, Licurgo, Demóstenes e Isócrates. A cortesã Lastênia de Mantineia frequentou a academia. Asiotea de Filos para lá ia vestida de homem. Foi um encontro de pessoas de todas as idades, condições, de ambos os sexos e de todos os lugares. Tanta celebridade não permitiu que a inveja e a calúnia permanecessem adormecidas: Xenofonte, Antístenes, Diógenes, Aristipo, Esquino e Fédon ergueram-se contra a academia e a Ateneu agradou transmitir à posteridade as imputações odiosas com as quais procurou-se aviltar a memória de Platão. Mas uma linha de sua obra basta para esquecê-las, seus defeitos e as censuras de seus inimigos. Parece ser permitido aos grandes homens a maldade. O mal que cometem passa com eles; e o bem que resulta de suas obras dura eternamente. Eles afligiram seus pais, seus amigos, seus concidadãos e contemporâneos, mas continuam a instruir e a esclarecer o universo. Eu preferiria Bacon grande autor e homem de bem; mas se fosse necessário optar, eu ainda o preferiria um grande homem e um patife a um homem de bem e ignorado. O que foi melhor para ele e para os seus não é sempre o melhor para mim. É um julgamento que trazemos, apesar de nós mesmos. Lemos Homero, Virgílio, Horácio, Cícero, Milton, Tasso, Corneille, Racine e aqueles que um talento extraordinário puseram sobre a mesma linha, e não pensamos no que tenham sido. Se foi mau, está sob a terra e nada temos mais a temer. O que permanece de bem após subsiste e nós aproveitamos com prazer.

Eis aqui algumas linhas verdadeiras que escrevo contra a vontade, pois mais me agradaria perturbar o grande homem que vive tranquilo em sua maleficência do que consolá-lo pelo esquecimento que dela lhe prometo. Mas, antes de tudo, esta esponja que passamos nos séculos honra a espécie humana.

Platão foi um homem de gênio, laborioso, sóbrio, contido, grave em seu falar e em suas atitudes, paciente e afável. Aqueles que se ofendem com sua liberdade, com a qual escreveu *O Banquete*, desconhecem sua finalidade. Além disso, não é menos importante, quando se trata de julgar os costumes e as obras, retroceder nos tempos e transportar-se a outros lugares. Nós somos menos daquilo que agrada à natureza do que o que devemos ao tempo em que nascemos.

Aplicou-se durante toda a vida a tornar a juventude instruída e virtuosa. Não se intrometeu em assuntos públicos. Suas ideias sobre legislação não se coadunavam com as de Drácon e Sólon. Falava da igualdade de fortuna e de autoridade como coisas difíceis de estabelecer e, talvez, de conservar em um povo. Os arcádios, tebanos, cirenaicos, siracusianos, cretenses, eleatas, os habitantes de Pirro e outros, que trabalhavam para reformar seus governos, o chamaram. Mas achando em todos esses lugares uma repugnância invencível pela comunidade geral das coisas, a ferocidade, o orgulho, a autossuficiência, muita riqueza, muito poder, dificuldades de toda ordem, não se deslocava, mas enviava seus discípulos. Díon, Píton e Heraclides, que haviam aprendido em sua escola o ódio à tirania, dela libertaram, o primeiro, a Sicília, e a Trácia, os dois outros. Foi amado por alguns suseranos, quando estes não se envergonhavam de ser filósofos. Viajou três vezes à Sicília: a primeira para conhecer a caldeira do Etna; a segunda, por solicitação de Dionísio e dos pitagóricos que esperavam que sua eloquência e sabedoria se impusessem sobre os espíritos; este também foi o motivo da terceira visita. De volta a Atenas, dedicou-se inteiramente às musas e à filosofia. Gozou de uma saúde constante e de uma vida longa, recompensa de sua frugalidade. Morreu com a idade de 81 anos, no primeiro ano da 108ª olimpíada. O persa Mitridate erigiu-lhe uma estátua e Aristóteles, um altar. Consagrou-se solenemente o dia de seu nascimento e cunharam-se moedas com sua efígie.

Os séculos que vieram depois aumentaram a admiração que se tinha por suas obras. Seu estilo está em meio à prosa e à poesia, e oferece modelos em todos os gêneros da eloquência.

Aquele que não for sensível aos encantos de seus diálogos não tem gosto. Ninguém soube estabelecer o lugar de uma cena com mais veracidade, nem melhor sustentar seus personagens. Há momentos do mais sublime entusiasmo. Seu diálogo da santidade é uma obra-prima de finura. Sua apologia de Sócrates é uma peça de verdadeira eloquência. Não é na primeira leitura que se aprende a arte e a finalidade do *Banquete*. Há mais para ser aproveitado por um homem de espírito em uma de suas páginas do que em mil volumes de críticas. Homero e Platão ainda esperam um tradutor que lhes seja digno.

Professou uma doutrina dupla. É difícil, diz ele no *Timeu*, de remontar ao autor deste universo, e seria perigoso publicar o que ali se descobriria. Viu que a dúvida era a base da verdadeira ciência e também seus diálogos respiram ceticismo, assemelhando-se mais à conversação. Não mostrou seus verdadeiros sentimentos a não ser a alguns amigos. O destino de seu mestre o havia tornado circunspecto e foi partidário, até certo ponto, do silêncio pitagórico. Imitou os sacerdotes do Egito, os mortais mais taciturnos e fechados. Esteve mais ocupado em refutar do que em provar, escapando quase sempre da malignidade do leitor com a ajuda de um grande número de interlocutores que, alternadamente, têm razão ou incorrem em erro. Aplicou as matemáticas à filosofia e tentou voltar à origem das coisas, perdendo-se em especulações. Frequentemente, é obscuro. Talvez se deva lê-lo menos pelas coisas que diz do que pela maneira de dizê-las. Não é que nele não se encontrem verdades gerais de uma filosofia profunda e verdadeira. Fala da harmonia geral do universo [como se] aquele que foi seu autor lhe emprestasse sua língua e suas ideias.

Da Filosofia de Platão

O nome de sábio convém apenas a Deus; o de filósofo é suficiente para o homem. A sabedoria tem por objeto as coisas inteligíveis; a ciência, as coisas relativas a Deus e à alma, quando esta se encontra separada do corpo.

A natureza e a arte concorrem para formar o filósofo. Ele ama a verdade desde a sua infância, possui memória e penetração. É levado à temperança e sente coragem.

As coisas são inteligíveis ou ativas, e a ciência é teórica ou prática.

O filósofo que contempla os inteligíveis imita o Ser supremo. Não é um ser ocioso. Se a ocasião se apresenta, ele agirá. Saberá prescrever leis, dar ordem a uma república, apaziguar uma sedição, melhorar a velhice e instruir a juventude. Ele não negligencia nem a arte de falar nem a de coordenar suas ideias. Sua dialética, auxiliada pela geometria, o fará subir ao primeiro princípio e rasgará o véu que cobre os olhos dos bárbaros.

Platão diz que a dialética é a arte de dividir, de definir, de inferir e de raciocinar ou argumentar. Se a argumentação é necessária, ele a chama *apodíctica*; se é provável, *epiqueremática*; se imperfeita ou entimemática, *retórica*; se falsa, *sofística.*

Se a filosofia contemplativa se ocupa de seres fixos, imóveis, constantes, divinos, existentes por si e causas primeiras das coisas, ela toma o nome de *teologia*; se os astros e suas revoluções, se o retorno das substâncias a uma só, se a constituição do universo são seus objetos, ela toma o nome de *filosofia natural*; se ela visa às propriedades da matéria, chama-se *matemática.*

A filosofia prática é moral, doméstica ou civil. Moral, quando trabalha para a instituição dos costumes; doméstica, para a economia familiar; civil, para a conservação da república.

Da Dialética de Platão

O conhecimento da verdade nasce da sensação, embora ele não pertença à sensação, mas ao espírito; é o espírito quem julga. O espírito, ou entendimento, tem por objeto as coisas simples, inteligíveis por elas mesmas, constantes ou assim concebidas, e ainda as coisas sensíveis, mas que escapam ao órgão de percepção por sua pequenez ou por sua mobilidade, por vicissitude ou inconstância. Há ciência e opinião: ciência das primeiras, opinião das segundas.

A sensação é uma afecção da alma, por consequência de alguma impressão feita sobre o corpo. A memória é a permanência da forma recebida no entendimento, em consequência da sensação. Se o testemunho da memória se confirma por aquele da sensação, há opinião; se eles se contradizem, existe o erro.

A alma humana é uma tábua de cera, na qual a natureza imprime sua imagem. O pensamento é a conversa da alma consigo mesma. O discurso é a enunciação exterior dessa conversa.

A inteligência é o ato do entendimento aplicado aos primeiros objetos inteligíveis. Ela compreende os inteligíveis que lhe são próprios e que nela estavam, compreendendo-os antes que a alma tenha sido unida ao corpo, ou os mesmos objetos, mas após sua união com o corpo, quando então a inteligência se chama conhecimento natural. Este conhecimento natural constitui a reminiscência, que não se confunde com a memória; a memória é de coisas sensíveis; a reminiscência, de coisas inteligíveis.

Entre os objetos inteligíveis, há os primários, como as ideias; secundários, como os atributos da matéria ou as espécies que não podem estar separadas dela. De modo semelhante, entre os objetos sensíveis há os primários, como a brancura e outros abstratos; e secundários, como o branco e outros concretos.

O entendimento não julga os objetos inteligíveis primários sem esta razão, com a qual se faz ciência. É, de sua parte, um ato simples, uma apreensão pura e sem discurso. O julgamento dos objetos inteligíveis secundários supõe a mesma razão e o mesmo ato, embora menos simples; e há a inteligência.

A sensação não julga objetos sensíveis primários ou secundários, mas é a razão que elabora a opinião; o juízo dos concretos a supõe, assim como o juízo dos abstratos; mas existe sensação.

Há o falso e o verdadeiro na especulação, como há, na prática, o pertinente e o estranho para as ações.

É a razão inata do belo e do bom que torna o juízo prático; esta razão inata é como uma regra que aplicamos constantemente na vida.

O dialético ocupar-se-á primeiramente da essência da coisa, em seguida de seus acidentes. Começará por definir, dividir, resolver; depois, fará inferências e raciocinará.

O que é a divisão? É a distribuição de um gênero em suas espécies, de um todo em suas partes, dos acidentes em sujeitos, de sujeitos em acidentes. Só se chega à noção de essência por esse meio.

O que é a definição? Como ela se faz? Partindo-se do gênero, passando à diferença mais próxima e descendo-se daí à espécie. Há três tipos de resoluções: um que remonta dos sensíveis aos inteligíveis; um segundo que procede por via de demonstração; e um terceiro por via de suposição.

É preciso que o orador conheça o ser humano, as diferenças de espécie humana, as diversas formas da enunciação, os motivos de persuasão e as vantagens das circunstâncias. Aí está a arte de falar bem.

Não se deve ignorar a maneira pela qual o sofisma assume o caráter de verdade.

O conhecimento das palavras e a razão de denominação ou da etimologia não são estranhos à dialética.

Da Filosofia Contemplativa de Platão e, Primeiramente, de sua Teologia

Existem duas causas para as coisas: uma, de que elas são; outra, pela qual elas são. Esta aqui é Deus; a outra, primeira, sua matéria. Deus e a matéria são eternos e igualmente independentes quanto a suas essências e existências.

A matéria é infinita em extensão e duração. Não é um corpo, mas todos os corpos são por ela constituídos. Há na matéria uma força cega, bruta, necessária, inata, que a move ao acaso, temerariamente, e à qual não pode renunciar inteiramente. É um obstáculo que mesmo Deus não pode sobrepujar. É a razão pela qual não fez o que concebe de melhor. Desde aí, todos os defeitos e males. O mal é necessário, embora haja dele o menos possível.

Deus é um princípio de bondade oposto à maldade da matéria. É causa de tudo o que há; é a fonte dos seres que existem por si mesmos, espirituais e perfeitos; é o primeiro princípio, o grande obreiro, o ordenador universal. É difícil para o entendimento elevar-se até ele. E é perigoso ao homem divulgar o que dele concebeu.

Pode-se, evidentemente, demonstrar sua existência e atributos. Ela se manifesta a quem se pergunta e àquele que lança olhares atentos sobre o universo. Deus é uma razão incorpórea apreendida apenas pelo pensamento. É livre, possante, sábio, e dispõe da matéria tanto quanto a essência desta lhe permita.

Ele é bom e um ser bom é inacessível à inveja. Logo, quis que tudo fosse bom e que não houvesse o mau senão aquele que não podia impedir.

O que o conduziu na ordenação do mundo? Um modelo eterno que estava nele, que ali permanece e que não muda. Este modelo eterno, esta razão primeira das coisas, esta inteligência nela contém os modelos, as razões e as causas de todas as outras. Os modelos são eternos, imanentes, exemplos das essências das coisas passageiras e cambiantes.

Quando Deus deu forma à matéria, quando quis que o mundo fosse, nele pôs uma alma. Há deuses incriados e produzidos. Por sua natureza, estes não são eternos, imortais ou indissolúveis; mas duram e durarão sempre por um ato de vontade divina que os conserva e conservará.

Há demônios cuja natureza está a meio caminho entre a dos deuses e a dos homens. Transmitem o que é divino ao homem e o que é do homem a Deus. Eles carregam nossas preces e sacrifícios até o alto; e descem com as graças e as inspirações.

O Ser eterno, os deuses abaixo dele, mas eternos, os deuses produzidos, os demônios, os homens, os animais, os seres materiais, a matéria, o destino – eis a cadeia universal.

Da Física de Platão

Nada se faz sem causa.

O obreiro tem em si o modelo de sua obra; ao trabalhar, ele mantém os olhos sobre esse modelo e realiza a sua ideia.

Desde que o mundo é, ele é por algum princípio. É um grande autômato e é um porque é um todo.

É corporal, visível, tangível: mas nada se vê sem o fogo, e nada se toca sem solidez. Não há solidez sem terra. Portanto, de início Deus produziu o fogo e a terra, e em seguida a água que serviu de meio de união entre ambos. Depois, animou a massa. A alma ordenou, a massa obedeceu e foi sensível. A alma difusa evadiu-se dos sentidos. Só a concebemos por sua ação.

Ele quis que a alma do mundo fosse eterna, que a massa do mundo fosse eterna e que o composto de alma e massa fosse eterno. Mas como atou a eternidade a um todo criado e avesso, por sua natureza, ao atributo da eternidade? Pela imagem móvel da duração que chamamos de tempo. Ele tirou essa imagem da eternidade, que é uma, e com ela revestiu o mundo.

Os corpos têm profundidade; esta é composta de planos; os planos se resolvem em triângulos e os elementos são, portanto, triangulares.

A mais sólida das figuras é o cubo. A Terra é cúbica, o fogo é piramidal, o ar toma a forma de um octaedro e a água, de um icosaedro.

As figuras, as quantidades, os movimentos, os poderes foram coordenados da maneira mais conveniente em tudo e por tudo. O mundo tem seus períodos. Com a consumação desses períodos, ele retorna a seu estado de origem e o grande ano recomeça.

A lua, o sol e o resto dos astros foram formados para iluminar a Terra e medir a duração.

A órbita acima da Terra é a da lua; a acima da lua, a do sol. Uma órbita geral as conduz todas em um movimento comum, enquanto que cada um deles se move em sentido contrário ao do movimento geral.

Esta Terra que nos alimenta está suspensa pelo polo. É a estância da luz e das trevas. É a mais antiga das divindades criadas nas profundezas do céu.

A causa primeira deixou a produção dos animais aos deuses subalternos e eles imitaram sua virtude geratriz: ela havia engendrado os deuses, e estes engendraram os animais. A partir daí, Platão desce à formação dos outros corpos (ver o livro *Timeu*).

Da Alma, Segundo Platão, ou de sua Psicologia

Tendo abandonado a formação do homem aos deuses subalternos, verteu na massa geral este germe imortal, divino, do qual deveria ser extraído, possibilitando animar o ser destinado a conhecer a justiça e a oferecer sacrifícios. Aquele germe foi infectado por sua união com a matéria e daí a origem do mal moral, das paixões, dos vícios, das virtudes, da dor, dos castigos, das penas e das recompensas a vir.

A alma tem três partes diferentes e cada uma tem uma morada: uma parte incorruptível, localizada na cabeça, uma parte concupiscente, posta no coração, e uma parte animal, colocada entre o diafragma e o umbigo. Esta última preside às funções animais; a precedente, às paixões, e a superior, à razão.

A alma é imortal e princípio de movimento. Ela se move e movimenta o resto. É o elemento da vida. Ocupa-se das coisas permanentes, eternas, imortais, análogas à sua natureza. Lembra-se dos conhecimentos que possuía antes de unir-se ao corpo.

Antes de serem aprisionadas neste sepulcro, ele lhes disse que se elas obedecessem fielmente às leis da necessidade e do destino às quais se submetiam, seriam um dia recompensadas com uma felicidades sem fim.

Vejam o que diz Platão sobre a formação do corpo no diálogo acima citado.

Platão via as matemáticas como a fonte mais apropriada para acostumar o homem às generalidades e às abstrações, e para elevar-se das coisas sensíveis às inteligíveis.

Negligenciava muito, a ponto de menosprezar, a astronomia e a música; mas a perfeição do entendimento e a prática da virtude eram sempre os últimos termos aos quais aludia. Foi um teósofo por excelência.

Da Filosofia Prática de Platão e, sobretudo, de sua Moral

Deus é o soberano bem. O conhecimento e a imitação do soberano bem é a maior felicidade do ser humano e somente pela alma pode o homem adquirir alguma similitude com Deus.

A beleza, a saúde, a força, as riquezas e as dignidades são bens pelos usos que delas se pode fazer; elas tornam mau quem delas abusa.

A natureza dotou de certas qualidades sublimes aqueles a quem destinou à condição de filósofos. Um dia, eles estarão sentados à mesa dos deuses e ali conhecerão a verdade e se rirão da loucura dos que se deixaram envolver pelos simulacros.

Nada há de bom que não seja honesto. É preciso preferir acima de tudo a virtude, pois é algo divino. Ela não é aprendida; Deus a concede.

Aquele que sabe ser virtuoso, sabe ser feliz em meio à ignomínia, no exílio, apesar da morte e dos terrores. Daí tudo ao homem, com exceção da virtude, e nada tereis feito por sua felicidade.

Só há um grande preceito, o de se assimilar a Deus. A ele nos assimilamos por graus, e o primeiro deles é imitar os bons gênios, adquirir sua prudência, sua justiça e temperança.

É preciso estar persuadido de sua condição atual e observar o corpo como prisão, cuja alma, extraída pela morte, passará ao conhecimento da natureza essencial e verdadeira, caso tenha tido um nascimento feliz, recebido educação dos costumes, dos sentimentos em conformidade com a lei geral, e praticado as máximas da sabedoria.

O efeito necessário destas qualidades será o de separá-las das coisas humanas e sensíveis e ligá-las à contemplação das coisas inteligíveis.

Eis a preparação para a felicidade: somos a ela iniciados pelas matemáticas.

Os passos seguintes consistem em dominar as paixões e acostumar-se à tarefa do filósofo, ou exercício da virtude.

A virtude é a melhor e a mais perfeita afecção da alma, o que a embeleza, e onde se apoia a constância e a firmeza do amor pela verdade nas condutas e na fala, só ou em companhia de outros.

Cada virtude tem sua parte da alma à qual preside: a prudência preside à parte que raciocina; a força, à parte que se irrita; a temperança, à parte que deseja.

A prudência é o conhecimento dos bens, dos males e das coisas que se mantêm no meio; a força é a observação legítima de um decreto suave ou penoso; a temperança é a submissão das paixões à razão. A justiça é uma harmonia particular dessas três virtudes, em consequência da qual cada parte da alma se ocupa do que lhe é próprio, de maneira a mais adequada à dignidade de sua origem: a razão comanda e o resto obedece.

As virtudes estão de tal forma encadeadas entre si que não as podemos separar. Aquele que peca é irracional, imprudente e ignorante. É impossível que o homem seja ao mesmo tempo prudente, imoderado e pusilânime.

As virtudes são perfeitas: não diminuem e não aumentam. Ao contrário dos vícios.

A paixão é um movimento cego da alma, afetada por um objeto bom ou mau. As paixões não estão na parte racional e também nascem e se vão apesar de nós. Há paixões ferozes, selvagens, e há as doces. A volúpia, a dor, a cólera, a comiseração, estão entre as últimas. São da natureza humana e só começam a ser viciosas quando tornadas excessivas.

As paixões selvagens e ferozes não estão na natureza; nascem de alguma depravação particular, tal como a misantropia.

Deus nos tornou capazes de prazer e de pena.

Há sofrimentos do corpo e da alma, injustos e desmedidos, razoáveis e medidos, adequados e contrários ao bem.

A amizade é uma benevolência recíproca que torna dois seres igualmente cuidadosos da felicidade do outro; igualdade que se estabelece e que se se conserva de acordo com os hábitos.

O amor é uma espécie de amizade. Há três tipos de amor: um amor vergonhoso e brutal, que só tem por objeto a volúpia corporal; um amor honesto e celeste, que diz respeito apenas às qualidades da alma; e um amor médio que se propõe ao gozo da beleza da alma e do corpo.

Da Política de Platão

As funções dos cidadãos na república, semelhantes àquelas dos membros do corpo, reduzir-se-ão a conservá-la, defendê-la e servi-la. Os guardiães da república vigiam e comandam; os defensores tomam as armas e lutam; os servidores estarão espalhados em todas as demais profissões.

A república mais feliz é aquela na qual o filósofo soberano conhece o primeiro bem. Os homens viverão miseravelmente enquanto os filósofos não reinem, ou enquanto aqueles que reinem, privados de uma espécie de inspiração divina, não sejam filósofos.

A república pode tomar cinco formas diferentes: *aristocracia*, pela qual um pequeno número de nobres comanda; *timocracia*, onde se obedecem aos ambiciosos; *democracia*, em que o povo exerce a soberania; *oligarquia*, cujo poder está confiado a poucos; *tirania* ou administração de um só, a pior de todas.

Se o governo peca, é preciso corrigi-lo pelo emprego de uma quantidade de homens de todas as idades e de todas as condições, cujos interesses diversos serão contrabalançados. O exercício cívico das mulheres só pode ter lugar em uma democracia perfeita.

A virtude do homem político consiste em dirigir seus pensamentos e suas ações para a felicidade da república.

Dos Sucessores de Platão

Aqueles que sucederam a Platão não professaram, rigorosamente, toda a sua doutrina. Sua filosofia sofreu diferentes alterações, que distinguiram a academia em antiga, média, nova e última.

A antiga teve platônicos verdadeiros, entre os quais contam-se Spêusipo, Xenócrates, Pôlemon, Crates e Crantor. A média, aqueles que retiveram suas ideias, mas deram exagerada importância à questão da imbecilidade do entendimento humano e da incerteza de nossos conhecimentos, entre os quais citam-se Arcesílaos, Lácido, Evandro e Egesine. A nova, fundada por Carnéades e Clitomaco, e que se dividiu, na sequência, em quarta, sob Antíoco, e quinta, sob Fílon e Cármide.

Da Primeira e Antiga Academia, ou dos Verdadeiros Platônicos

Spêusipo

Este filósofo ocupou a cátedra de Platão, seu tio. Foi um homem de caráter doce. Preferiu a Lastênia e Asiotea, suas discípulas, o que não convinha a um filósofo valetudinário. Um dia em que o levavam à academia em uma cadeirinha, encontrou Diógenes que respondeu à sua saudação censurando-lhe a vergonha de viver no estado deplorável em que estava. Tomado de paralisia, nomeou Xenócrates seu sucessor. Diz-se que morreu entre os braços de uma mulher, que exigia um tributo de seus ouvintes e que amava o dinheiro. Havia composto poemas e o faziam recitá-los em troca de pagamento, embora fossem pouco conformes os bons costumes. No entanto, deve-se descontar algo de tais imputações odiosas, pois elas não têm outro fiador senão o testemunho de Dioniso de Siracusa que havia odiado, perseguido e caluniado Platão e que talvez não usasse de menos equidade para com Spêusipo, parente de Platão, inimigo da tirania e amigo de Dión, que mantinha as ameaças de Dioniso no exílio. Aristóteles comprou as obras de Spêusipo por três talentos, soma exorbitante[139], mas proporcional ao mérito que ele o atribuía, ou ao ódio que tinha pelo platonismo, espécie de filosofia que pensou extinguir a qualquer preço e por qualquer meio que fosse. Spêusipo ocupou-se em observar o que as ciências tinham em comum, aproximá-las e esclarecê-las, umas pelas outras. Caminhou sobre as pegadas de Pitágoras: distinguia os objetos sensíveis e os intelectuais, e comparava os sentidos aos dedos experimentados de uma flautista. De resto, pensava como Platão sobre a felicidade, sobre a verdade, a virtude e a república, diferenciando-se daquele menos pelas ideias do que pela expressão.

Xenócrates

Nasceu no correr da 95ª olimpíada. Teve uma inteligência lenta e pesada. Platão o comparava a um asno preguiçoso que tinha necessidade de esporas; e Aristóteles a um cavalo fogoso, a quem era necessário um bridão. Ele mesmo comparava-se a um vaso de boca estreita, assim se enchendo com dificuldade, mas retendo bem o conteúdo. Mostrou à corte de Denis que era capaz de apego e de reconhecimento, dizendo com ousadia ao tirano que não se dispunha da cabeça de Platão sem antes ter disponível a de Xenócrates. Conformou-se rigorosamente à disciplina da academia. Representava Platão pela pureza de seus hábitos e pela gravidade de seu aspecto físico e de seus discursos. Tal era a opinião sobre sua veracidade que, chamada como testemunha, os juízes o dispensaram do juramento. Enviado como embaixador a Felipe da Macedônia, os presentes do soberano não o atraíram e recusou-se constantemente a conferenciar em segredo. Serviu utilmente à sua pátria em circunstâncias não menos importantes, sem que isso prejudicasse sua integridade.

Devolveu a Alexandre a maior parte dos cinquenta talentos que ele lhe ofereceu. Não é surpreendente, depois desses sinais de desinteresse de que fez prova, que não se encon-

139. Ver nota 3, artigo sobre Aristóteles.

trasse em condições de pagar o tributo que em Atenas se exigia daqueles que viajavam. Mas é muito surpreendente que, por falta do pagamento, os atenienses, dos quais tanto mereceu a estima, o tenham vendido e só tenha sido devolvido à pátria pela benfeitoria de Demétrio de Falera, que o recomprou. Frineia, que havia desafiado alguns jovens libertinos afirmando que o corromperia, perdeu a alta opinião que tinha sobre o poder de seus charmes, sobre a fraqueza de Xenócrates e a soma apostada. Mas retirou seu dinheiro, dizendo que se havia comprometido a cativar um homem, não a uma estátua. Seria necessário que aquele que resistisse a Frineia fosse ou passasse por impotente. Acreditou-se que Xenócrates estava seguro de si por ter-se livrado dos órgãos destinados ao prazer, muito tempo antes de passar a noite ao lado da célebre cortesã. Mesmo as crianças o respeitavam nas ruas e sua presença interrompia seus jogos. Foi um homem silencioso e dizia que por vezes se arrependia de ter falado, mas nunca de se ter calado. Distinguiu-se por sua clemência, sobriedade e por todas as virtudes que caracterizam o homem de bem e o filósofo. Viveu muito tempo sem nenhum reproche. Afastou da escola, como um vaso sem asas, aquele que ignorava a geometria, a astronomia e a música. Definiu a retórica como Platão e dividiu a filosofia em lógica, física e moral. Sugeria ser preciso começar a dialética pelo tratado das palavras. Distinguia os objetos em sensíveis, inteligíveis e compostos; e o conhecimento em ciência, sensação e opinião. Relacionou sua doutrina dos deuses à dos números; à mônada ou unidade chamava *deus*; fez do número dois uma divindade feminina e de Zeus, um número ímpar. Admitiu potências subalternas, tais como o céu e os astros, e demônios difusos em toda a massa do universo, adorados entre os homens sob o nome de Juno, Netuno, Plutão e Ceres. Segundo ele, a alma que se move por si mesma foi um número. Imaginou três densidades diferentes: compôs as estrelas e o sol de fogo e de uma primeira densidade; a lua, de um ar particular e de uma segunda densidade;

e a Terra, de ar e de água, de uma terceira densidade. A alma não foi suscetível nem de densidade nem de raridade. Dizia que tudo o que é, é bom, mau ou indiferente. A virtude é preferível à vida, o maior dos bens. Morreu com 82 ou 84 anos.

Pôlemon

Foi um daqueles agradáveis debochados dos quais a cidade de Atenas formigava. Um dia em que saía no crepúsculo da manhã da casa de uma cortesã, onde passara a noite, bêbado de amor e de vinho, os cabelos desgrenhados, os pés vacilantes, as roupas em desordem, o torso nu, as sandálias desamarradas, com uma coroa de tecido rasgada, que mal se sustentava à cabeça, percebeu a porta da escola de Xenócrates aberta: entrou, sentou-se e caçoava do filósofo e de seus alunos. As ideias que ali se tinham da felicidade enquadravam-se muito pouco às de um jovem que daria sua vida por um copo de vinho de Chio e o beijo de sua amante. Xenócrates não se desconcertou. Deixou o assunto com o qual entretinha seus ouvintes e pôs-se a falar da modéstia e da temperança. Primeiramente, a gravidade do filósofo abateu um pouco a petulância do jovem libertino; logo, tornou-o atento. Pôlemon calou-se, escutou, ficou impressionado, envergonhou-se de seu estado e foi visto, na medida em que o filósofo falava, embaraçado, abaixar-se furtivamente, amarrar suas sandálias, cobrir-se e jogar fora a coroa. Depois disso, começou uma vida a mais austera. Proibiu-se o uso do vinho e exercitou a impassibilidade, conseguida a tal ponto que, mordido na perna por um cachorro, conservou a tranquilidade em meio à multidão de pessoas que o acidente havia reunido. Amou a solidão tanto quanto tinha amado a dissipação. Retirou-se para um pequeno jardim e seus discípulos construíram pequenas cabanas ao redor da sua. Foi amado por seu mestre e por seus discípulos, honrado por seus concidadãos. Formou Crantor, Crates, o estoico, Zenão e Arcesílaos. Sua filosofia foi prática. É preciso mais agir do que especular, dizia; viver consoante a natureza, imitar a Deus, estudar a harmonia do universo e introduzi-la em sua conduta. Morreu de tísica em uma idade bastante avançada.

Crates

Este ateniense sucedeu Pôlemon, seu mestre e amigo. Jamais dois homens foram unidos por um elo tão sólido e agradável. Tiveram os mesmos gostos, os mesmos estudos, os mesmos exercícios, as mesmas distrações, os mesmos sentimentos, as mesmas virtudes e costumes. Foram enterrados no mesmo túmulo. Crates escreveu filosofia, compôs peças de teatro e deixou discursos. Arcesílaos e Bíon, o Boristenista, distinguiram-se em sua escola. Houve diversos filósofos com seu nome, com os quais não se deve confundi-lo.

Crantor

Ocupou a academia depois de Pôlemon e Crates. Foi filósofo e poeta dramático. Sua obra *De luctu* obteve muita reputação. Cícero transmitiu-nos suas ideias principais no livro *A Consolação*. Sua doutrina não difere da de Platão. Dizia: a vida de um homem é um longo tecido de misérias que nós mesmos fazemos, ou às quais a natureza nos condenou. A saúde, o prazer e as riquezas são bens, mas a preços bem distintos. A ausência de dor é uma vantagem que custa caro: não a obtemos a não ser pela ferocidade da alma ou pelo estupor do corpo. A academia antiga ou primeira terminou com Crantor.

Da Academia Média

Arcesílaos ou Arcesila foi seu fundador. Nasceu no primeiro ano da 116ª olimpíada. Aprendeu as matemáticas com Autólico, a música com Xante, a geometria com Hipônico, oratória e poesia com outros mestres e, enfim, a filosofia na escola de Teofrasto, a quem deixou para ouvir Aristóteles e, por fim, com Pôlemon. Professou na academia após a morte de Crantor. Foi um homem eloquente e persuasivo. Tratava com moderação os vícios de seus discípulos, mas os possuía muitos. E os amava, pois o socorriam nas necessidades. Sua filosofia não foi austera. Não escondia o gosto pelas cortesãs Teodora e Filete. Censuravam-no também pelo vinho e belos rapazes. A julgar pela firmeza demonstrada nas crises de gota, não parece que a volúpia tenha amolecido sua coragem. Viveu longe dos assuntos públicos, encerrado em sua escola. Atribuiu-se-lhe um crime por suas ligações com Hierócles. Morreu delirante com a idade de 75 anos. Espicaçou a inveja de Zenão, de Jerônimo, o peripatético, e de Epicuro. A filosofia acadêmica mudou de rosto sob Arcesílaos. Para se ter uma ideia desta revolução, é necessário lembrar-se:

1. Que os acadêmicos não admitiam qualquer ciência certa das coisas sensíveis ou da matéria, um ser em constante fluxo e perpétua mudança; de onde inferiam a modéstia das asserções, as precauções contra os pré-julgamentos, o exame, a paciência e a dúvida;
2. que possuíam a dupla doutrina, a esotérica e a exotérica; que combatiam as opiniões dos outros filósofos em suas lições públicas, mas só expunham seus próprios sentimentos em particular;
3. que no tempo em que apareceu Sócrates, Atenas estava infestada de sofistas e que Sócrates não encontrou meios mais eficientes de dissipar os erros de seus concidadãos, produzidos por aqueles homens vãos, senão fingindo a dúvida e a ignorância, interrogá-los sobre o que sabia mais do que eles, embaraçá-los e cobri-los de ridículo;
4. que a dúvida fingida de Sócrates tornou-se em alguns de seus discípulos o germe de uma dúvida real sobre os sentidos, a consciência e a experiência, três testemunhas que Sócrates sempre invocava;
5. que disso resulta uma espécie de filosofia incômoda, inquisitiva, espinhosa, ensinada sobretudo nas escolas dialéticas e megáricas, onde o furor pela controvérsia contra e a favor subsistiu muito tempo;
6. que Platão, homem de gosto saudável, de grande capacidade de julgamento, de um gênio elevado e profundo, logo percebeu a frivolidade de tais disputas escolásticas, voltando-se para objetos mais importantes, sonhando reconvocar para o uso da razão uma sobriedade que distinguisse ente os objetos

de nossas reflexões aqueles que nos permitem bem conhecê-los e os outros sobre os quais somente podíamos opinar;

7. que no tempo de Arcesílaus, de Xenócrates e de Aristóteles, ergeu-se uma nova escola onde se combatiam todos os sistemas conhecidos e na qual, sobre os destroços daqueles, construiu-se a doutrina da fragilidade absoluta do entendimento humano e da incerteza geral de todos os conhecimentos;
8. que em meio a esta multidão de seitas opostas, a filosofia de Platão começou a sofrer algumas alterações; que o silêncio sobre a doutrina esotérica havia sido mal guardado; que os que haviam deixado transpirá-la estavam turvados e confusos em seus espíritos, pensando-se então que seria melhor fazer desaprender os que estavam mal instruídos do que instruir aqueles que talvez não fossem suficientemente dóceis.

Eis o que determinou Arcesílaos a voltar ao método de Sócrates, à ignorância aparente, à ironia e à dúvida. Sócrates o havia empregado contra os sofistas; Arcesílaos o empregou contra os semifilósofos platônicos e outros.

Princípios da Filosofia de Arcesílaos

Nada se pode saber. Tudo está oculto para o homem; ele nada vê, nada concebe. Não é preciso apegar-se a uma escola, nem professar qualquer sistema, nem afirmar nada, mas conter-se e garantir-se desta temeridade corrente com a qual asseguramos as coisas mais desconhecidas e damos como verdade coisas inteiramente falsas. Não existe nada de mais vergonhoso em um ser dotado de razão do que assegurar e aprovar antes de ter escutado e compreendido.

Um filósofo pode insurgir-se contra todos os outros e combater suas opiniões por motivos ao menos tão fortes quantos aqueles que os outros adiantam como provas.

O sentido é enganoso. A razão não merece que nela creiamos. A dúvida é bastante razoável quanto às questões de filosofia; mas não é preciso estendê-la às coisas [práticas] da vida.

Daqui se vê que um integrante da academia média e um cético diferiam muito pouco; que não havia um cabelo de diferença entre o sistema de Pirro e o de Arcesílaos; que este aqui não permitia que se aplicassem seus princípios à justiça, ao bem, ao mal, aos costumes, à sociedade; mas que os via apenas como instrumentos muito incômodos para o orgulho dogmático dos sofistas de seu tempo.

Lácido de Cirene

Abraçou a doutrina de Arcesílaos. Estava estabelecido nos jardins da academia durante o quarto ano da 134ª olimpíada. E ali ensinou por 25 anos. Teve poucos discípulos. Foi abandonado em proveito de Epicuro. Preferia-se o filósofo que pregava o prazer da alma e dos sentidos àquele que descria da luz de uma e do testemunho dos outros. E depois, não havia esta eloquência, nem esta sutileza, nem este vigor com os quais Arcesílaos havia conduzido a dissensão entre os dialéticos, os estoicos e os dogmáticos. Lácido cedeu seu lugar a dois discípulos: Télecle e Evandro. Evandro teve por sucessor Egesine de Pérgamo e este aqui a Carnéades, que foi o chefe da academia nova.

Da Academia Nova ou Terceira, Quarta e Quinta

Os atenienses foram um povo brincalhão; os poetas não perdiam nenhuma ocasião de ridicularizar os filósofos e os filósofos de acabar com a ignorância dos poetas e torná-los desprezíveis, enquanto o resto da cidade os tomava ambos ao pé da letra e com isso se divertia. Daí aquela quantidade de relatos maldosos que Ateneu e Diógenes Laércio nos transmitiram, assim como aqueles que escreveram antes e depois sobre a história literária da Grécia. É preciso convir que uma filosofia que rebaixava o homem abaixo do animal, despojando-o de todos os meios de conhecer a verdade, era um assunto excelente de zombaria para pessoas ociosas e maldosas.

Carnéades

Nasceu no terceiro ano da 141ª olimpíada. Estudou dialética com o estoico Diógenes; e também dizia algumas vezes durante uma controvérsia: ou eu te pego, ou Diógenes vai ter de me devolver o dinheiro. Foi um daqueles que os atenienses enviaram a Roma por ocasião do saque de Oropos[140]. Sua eloquência era rápida e violenta; a de Critolau, sólida e forte; a de Diógenes, sóbria e modesta. Esses três homens falaram ante os romanos e os surpreenderam. Carnéades discutiu a justiça, contra e a favor, em presença de Galba e de Catão, o censor. E Cícero diz que, sobre as razões que Carnéades opôs às noções de justo e injusto, não ousava destruí-las, ficando muito contente se conseguisse enfraquecê-las e reafirmar as leis e a administração pública, cujos fundamentos o filósofo grego aluiu. Como quer que seja, Carnéades foi um imprudente. Seu assunto foi mal escolhido e não era de se pressupor que os graves magistrados romanos suportassem uma arte que tornava problemáticas as verdades mais importantes. Como Catão, o censor, teve a paciência de escutar aquele que acusava de falsidade a medida das ações interiores? Este Carnéades foi um homem terrível. Reunia, ao mesmo tempo, a sutilidade, a rapidez, a abundância, a ciência, a profundidade; em uma palavra, todas as qualidades com as quais se dispõe um ouvinte. Seus princípios pouco divergem daqueles de Arcesílaos.

Segundo ele: não temos nenhum meio incontestável de reconhecer a verdade, seja pela razão, pelos sentidos ou pela imaginação; não há nada dentro ou fora de nós que não nos engane; não há qualquer objeto que afete dois homens da mesma maneira, ou o mesmo homem em momentos diferentes; não há nenhum caráter absoluto de verdade, nem relativo ao objeto, nem relativo à afecção; como se valer de uma qualidade tão inconstante quanto a imaginação? Não há imaginação sem sensação e não há razão sem imaginação. Mas se os sentidos enganam e se a imaginação é infiel, ou se ambos dizem a verdade, não há meios de se assegurar dos casos em que não se enganam; logo, o que pensar da razão?

140. Os filósofos foram enviados à sede do império para pedir a supressão ou, pelo menos, a redução de uma multa aplicada por Roma a Atenas, em virtude desta última ter invadido e saqueado outra cidade grega, Oropos.

Todos os axiomas de Carnéades se reduzem a desacreditar a memória, a imaginação, os sentidos e o juízo. De onde se segue que a doutrina da academia média foi a mesma da academia nova. E que a academia diferia do pirronismo naquilo que deixava ao filósofo a verossimilhança e a opinião. O acadêmico dizia: *videre mihi videor* (parece que vejo); e o pirrônico dizia: *nihil videre mihi videor* (parece-me que nada vejo).

Carnéades não reconhecia a existência de deuses, mas contra os estoicos sustentava que tudo o que eles diziam dos deuses era incerto e vago. Da mesma maneira, raciocinava sobre o destino. Demonstrava que há coisas que estão sob nosso poder, de onde concluía a falsidade de uma concatenação geral e a impossibilidade, mesmo para Apolo, de predizer as ações humanas. Fazia com que a felicidade fosse uma imitação da natureza, devendo-se seguir seus conselhos e gozar de seus presentes.

O cartaginês Clitomaco sucedeu a Carnéades. Entrou na academia no segundo ano da 162ª olimpíada e a ocupou por cerca de trinta anos. Foi primeiramente pirroniano, não deixando nem mesmo ao filósofo a escolha entre as coisas mais ou menos verossímeis. Fez também do homem e da natureza enigmas inexplicáveis. Descria da observação, da experiência e da dialética.

Fílon estudou vários anos sob Clitomaco. Cármide o sucedeu e a academia cessou com Antíoco, o ascalonita.

As academias primeira, média e nova tiveram seus seguidores entre os romanos.

O platonismo renovou-se na época dos imperadores. Entre os novos platônicos mencionam-se: Trasilo de Mende, que viveu sob os reinos de Augusto e de Tibério[141]; Téon de Esmirna; Alcino; o eunuco Favorino, que se distinguiu nos tempos de Trajano e de Adriano, pois, sendo gaulês, falava grego. Eunuco, foi acusado de adultério e, rival do imperador em matéria de filosofia, conservou sua vida e liberdade; Calvísio Tauro, que apareceu em tempos de Antonino Pio; Lúcio Apuleio,

141. Trasilo fez compilações de obras de Demócrito, de Leucipo e de Platão.

autor do *Asno de Ouro*; Atiço, contemporâneo do imperador-filósofo Marco Aurélio Antonino; Numênio de Apameia, Máximo de Tiro, Plutarco e Galiano. Foi então que o platonismo engendrou o *ecletismo*[142].

O cristianismo começou a se estabelecer. E a filosofia [platônica] apagou-se, assim como todos os outros conhecimentos, renovando-se apenas ao tempo em que os gregos passaram para a Itália. O primeiro nome que encontramos entre os restauradores da doutrina de Platão é o de George Gemistus Plitho[143], que vivia na corte de Miguel Paleólogo, doze anos antes do concílio de Florença, sob Eugênio IV, em 1438, e ao qual assistiu com Teodoro Gaza e Bessarion[144]. Escreveu um livro das leis que o patriarca Gennadius, de Constantinopla, mandou queimar após a morte do autor.

Bessarion foi discípulo de Gemistus e sectário do platonismo. As vidas de Gemistus e de Bessarion pertencem mais à Igreja do que à filosofia.

Mas ninguém neste tempo foi mais sinceramente platônico do que Marsílio Ficino. Nasceu em Florença, em 1433. Professou publicamente a filosofia. Formou Ange Policiano, Aretino, Cabalcante, Calderin, Mercat e outros. Deixou-nos uma tradução de Platão tão magra, tão seca, tão dura, bárbara e descarnada, que ela está para o original como essas velhas garatujas de pintura – que os amadores chamam de *borrões* – estão para os quadros de Ticiano ou de Rafael.

Giovanni Pico della Mirandola, que encorajou seus contemporâneos ao estudo de Platão, nasceu em 1436. Conheceu tudo o que os latinos, gregos, árabes e judeus tinham escrito sobre

142. Ver esse artigo em *Diderot, Obras VI, O Enciclopedista, História da Filosofia I*, S. Paulo: Perspectiva, 2007.

143. Georgius Gemistus (1355-1450?) autodenominou-se *Pletho* ou *Plethon* em homenagem a Platão. Escreveu sobre as diferenças entre o platonismo e o aristotelismo, assumindo nítida posição favorável ao primeiro, incluindo aí concepções místicas orientais. A menção que Diderot faz ao imperador Paleólogo condiz, na verdade, com a figura de João VIII, cujo reinado foi de 1425 a 1448.

144. Giovanni Bessarion (1405?-1472), cardeal e teólogo italiano.

filosofia. Soube quase todas as línguas. O amor pelo estudo e pelo prazer abreviaram seus dias. Morreu com a idade de 32 anos. Então a filosofia adquiriu um novo rosto.

SPINOZA[145]. Barukh (Benedito) Spinoza, judeu de nascimento e, depois, desertor do judaísmo, e, por fim, ateu, era de Amsterdã. Foi ateu por seu sistema e método inteiramente novo, embora o substrato de sua doutrina seja comum a muitos outros filósofos, antigos e modernos, ocidentais ou orientais. Foi o primeiro a converter em sistema o ateísmo e com ele fazer um corpo doutrinário ligado e tecido segundo o método dos geômetras. De resto, seu sentimento não é novo. Há muito tempo se acreditou que todo o universo é uma única substância e que Deus e o mundo são um ser apenas. Não é certo que Estratão, filósofo peripatético, tenha tido a mesma opinião, pois não se sabe se ele ensinava que o universo ou a natureza fosse um ser simples e uma substância única. O que há de certo é que ele não reconhecia outro deus senão a natureza. Como zombava dos átomos e do vácuo de Epicuro, poder-se-ia imaginar que ele não admitia distinção entre as partes do universo, embora esta consequência não seja necessária. Pode-se concluir somente que sua opinião se aproxima infinitamente mais do spinozismo do que do sistema dos átomos. Pode-se até mesmo acreditar que não ensinava, como o faziam

145. Artigo redigido pelo abade Yvon e revisto por Diderot, embora não se saiba em que extensão. Provavelmente, bem pequena, pelas características da crítica, derivada, sobretudo, do pensamento escolástico e em defesa da possibilidade dos milagres bíblicos. O ataque a Spinoza baseia-se, tão-somente, na *Ética*, e decorre de proposições como, entre outras: *Afora Deus, não pode ser dada nem concebida nenhuma substância; Tudo o que existe, existe em Deus e, sem Deus, nada pode existir nem ser concebido; A substância absolutamente infinita é indivisível; Da necessidade da natureza divina devem resultar coisas infinitas em número infinito de modos, isto é, tudo o que pode cair sob um intelecto infinito; Deus não é somente causa eficiente da existência das coisas, mas também de suas essências.*

os atomistas, que o mundo tenha sido uma obra nova e produzida pelo acaso. Mas sim, como fazem os spinozistas, que a natureza o produziu necessariamente e por toda a eternidade.

O dogma da alma do mundo, que foi tão habitual entre os antigos, fazendo parte principal do sistema dos estoicos, é, no fundo, aquele de Spinoza. Isto apareceria mais claramente se autores geômetras o houvessem explicado. Mas como os escritos nos quais a ele se fazem menção têm mais do método dos retóricos do que do método dogmático e que, ao contrário, Spinoza é muito apegado à precisão, sem servir-se de uma linguagem figurada, que nos dissimula frequentemente as ideias exatas de um corpo de doutrina, disso provém que encontremos várias diferenças capitais entre seu sistema e aquele da alma do mundo. Os que gostariam de sustentar que o spinozismo está melhor articulado, deveriam também sustentar que não contém tanta ortodoxia. Pois os estoicos não retiravam de Deus a providência; eles nele reuniam o conhecimento de todas as coisas, e Spinoza só lhe atribui conhecimentos separados e muito limitados. Lede estas palavras de Sêneca:

> Desejas chamar destino àquela alma e espírito, jovem guardião e reitor do universo, artífice e senhor deste mundo, e ao qual todo nome lhe é adequado? Não errarás: trata-se daquilo em que todas as coisas se encontram suspensas, a causa das causas. Desejas chamar-lhe providência? Denominação certa, pois de sua deliberação o mundo está previsto. Queres chamar-lhe natureza? Não cometerás um delito, pois dela nasceram todas as coisas e por cujo espírito vivemos. Queres chamar-lhe mundo? Não falharás, pois é a totalidade das coisas que vês, totalidade que se aplica a todas as suas partes e sustenta-se por si[146].

146. "Eundem quem nos, jovem intelligunt, custodem, rectoremque universi, animum ac spiritum, mundani hujus operis dominum et artificem, cui nomen omne convenit. Vis illum factum vocare? Non errabis: hic es ex quo suspensa sunt omnia causa causaram. Vis illum providentiam dicere? Recte dicis. Est enim cujus consilio huic mundo providetur. Vis ilum naturam vocare? Non peccabis. Est enim ex quo nata sunt omnia, cujus spiritu vivimus. Vis ellum vocare mundum? Non falleris. Ipse est enim totum quod vides, totus suis partibus induitur, et se sustinens vi sua" - *Quaest. Nature. Lib.* XI, *cap.* XIV.

Em outro lugar, assim fala: "Que outra razão há para que não estimes que nele exista algo divino, já que similar a Deus? Trata-se de uma totalidade na qual estamos contidos, do uno e de Deus, e dela somos membros associados" (*Quid est autem, cur non existimes in eo divini aliquid existere, qui Dei par est? Totum hoc quo continemur, et unum est et Deus, et socii ejus summus et membra – Epist. 92*). Lede também o discurso de Catão no quarto livro da *Farsália* e, sobretudo, considerai estes três versos: "Não são a terra, o mar e o firmamento a sede e a virtude de Deus? Por que buscar outros deuses? Júpiter não é outra coisa senão o que vês e pelo qual és movido" (*Est-ne Dei sedes nisi terra et puntus et aer / et coelum et virtus? Superos quid quaerimus ultra? / Jupiter est quodcumque vides, quodcumque moveris*).

Retornando a Spinoza, todo mundo concorda que tinha hábitos educados, era sóbrio, moderado, pacífico, desinteressado e mesmo generoso. Seu coração não estava maculado por nenhum desses vícios que desonram. Isto é estranho, mas não se deve mais espantar-se de ver pessoas que vivem muito mal, embora tenham plena convicção dos evangelhos. Mas a atração dos prazeres não afetou Spinoza; a bondade e a equidade naturais o formaram.

De seu obscuro retiro saiu primeiro a obra que intitulou *Tratado Teológico-Político*, pois que ali tem em mira a religião em si mesma e seu exercício em relação ao governo civil. Como a certeza da revelação é o fundamento da fé, os primeiros esforços de Spinoza são contra os profetas. Ele tenta de tudo para enfraquecer a ideia que temos deles e as que retiramos de suas profecias. Não aceita que tenham bem conhecido a natureza e as perfeições do ser soberano. Se nelas cremos, eles não sabiam mais do que nós e, talvez, não soubessem tanto quanto nós.

Moisés, por exemplo, imaginava um Deus ciumento, complacente e vingativo, o que mal se adapta à ideia que devemos ter da divindade. Com relação aos milagres, cujos relatos são tão frequentes nas Escrituras, achou que não eram verdadeiros. Os prodígios, segundo ele, são impossíveis, pois se oporiam à ordem da natureza, e esta oposição é contraditória. Enfim, para dizermos de uma só vez, ele destrói em um só capítulo toda a autoridade das antigas Escrituras. Elas não são dos autores que trazem seus nomes e, assim, o *Pentateuco* não seria de Moisés, mas uma compilação de velhas memórias mal digeridas por Esdras. Os demais livros sagrados não teriam uma origem mais respeitável.

Spinoza havia surpreendido e escandalizado a Europa com uma teologia que só tinha por fundamento a autoridade de sua palavra. Ele não se afasta pela metade. Seu primeiro livro foi apenas um ensaio de força. No segundo, foi muito além. Este outro escrito é sua *moral*, em que, dando curso às suas meditações filosóficas, ele mergulha seu leitor nas entranhas do ateísmo. É principalmente a essa monstruosa ousadia que deve a grande fama entre os incrédulos de nossos dias. Muito poucas pessoas são suspeitas de aderir à sua doutrina e, entre aqueles de quem se suspeita, há poucos que o estudaram. E entre estes últimos, há poucos que o compreenderam e que são capazes de traçar seu verdadeiro plano e desenrolar o fio de seus princípios. Os mais sinceros confessam que Spinoza é incompreensível, que sua filosofia é para eles um enigma perpétuo e que, enfim, se eles se colocam a seu lado é porque ele nega com intrepidez aquilo em que eles mesmos, por secreta tendência, não criam.

Por pouco que se aprofunde nessas trevas onde ele se introduziu, ali se descobrem uma sequência de abismos, nos quais este temerário pensador se precipitou quase que desde o primeiro passo, proposições evidentemente falsas e outras contestáveis, princípios arbitrários substituindo princípios naturais e verdades sensíveis, um abuso de termos tomados, na maioria das vezes, a contrassenso, um monte de equívocos, uma enorme quantidade de contradições palpáveis.

De todos aqueles que refutaram o spinozismo, não há ninguém que o tenha feito tão claramente, nem combatido com tanta superioridade quanto o fez Bayle. Eis porque me impus como dever transcrever aqui um resumo dos raciocínios pelos quais arruinou inteiramente aquele sistema monstruoso. Mas antes de se fazer sentir o ridículo, é conveniente expô-lo.

Spinoza sustenta:

1. que uma substância não pode produzir uma outra substância;
2. que nada pode ser criado do nada, pois seria uma contradição manifesta que Deus trabalhasse sobre o nada, que retirasse o ser do não-ser, a luz das trevas, a vida da morte;
3. que só há uma substância, já que não se pode chamar de *substância* o que não for eterno, independente de toda causa superior, existindo por si mesmo e necessariamente.

Ora, todas essas qualidades convêm somente a Deus; logo, não há outra substância no universo a não ser Deus.

Spinoza acrescenta que esta substância única, não dividida e não divisível, é dotada de uma infinidade de atributos, entre os quais o da extensão e o do pensamento. Todos os corpos que se encontram no universo são modificações dessa substância, em extensão, e as almas dos homens são modificações desta substância na qualidade de pensamento. O todo, no entanto, resta imóvel e nada perde de sua essência em virtude de algumas leves modificações, rápidas, momentâneas. É assim que um homem não cessa de ser o que, com efeito, esteja acordado ou dormindo, que se repouse indolentemente ou aja com vigor. Escutemos o que Bayle contrapõe a esta doutrina[147].

1. É impossível que o universo seja uma substância única, pois tudo o que é extenso possui, necessariamente, partes; e tudo o que possui partes é composto. E como as partes da extensão não subsistem uma na outra, é preciso, necessariamente, ou que a extensão não seja uma substância, ou que cada parte da extensão seja uma substância particular e distinta de todas

147. Adversário de Spinoza, Bayle procurou refutá-lo em várias obras. Entre elas, em seu *Dicionário Histórico-Crítico*, nas *Teses Filosóficas* e no *Sumário de Filosofia*.

as outras. Ora, segundo Spinoza, a extensão em geral é o atributo de uma substância. De outro lado, admite, com outros filósofos, que o atributo de uma substância não difere realmente dessa substância; de onde é preciso concluir que cada parte da extensão é uma substância particular, o que arruína os fundamentos de todo o sistema do autor. Para justificar este absurdo, Spinoza não poderia dizer que a extensão em geral é distinta da substância de Deus, pois, se o dissesse, ensinaria que esta substância é, nela mesma, inextensa. Não teria jamais podido adquirir as três dimensões senão as criando, pois é evidente que a extensão não pode sair ou emanar de um sujeito inextenso, a não ser por via de criação. Ora, Spinoza não acreditava que de nada se possa fazer nada. É ainda evidente que uma substância não extensa por sua natureza não pode nunca tornar-se algo de três dimensões. Pois como seria possível colocá-las sobre um ponto matemático? Elas subsistiriam, pois, sem um sujeito, e seriam uma substância. De maneira que se este autor admitisse uma distinção real entre a substância de Deus e a extensão em geral, seria obrigado a dizer que Deus seria composto de duas substâncias distintas uma da outra, a saber, a de seu ser inextenso e a da extensão. Ei-lo, pois, obrigado a reconhecer que a extensão e Deus são a mesma coisa. E como em seus princípios, além disso, só há uma substância no universo, é preciso que ele ensine que a extensão é um ser simples e também isento de composição, como os pontos matemáticos. Mas não é zombar do mundo sustentar isso? É mais evidente que a quantidade mil esteja composta de mil unidades do que um corpo de cem polegadas seja composto de cem partes realmente distintas uma da outra, cada qual tendo uma polegada?

Para se desembaraçar de uma dificuldade tão constringente, Spinoza responde que a extensão não é composta de partes, mas de modificações. Mas será que previu alguma vantagem com esta mudança de palavra? Que ele evite o quanto quiser o nome de *parte*, que ele o substitua o quanto quiser por aquele de *moda-*

lidade ou *modificação*, no que isto contribuiu para o caso? As ideias que atribuímos à palavra *parte* serão apagadas? Não serão aplicáveis ao termo *modificação*? Os signos e os caracteres de diferenciação são menos reais ou evidentes quando se divide a matéria em *modificações* ou em *partes*? Numa visão geral, a ideia de matéria permanece sempre a de um ser composto, a de um agregado de muitas substâncias. Eis com que bem se pode provar.

As modalidades são seres que não podem existir sem a substância que elas modificam. É preciso, pois, que a substância encontre-se em todos os lugares onde haja modalidades. É preciso mesmo que ela, a substância, se multiplique, à proporção que as modificações incompatíveis entre si se multiplicam. É evidente, e nenhum spinozista o pode negar, que a figura quadrada e a figura circular são incompatíveis no mesmo pedaço de cera. É preciso, necessariamente, que a substância modificada pela figura quadrada não seja a mesma que a modificada pela figura circular, pois, de outro modo, ambas as figuras se encontrariam, ao mesmo tempo, no mesmo e único sujeito. E isto é impossível.

2. Se é absurdo fazer de Deus uma extensão, porque assim se lhe retira a simplicidade, e compô-lo com um número infinito de partes, que diríamos quando pensássemos que assim o reduzimos à condição mais vil da natureza, fazendo-o material, já que a natureza é o teatro de todas as corrupções e de todas as mudanças? Os spinozistas sustentam, no entanto, que ela não sofre nenhuma divisão, mas o fazem pela mais frívola e fria chicana que se possa ver. A fim de que a matéria fosse dividida, dizem eles, seria preciso que uma de suas porções fosse separada das outras por espaços vazios, o que jamais acontece. Mas isso é definir muito mal a divisão. Nós também estamos separados de nossos amigos quando o intervalo que nos separa está ocupado por outras pessoas ordenadas em fila, ou quando ele se encontra cheio de terra. Invertemos, pois, as ideias e a linguagem quando sustentamos que a matéria reduzida a cinzas e fumaça não sofreu separação ou divisão?

3. Iremos ver absurdos ainda mais monstruosos ao considerarmos o deus de Spinoza como o sujeito de todas as modificações do pensamento. Já é uma grande dificuldade conciliar a extensão e o pensamento como uma substância apenas. E não se trata aqui de uma liga como a dos metais, ou de uma mistura como a da água e do vinho. Ambas só pedem a *justaposição*. Mas a liga do pensamento e da extensão deve ser uma *identidade*. Estou certo de que se Spinoza tivesse encontrado uma tal dificuldade em outra seita, iria julgá-la indigna de sua atenção. Mas não fez disso um obstáculo quando em causa própria; tanto é verdade que aqueles que censuram desdenhosamente os pensamentos dos outros, são bastante indulgentes com relação a si mesmos. Ele gracejava do mistério da Trindade e se admirava que uma infinidade de pessoas ousasse falar de uma natureza formada de três hipóstases; logo ele que, propriamente falando, atribui à natureza divina tantas pessoas quantas existem sobre a Terra. Via como loucos aqueles que, admitindo a transubstanciação, dizem que um homem pode estar simultaneamente em vários lugares, viver em Paris e estar morto em Roma. Ele, que defende que a substância extensa, única e indivisível está em todos os lugares ao mesmo tempo, aqui fria e ali quente, aqui triste e mais adiante alegre.

Se existe alguma coisa de certo e incontestável nos conhecimentos humanos é esta proposição: *não se pode afirmar verdadeiramente de um mesmo sujeito, sob as mesmas condições e ao mesmo tempo, dois termos que são opostos: por exemplo, não se pode dizer, sem mentir, que Pedro está bem e muito mal de saúde.* Os spinozistas arruínam esta ideia e a justificam de tal maneira que não se sabe onde poderão apreender o caráter da verdade. Pois se tais proposições fossem falsas, não haveria nenhuma outra que se pudesse garantir como verdadeira. Mostremos que este axioma é falso em seu sistema e estabeleçamos inicialmente por máxima incontestável que todas as designações que se dá a este sujeito, para significar ou exprimir o que faz ou sofre, convém, própria e fisicamente, à substância, e não a seus acidentes. Quando dizemos *o ferro é duro*, *o ferro é pesado, ele afunda na água*, não pretendemos dizer que sua dureza é dura, que seu peso é pesado etc. Esta linguagem seria bastante impertinente. Queremos dizer que a *substância extensa* que a compõe resiste, tem peso e desce para o fundo da água. Do mesmo modo, quando dizemos que um homem nega, afirma, se irrita, acaricia, louva, nós fazemos recair os atributos sobre a substância própria de sua alma, e não sobre os seus pensamentos, enquanto são acidentes ou modificações. Portanto, se fosse verdade, como o pretende Spinoza, que os homens fossem modalidades de Deus, falaríamos falsamente quando disséssemos: Pedro nega isto, quer isso ou aquilo, afirma aquilo lá. Pois realmente, segundo este sistema, é Deus quem nega, quer, afirma e, por consequência, todas as denominações que resultam de todos os pensamentos dos homens caem, própria e fisicamente, sobre a substância de Deus. De onde se segue que Deus odeia e ama, nega e afirma as mesmas coisas, ao mesmo tempo e segundo todas as condições requeridas, para fazer com que a regra que nós relatamos, dizendo respeito aos termos opostos, seja falsa. Pois não poderíamos negar que, segundo todas as condições, consideradas com todo o rigor, alguns homens não amam e nem afirmam o que outros homens odeiam e negam. Passemos avante: os termos contraditórios querer e não querer convêm, segundo todas essas condições, e ao mesmo tempo, a homens diferentes. É preciso, pois, que no sistema de Spinoza eles convenham a esta substância única e indivisível que chamamos de Deus. É Deus, portanto, quem forma e não forma, simultaneamente, o ato de querer, relativamente a um mesmo objeto. Consequentemente, dele se observam dois termos contraditórios, o que é a inversão dos primeiros princípios da metafísica: um círculo quadrado não é mais contraditório do que uma substância que ama e odeia, ao mesmo tempo, o mesmo objeto. Eis o que significa a falsa delicadeza. Nosso homem não podia suportar as menores obscuridades, nem as do peripatetismo, nem as do judaísmo ou do cristianismo, e abraçava, apaixonadamente, uma hipótese que alia dois termos tão opostos quanto as figuras quadrada e circular, e que faz com que uma infinidade de atributos discordantes e incompatíveis, e toda a variedade e a antipatia dos pensamentos do gênero humano garantam, em conjunto, uma só e mesma substância muito simples e indivisível. Diz-se, ordinariamente: *quot capita, tot sensus* (quantas cabeças, tantas sentenças). Mas segundo Spinoza, todos os sentimentos de todos os homens estão em uma só cabeça. Simplesmente relatar tais coisas já é refutá-las.

4. Se fisicamente falando é um absurdo prodigioso que um sujeito simples e único seja modificado ao mesmo tempo pelos pensamentos de todos os homens, é uma abominação execrável quando se considera o tema do lado da moral.

Como então? O ser infinito, necessário e soberanamente perfeito não seria consistente e imutável? Imutável? Não será por um só momento o mesmo; seus pensamentos se sucederão, um após o outro, sem fim e sem cessar, e a mesma heterogeneidade de paixões e de sentimentos se veria muitas vezes. Isso é difícil de digerir. E eis o pior: esta mobilidade contínua manterá muitas uniformidades no sentido em que, para cada bom pensamento, o ser infinito terá muitas formas e maneiras, extravagantes, impuras, abomináveis; produzirá em si mesmo todas as loucuras, todas as quimeras, todas as imundícies e todas as iniquidades do gênero humano. Será não apenas a causa eficiente, como o sujeito passivo. Ligar-se-á a elas por uma união a mais íntima que se possa conceber. Pois é uma união penetrável, ou, antes, uma verdadeira identidade, já que o modo não se distingue realmente da substância modificada. Vários grandes filósofos, não podendo compreender que seja compatível com o ser soberanamente bom tolerar que o homem seja tão mau e tão infeliz, supuseram dois princípios, um bom e outro mau. E eis aqui um filósofo que acha bom que Deus seja, ele mesmo, o agente e o paciente de todos os crimes e de todas as misérias humanas.

Que os homens se odeiem, que se entreassassinem num canto de mato, que se reúnam em corpos armados para se entrematar, que os vencedores até mesmo comam por vezes os vencidos. Isso se compreende, porque eles são distintos entre si. Mas que os homens, não sendo senão a modificação do mesmo ser, tendo-se por consequência que é Deus quem age, e o mesmo Deus, agora em quantidade, se converta em turco e se modifique em húngaro, e haja guerras e batalhas, é o que ultrapassa todas as monstruosidades e todos os desregramentos quiméricos dos cérebros mais loucos. Pois no sistema de Spinoza, todos os que dizem "os alemães mataram dez mil turcos", falam mal e falsamente, a menos que se entenda: "Deus, transformado em alemão, matou Deus modificado em dez mil turcos". E assim, todas as frases pelas quais se exprime o que os homens fazem uns contra os outros não têm outro sentido verdadeiro a não ser este: "Deus odeia-se a si mesmo, pede graças a si mesmo e as recusa; ele se persegue, se mata, se come, calunia-se e se condena ao patíbulo".

Seria menos inconcebível se Spinoza tivesse representado Deus como um agregado de várias partes distintas, mas o reduziu à mais perfeita simplicidade, à unidade de substância, à indivisibilidade. Enuncia, pois, as mais infames e furiosas extravagâncias, e infinitamente mais ridículas do que aquelas dos poetas a respeito dos deuses do paganismo.

5. Duas objeções ainda. Houve filósofos bastante ímpios para negar que houvesse um Deus, mas não levaram sua extravagância até o ponto de dizer que, se existisse, não seria de uma natureza perfeitamente harmoniosa. Os maiores céticos da Antiguidade disseram que todos os homens têm uma ideia de Deus, segundo a qual ele é uma natureza viva, feliz, incorruptível, perfeita na felicidade e em nada suscetível ao mal. Era sem dúvida uma extravagância, próxima à loucura, não reunir em sua natureza divina a imortalidade e a felicidade. Plutarco refuta muito bem este absurdo dos estoicos: mas por mais louca que tenha sido este pensamento dos estoicos, não retirava dos deuses sua felicidade durante a sua existência. Os

spinozistas talvez sejam os únicos que reduziram a divindade à miséria. Ora, que miséria? Algumas vezes tão grande que ele se precipita no desespero e se anularia se pudesse; ele se esforça, suprime tudo o que pode suprimir; ele se abate, se precipita, não podendo mais suportar a tristeza pavorosa que o devora. Não se trata de declamações, é uma linguagem exata e filosófica; pois se o homem não é senão uma modificação, ele nada faz. Seria uma frase impertinente, histriônica, burlesca, dizer: *a alegria é alegre, a tristeza é triste.* É uma frase semelhante no sistema de Spinoza afirmar: *o homem pensa, o homem se aflige, o homem se precipita etc.* Todas essas proposições devem ser ditas da substância da qual o homem é um modo.

Como se pôde imaginar que uma natureza independente, que existe por si mesma e que possui perfeições infinitas, esteja submetida a todas as infelicidades do gênero humano? Se qualquer outra natureza a constrangesse ao desgosto ou à sensação de dor, não se acharia tão estranho que se entregasse à infelicidade. Poder-se-ia dizer que ela obedece a uma força maior. Aparentemente, é para evitar um mal maior que ela se dá o cálculo renal, a cólica intestinal, a febre e a raiva. Mas ela está só no universo, nada a comanda, nada a exorta, nada a ela se dirige. É sua própria natureza, diz Spinoza, que a leva a dar-se, em certas circunstâncias, um imenso pesar e uma dor muito viva. Mas a ele eu responderia: não achas haver qualquer coisa de monstruoso e inconcebível em tal fatalidade?

As fortes razões que se opõem à doutrina segunda a qual nossas almas são uma parte de Deus têm ainda mais solidez contra Spinoza. Objeta-se a Pitágoras, em uma obra de Cícero, que desta doutrina resultam três falsidades evidentes: a. que a natureza divina seja rasgada em pedaços; b. que ela seria infeliz tantas vezes quanto o são os homens; c. que o espírito humano não ignoraria o que quer que fosse, pois seria Deus.

6. Gostaria de saber a quem se prende quando rejeita certas doutrinas e propõe outras. Quer aprender verdades? Quer refutar erros? Mas está no direito de dizer que há erros? Os

pensamentos dos filósofos ordinários, os dos judeus, os dos cristãos não são modos do ser infinito, tanto quanto de sua ética? Não são realidades tão necessárias à perfeição do universo quanto todas as demais especulações? Não emanam da causa necessária? Como pretende então que haja alguma coisa para retificar? Em segundo lugar, não pretende que a natureza, da qual são modalidades, age necessariamente, que sempre vai em seu caminho, que não pode nem deter-se, nem parar, nem que, sendo única no universo, nenhuma causa exterior a pode corrigir? Não há nada, pois, de mais inútil nas lições deste filósofo. Coube a ele, que não passa de uma modificação da substância, prescrever ao Ser Infinito o que ele deve fazer. E este Ser o ouviria? E se o escutasse, aproveitaria suas correções? Não age ele segundo toda a extensão de suas forças, sem saber onde vai ou o que faz? Um homem como Spinoza permaneceria em repouso, se bem raciocinasse. Se fosse possível estabelecer um tal dogma, diria ele: a necessidade da natureza o estabeleceria sem minha obra; se não for possível, todos os meus escritos de nada valem.

O sistema de Spinoza choca tão visivelmente a razão que seus maiores admiradores reconhecem que, se houvesse ensinado os dogmas de que o acusam, seria digno de execração; mas eles sugerem que não foi compreendido. Suas apologias, longe de desculpá-lo, fazem ver claramente que os adversários de Spinoza o desconcertaram e abismaram tão completamente que não lhe resta outro meio de replicar-lhes a não ser aquele do qual se serviram os jansenistas contra os jesuítas: o de dizer que seu sentimento não é o que se supõe. Eis a que se reduzem seus apologistas. Afim de que se veja que ninguém poderia disputar com seus adversários a honra do triunfo, basta considerar que ele ensinou efetivamente o que lhe é imputado e que se contradiz grosseiramente, sem saber o que queria. Atribuiu-se-lhe um crime o ter dito que todos os seres particulares são modificações de Deus. É manifesto que se encontra em sua doutrina, pois sua 14ª proposição é esta: *praeter Deum nulla dari neque concipi potest substantia* (exceto Deus, nenhuma substância pode ser dada ou concebida); e assegura na 15ª: *quidquid est, in Deo est, et nihil sine Deo neque esse neque concipi potest* (tudo quanto é está em Deus e, sem Deus, nada pode ser ou conceber-se). O que prova, pela razão, que tudo é modo ou substância e que os modos não podem existir ou ser concebidos sem a substância. Quando, pois, um apologista de Spinoza fala desta maneira, se fosse verdade que Spinoza tivesse ensinado que todos os seres particulares são modos da substância divina, a vitória de seus adversários seria completa e eu não queria contestá-la. Quando um apologista fala assim, o que lhe falta senão uma confissão formal da derrota de seu herói? Pois, evidentemente, o dogma em questão encontra-se na moral de Spinoza.

É preciso não esquecer que este ímpio não desconheceu as dependências inevitáveis de seu sistema, pois zombou de aparições de espíritos e não há outra filosofia que tenha menos direito de negá-las. Ele deve reconhecer que tudo pensa na natureza e que o homem não é a mais esclarecida e a mais inteligente modificação do universo; logo, deve admitir os demônios. Quando se supõe que um espírito soberanamente perfeito retirou as criaturas do seio do nada, sem por isso ser determinado por sua natureza, mas por uma escolha livre ou capricho, pode-se negar que existam anjos. Se perguntais por que um tal criador não produziu outros espíritos além da alma humana, tereis como resposta que tal assim foi realizado por seu bel-prazer (*stat pro ratione voluntas*): vós não podeis opor nada de racional a essa resposta, a menos que proveis o fato, ou seja, haver anjos. Mas quando se supõe que o Criador não agiu livremente, e que ele esgotou sem escolha nem regra toda a extensão de sua potência, e que, além disso, o pensamento é um de seus atributos, é ridículo sustentar não haver demônios. Deve-se crer que o pensamento do Criador modificou-se não apenas no corpo do homem, mas também em todo o universo e que, além dos animais que conhecemos, há uma infinidade ainda desconhecida e que muitos nos ultrapassam em luzes e esperteza, tanto quanto superamos, sob tais aspectos, os cães e os bois. Pois seria a coisa menos razoável do mundo imaginar que o espírito do homem fosse a modificação mais perfeita que o Ser infinito pôde produzir, pressupondo a extensão de toda a sua potência.

Nós não concebemos nenhuma ligação entre o entendimento e o cérebro; eis porque devemos crer que uma criatura sem cérebro é também tão capaz de pensar como uma criatura organizada assim como nós. O que pôde levar Spinoza a negar o que se diz dos espíritos? Por que acreditou não haver nada no mundo que seja capaz de excitar em nossa máquina a visão de um espectro, de nos fazer perceber um ruído no quarto ou de causar todos os fenômenos mágicos que os livros mencionam? Acreditou que para produzir esses efeitos seria necessário um corpo tão maciço como o do homem e que, neste caso, os demônios não poderiam subsistir no ar nem entrar nas casas ou esquivar-se aos nossos olhares? Mas esse pensamento seria ridículo: a massa de carne com a qual somos compostos é menos uma ajuda que um obstáculo ao espírito e à força (entendo a força mediata como a faculdade de aplicar os instrumentos mais apropriados à produção dos grandes efeitos). É desta faculdade que nascem as ações mais surpreendentes do homem: mil exemplos a demonstram. Um engenheiro, pequeno como um anão, magro e pálido, faz mais coisas do que o fariam dois mil selvagens mais fortes do que Mílon. U'a máquina animada menor do que uma formiga poderia ser capaz de produzir maiores efeitos do que um elefante: ela poderia descobrir as partes insensíveis dos animais e das plantas, colocar-se sobre a sede dos primeiros impulsos de nosso cérebro e ali abrir válvulas cujo efeito seria o de vermos fantasmas e ouvirmos ruídos. Se os médicos conhecessem as primeiras fibras e as primeiras combinações das partes dos vegetais, dos minerais, dos animais, também conheceriam os instrumentos apropriados para mudar seu funcionamento e aplicá-los como fosse necessário para produzir novos arranjos. Tais médicos seriam incomparavelmente mais hábeis do que Hipócrates; e se fossem bastante pequenos para entrar no cérebro e nas vísceras, curariam o que quisessem e causariam também, se quisessem, as mais estranhas enfermidades que se possam ver[148]. Tudo se reduz a essa questão: é possível que uma modificação invisível tenha mais entendimento que o homem e uma maldade maior? Se Spinoza aceita a negativa, ignora as consequências de sua hipótese e se conduz temerariamente e sem princípios.

Se houvesse raciocinado consequentemente, não teria também tratado como quimérico o medo dos infernos. Por mais que se creia que esse universo não é obra de Deus, e que não é dirigido por uma natureza simples, espiritual e distinta de todos os corpos, é preciso ao menos confessar haver certas coisas que possuem inteligência e vontades e que têm ciúmes de seu poder, que exercem autoridade sobre outros, que lhes ordenem isso ou aquilo, que os castigam, que os maltratam e se vingam com severidade. A Terra não é repleta dessas espécies de coisas? Os homens não o sabem por experiência? Imaginar que todos os seres com igual natureza se encontrem precisamente sobre a Terra, que é apenas um ponto em comparação com o mundo, consiste em um pensamento seguramente despropositado. A razão, o espírito, a ambição, o ódio estariam antes na Terra do que em qualquer outro lugar. Por quê? Poder-se-ia atribuir a isso uma causa que seja boa ou má? Não o creio. Nossos olhos nos levam a ser persuadidos que esses espaços imensos, aos quais chamamos *céu*, onde ocorrem movimentos tão rápidos e ativos, são tão capazes quanto a Terra

148. Aqui nos deparamos com um bom exemplo da crença iluminista nas possibilidades evolutivas do conhecimento científico e em sua aplicabilidade técnica. De um lado, essa perspectiva tem sido confirmada pelos fatos, embora os usos indiscriminados, meramente instrumentais e irracionais da tecnologia não estejam isentos de críticas, sobretudo aquelas formuladas já a partir do século XIX.

de formar homens e tão dignos quanto ela de compartilhar muitos domínios. Não sabemos o que se passa, mas se consultarmos somente a razão, é preciso crer ser muito provável, ou ao menos possível, que haja seres poderosos que estendam seu império e sua luz sobre nosso mundo. Talvez sejamos uma parte de sua jurisdição: eles fazem leis, no-las revelam pelas luzes da consciência e se irritam violentamente com quem as transgridem. Basta que isto seja possível para trazer inquietações aos ateus e há um bom meio para não temê-las: crer na mortalidade da alma. Com isso se escaparia da cólera daqueles espíritos, pois, de outro modo, eles poderiam ser mais perigosos que o próprio Deus. Ao morrer, poder-se-ia cair sob o poder de algum mestre intratável e se esperaria em vão saldar a dívida com alguns anos de tormento. Uma natureza limitada pode não ter qualquer espécie de perfeição moral, seguir apenas seu capricho e sua paixão nas penas que inflige. Pode bem se parecer aos nossos Falaris e Neros, pessoas capazes de deixar seus inimigos eternamente em um calabouço, se tivessem uma autoridade eterna. Esperar-se-á que os seres malignos não durem eternamente? Mas quantos ateus existem que pretendem que o sol jamais teve começo e não terá fim?

Para aplicar tudo isso a um spinozista, lembremos que ele é obrigado, por seu princípio, a reconhecer a imortalidade da alma, pois ele se vê como a modalidade de um ser essencialmente pensante; e lembremo-nos de que não pode negar haver modalidades que se agastam com outras, que as colocam em situação difícil, as questionam, que fazem durar seus tormentos tanto quanto possam, que as enviam às galeras para toda a vida e que fariam o suplício durar eternamente se a morte não pusesse ordem de um lado e de outro. Tibério e Calígula, monstros afamados por massacres, são exemplos ilustres. Lembremo-nos que um spinozista torna-se ridículo se não admite que todo o universo encontra-se cheio de modalidades ambiciosas, aflitivas, ciumentas, cruéis. Lembremo-nos, enfim, que a essência das modalidades humanas não consiste em carregar grandes pedaços de carne. Sócrates era Sócrates no dia de sua concepção ou pouco depois; tudo o que ele possuía naquele momento poderia subsistir integralmente após uma doença mortal ter feito cessar a circulação do sangue e os movimentos do coração na matéria em que cresceu. Ele é assim, após sua morte, a mesma modalidade que era durante sua vida, considerando-se o essencial de sua pessoa; não escapou, pela morte, à justiça ou ao capricho de seus perseguidores invisíveis. Eles podem segui-lo por todos os lugares onde for e maltratá-lo sob as formas visíveis que possa adquirir.

O senhor Bayle, que se dedicou incessantemente a mostrar a inexatidão das ideias dos partidários de Spinoza, pretende que todas as suas discussões sobre os milagres são apenas um jogo miserável de palavras e que, ao negá-los, eles ignoram as consequências de seu sistema. Para fazer ver sua má-fé, diz ele, e suas alusões sobre a matéria, basta dizer que, quando eles rejeitam a possibilidade dos milagres, alegam a razão segundo a qual Deus e a natureza são o mesmo ser. De sorte que, se Deus fizesse algo contra as leis da natureza, faria algo contra si mesmo, o que é impossível. Falai claramente e sem equívoco e dizei que as leis da natureza, não tendo sido feitas por um legislador livre, sabedor do que fazia, mas sendo antes a ação de uma causa cega e necessária, nada pode ocorrer que seja contrário àquelas leis. Vós alegareis então contra os milagres vossa própria tese; será uma petição de princípio, mas, ao menos, falareis francamente. Retiremo-los desta generalidade e lhes perguntemos o que pensam dos milagres relatados na Escritura. Negarão tudo o que não puderem atribuir a alguma ação mais flexível. Deixemo-los com esse ar brônzeo que é preciso ter para falsear os fatos desta natureza e ataquemo-los por seus princípios. Não dizeis que o poder da natureza é infinito? E ele o seria se nada houvesse no universo que pudesse novamente dar vida a um homem morto? Ele o seria se houvesse apenas um meio para formar homens, e que consiste na geração ordinária? Não digais que o conhecimento da natureza é infinito. Vós negais esse entendimento divino, aquele, segundo nós, em que o conhecimento de todos os seres possíveis se reúne; mas ao dispersar o conhecimento, vós não negais sua infinidade. Vós deveis, pois, dizer que a natureza conhece todas as coisas, mais ou menos como nós dizemos que o homem entende todas as línguas. Um só homem não as entende todas, mas alguns entendem esta e outros, aquela. Podeis negar que o universo não contém nada que conheça a construção de nosso corpo? Se assim fosse, cairíeis em contradição, pois não mais reconheceríeis que o conhecimento de Deus fosse compartilhado em uma infinidade de modos, e o mecanismo de nossos órgãos não lhe seria conhecido. Aceitai, pois, se quereis raciocinar de maneira consequente, que há alguma modificação que conhece o mecanismo; confessai que é possível para a natureza ressuscitar um morto e que vosso mestre confundia por si mesmo suas ideias, ignorava as inferências de seu princípio quando dizia que, se pudesse persuadir-se da ressurreição de Lázaro, teria feito em pedaços todo o seus sistema e abraçado sem desgostos a fé ordinária dos cristãos. Isso basta para provar a tais pessoas que eles desmentem suas hipóteses quando negam a possibilidade dos milagres, quero dizer, a fim de apagar todo equívoco, ou seja, a possibilidade dos eventos relatados na Escritura.

Várias pessoas pretenderam que o senhor Bayle não houvesse entendido nada da doutrina de Spinoza, o que parece bastante estranho a um espírito tão sutil quanto penetrante. O senhor Bayle provou, mas em detrimento deste sistema, que ele o havia perfeitamente compreendido. Ele lhe aplicou novos golpes que os spinozistas não puderam aparar. Eis como ele raciocina:

> Eu atribuo a Spinoza ter ensinado: 1. que não há senão uma substância no universo; 2. que essa substância é Deus; 3. que todos os seres particulares, o sol, a lua, as plantas, os animais, os homens, seus movimentos e ideias, suas imaginações ou seus desejos são modificações ou modos de Deus. Pergunto agora aos spinozistas: vosso mestre ensinou isso ou não? Se ele ensinou, não se pode dizer que minhas

objeções tenham o defeito que se chama *ignoratio elenchi*, ou seja, a ignorância do estado da questão. Pois elas supõem que assim foi a sua doutrina e a atacam nestes termos. Não me encontro, portanto, sob suspeita, e se enganam todas as vezes que me atribuem refutar o que não compreendi. Se vós dizeis que Spinoza não propagou as três doutrinas acima articuladas, eu vos pergunto por que se exprimia como aqueles que tiveram a grande paixão de convencer o leitor que ensinava aquelas três coisas? É bom e louvável servir-se de um estilo comum, sem associar às palavras as mesmas ideias que os outros homens, e sem advertir no novo sentido com o qual as tomamos?

Mas para discutir um pouco mais a esse respeito, procuremos onde pode estar o mal-entendido. Não é em relação à palavra substância que eu estaria enganado, pois não se atacou a opinião de Spinoza sobre este ponto. Deixei passar que ele supõe que, para merecer o nome de substância é preciso ser independente de toda causa ou existir por si, eterna e necessariamente. Não penso que me tenha enganado ao imputar-lhe ter dito que só Deus possui a natureza de substância. Se houvesse engano em minhas objeções, ele consistiria unicamente no que teria entendido por *modalidades, modificações* e *modos*, aquilo que Spinoza não quis atribuir como significado àquelas palavras. Tomei esses termos como sempre foram entendidos. A doutrina geral dos filósofos é que a ideia de *ser* contém sob si, imediatamente, duas espécies: a substância e o acidente; a substância subsiste por si mesma, *ens per se subsistens*, e o acidente subsiste em outro, *ens in alio*. Ora, subsistir por si, em suas ideias, é depender apenas do *sujeito*[149] de *inerência*[150]; e como isto é apropriado, segundo eles, à matéria, aos anjos, à alma do homem, admitem dois tipos de substância: uma incriada, outra criada. E subdividem em duas espécies a substância criada, sendo uma delas a matéria e a outra a nossa alma. No que concerne ao acidente, ele depende tão essencialmente do sujeito de inerência que não poderia subsistir sem ele – é seu caráter específico. Descartes assim sempre o entendeu. Ora, como Spinoza havia sido um grande cartesiano, a razão quer acreditar que

149. Entenda-se aqui o termo *sujeito* como agente-portador de um atributo ou predicado.

150. A palavra, no original, *inhésion*, não é encontrada nos dicionários franceses. Conclui-se, no entanto, provir de *inhérent* (latim *inhaerens*, prender-se a, estar dentro de) e, consequentemente, ser inerente, congenial, intrínseco.

tenha dado a esses termos o mesmo sentido que Descartes. Se assim é, ele entende por modificação de substância uma maneira de ser que possui a mesma relação da substância para com a forma, o movimento, o repouso, a situação da matéria etc., a dor, a afirmação, o amor, a alma do homem. Eis o que os cartesianos chamam de *modos*. Mas supondo uma vez que a substância é o que existe por si, independentemente de toda causa eficiente, ele não devia dizer que a matéria nem que os homens fossem substâncias; e porque, segundo a doutrina comum, ele só dividia o ser em duas espécies, a saber, substância e modificação da substância, ele teve que dizer que a matéria e as almas dos homens eram apenas modificações da substância, que só há uma substância no universo e que esta substância é Deus.

Não se tratará mais de saber se ele subdivide em duas espécies a *modificação de substância*. No caso em que ele se sirva desta subdivisão, e que queira que uma das duas seja o que os cartesianos e outros filósofos cristãos denominavam *substância criada*, sendo a outra o *acidente ou modo*, não haverá senão uma disputa de palavras entre Spinoza e aqueles outros, sendo muito fácil conduzir à ortodoxia todo o seu sistema e dissolver toda sua escola, pois não se quer ser spinozista senão pelo fato de que se crê que ele derrubou, de cima a baixo, o sistema dos cristãos e a existência de um Deus imaterial e governador de todas as coisas com soberana liberdade. Do que podemos concluir, rapidamente, que os spinozistas e seus adversários concordam perfeitamente com o sentido da expressão *modificação de substância*. Uns e outros creem que Spinoza serviu-se dela para designar um ser que tem a mesma natureza daquela a quem os cartesianos chamam *modo*, e que ele jamais entendeu por este conceito um ser que tivesse as propriedades ou a natureza dos que denominamos substância criada.

Se se quer tocar na questão de maneira viva, eis como se deve raciocinar com um spinozista. O verdadeiro e próprio caráter da modificação convém à matéria por relação a Deus, ou não? Antes de me responder, esperai até que eu vos explique, por meio de exemplos, o que é o caráter próprio da modificação. É estar no sujeito de maneira como o movimento está no corpo, e o pensamento, na alma do homem. Não é suficiente, para ser uma modificação da substância divina, de subsistir na imensidade de Deus, de ser por ele penetrado e envolvido, de não existir sem ele nem fora dele. É preciso, além disso, que a substância divina seja o sujeito de inerência de uma coisa, assim como, conforme a opinião comum, a alma é o atributo de inerência do sentimento e da dor, e o corpo o atributo de inerência do movimento, do repouso e da forma.

Respondei-me agora: e se vós disserdes que, segundo Spinoza, a substância de Deus não é desta maneira o atributo de inerência da extensão, do movimento nem do pensamento, eu vos confessaria que vós fazeis dele um filósofo ortodoxo que não mereceu as objeções que lhe fizemos e que mereceria somente que se lhe reprovasse o ter-se fortemente preocupado em causar embaraços a uma doutrina que todo o mundo conhecia e em forjar um novo sistema construído apenas sobre o equívoco de uma palavra.

Mas se vós disserdes que ele pretendeu que a substância divina é o sujeito de inerência da matéria e de todas as diversidades da extensão e do pensamento, no mesmo sentido em que, segundo Descartes, a extensão é o sujeito de inerência do movimento e a alma o sujeito de inerência das sensações e das paixões, eu tenho aquilo que pergunto: foi assim que entendi Spinoza e assim fundamentei minhas objeções.

A precisão em tudo isso é uma questão que, de fato, toca o verdadeiro sentido da palavra *modificação* no sistema de Spinoza. É preciso tomá-la como sendo a mesma coisa que uma substância criada, ou no sentido que possui no sistema do senhor Descartes? Creio que o bom sentido é o último, pois no outro Spinoza teria reconhecido criaturas distintas da substância divina, feitas ou do nada, ou de maneira distinta de Deus. Ora, seria fácil provar por um grande número de passagens desses livros que ele não admite nem uma nem outra de ambas as coisas. A extensão, segundo ele, é um atributo de Deus. Segue-se daí que Deus é essencial, eterna e necessariamente uma substância extensa e que a extensão lhe é tão pertinente quanto a existência. Do que resulta que as diversidades particulares da extensão, que são o sol, a Terra, as árvores, os corpos dos animais e dos homens, estão em Deus, como os filósofos da escola supõem que elas estão na matéria-prima. Ora, se esses filósofos supusessem que a matéria-prima é uma substância simples e perfeitamente única, concluiriam que o sol e a Terra são realmente a mesma substância. É preciso, pois, que Spinoza conclua a mesma coisa. Se ele não dissesse que o sol é composto da extensão de Deus, seria necessário confessar que a extensão do sol foi feita do nada. Mas ele nega a criação e é obrigado a dizer que a substância de Deus é a causa material do sol, o que compõe o sol, *subjectum ex quo*; e, por conseguinte, que o sol não se distingue de Deus, e Deus por inteiro, pois, segundo ele, Deus não é um ser composto de partes.

Suponhamos por um momento que u'a massa de ouro seja capaz de ser convertida em pratos, tigelas, candelabros etc.; ela não seria distinta desses pratos, tigelas e candelabros. E caso se acrescente que ela é massa simples, e não composta de partes, será seguro que ela está em cada prato, tigela e candelabro, pois se não estivesse toda, estaria dividida em partes diversas. Seria, pois, composta de partes, o que contraria a suposição.

Então essas proposições recíprocas ou convertíveis seriam inevitáveis: o candelabro é a massa de ouro, a massa de ouro é o candelabro. Eis a imagem do Deus de Spinoza: ele tem força para trocar-se ou modificar-se em Terra, em lua, em mar, em árvore etc., sendo absolutamente um, sem qualquer composição de partes. É, pois, verdade que se pode assegurar que a Terra é Deus, que a lua é Deus, que a Terra é Deus por inteiro, que a lua o é também, que Deus é a Terra, que Deus por inteiro é a lua.

Encontram-se apenas essas três maneiras segundo as quais as modificações de Spinoza estão em Deus; mas nenhuma destas maneiras é o que os demais filósofos dizem da substância criada. Ela está em Deus, dizem eles, como causa eficiente e, por conseguinte, ela é distinta de Deus, real e totalmente. Mas, segundo Spinoza, as criaturas estão em Deus ou como efeito na causa material, como acidente em seu sujeito de inerência, ou como a forma do candelabro no estanho com o qual o compomos. O sol, a lua, as árvores, enquanto coisas em três dimensões, estão em Deus como na causa material, da qual suas extensões estão compostas. Há, pois, identidade entre Deus e o sol. As mesmas árvores, enquanto possuem uma forma que as distingue das pedras, estão em Deus, assim como a forma do candelabro está no estanho. Ser candelabro é apenas uma forma de ser do estanho. Os movimentos dos corpos e dos pensamentos dos homens estão em Deus, assim como os acidentes dos peripatéticos estão na substância criada. São entidades inerentes a seu sujeito e que delas não são compostas nem fazem parte.

Um apologista de Spinoza sustenta que este filósofo não atribui a Deus a extensão corporal, mas apenas uma extensão inteligível, não imaginável. Mas se a extensão dos corpos que vemos e que imaginamos não é a extensão de Deus, de onde vem ela e como foi feita? Se foi produzida do nada, Spinoza é ortodoxo e seu sistema torna-se nulo. Se foi produzida da extensão inteligível de Deus, é ainda uma criação verdadeira, pois a extensão inteligível, não sendo senão uma ideia, e não tendo realmente três dimensões, não pode fornecer o gênero ou a matéria da extensão formalmente existente fora do entendimento. Além de distinguir duas espécies, uma inteligível e pertencente a Deus, e outra imaginável, pertencente aos corpos, será preciso também admitir dois sujeitos destas extensões distintas uma da outra, e então a unidade de substância inverte-se e todo o edifício da Spinoza cai por terra.

O senhor Bayle, como se pode ver por tudo o que nos disse, apegou-se principalmente à hipótese de que a extensão não é um ser composto, mas uma substância única em quantidade. A razão que dá para isso é que os espinozistas afirmam não estarem aí as dificuldades. Creem ficar muito mais embaraçados quando perguntados como o pensamento e a extensão podem unir-se na mesma substância. Há uma certa bizarrice aí. Pois se é certo, pelas noções de nosso espírito, que a extensão e o pensamento não possuem nenhuma afinidade entre si, é ainda mais evidente ser a extensão composta de partes realmente distintas. Apesar disso, eles compreendem melhor a primeira dificuldade do que a segunda e tratam esta aqui como bagatela, em comparação com a outra. Tendo o senhor Bayle lhes derrotado em diferentes pontos de seu sistema, que pensavam não ter necessidade de socorro, como repeliram os ataques aos pontos fracos? O que deve surpreender é que Spinoza, respeitando tão pouco a razão e a evidência, tenha tido partidários e sectários de seu sistema.

Foi seu método atraente que os enganou e não, como acontece às vezes, um estalo de princípios sedutores. Acreditaram que aquele que empregava a geometria, que procedia por axiomas, por definições, teoremas e lemas, seguia muito bem a marcha da verdade, apenas para encontrar o erro em seu lugar. Julgaram pelas aparências, uma decisão precipitada inspirada pela nossa preguiça. Não viram que esses axiomas eram só proposições muito vagas, incertas, que suas definições eram inexatas, bizarras e defeituosas, que seu chefe ia, enfim, a paralogismos para os quais sua presunção e fantasias o conduziam.

O primeiro princípio de perdição, que é a fonte do erro, encontra-se na definição que Spinoza dá de substância: "Entendo por substância o que é em si e concebido por si mesmo, ou seja, aquilo cuja alteração não tem necessidade da concepção de outra coisa da qual deve ser formada". Esta definição é capciosa, pois pode receber um sentido verdadeiro e outro falso: ou Spinoza define a substância com relação aos acidentes, ou com relação à existência. Ora, de qualquer forma que a defina, sua definição é falsa, ou, ao menos, torna-se-lhe inútil. Pois:

1. Se ele define a substância com relação aos acidentes, poder-se-á concluir desta definição que a substância é um ser que subsiste por si mesmo, independentemente de um sujeito de inerência. Ora, Spinoza não pode servir-se de uma tal definição a não ser para demonstrar que não há no mundo senão uma só e única substância. É evidente que as árvores, as pedras, os anjos e os homens existem independentemente de um sujeito de inerência;
2. Se Spinoza define a substância com relação à existência, sua definição é ainda falsa. Esta definição, bem entendida, significa que a substância é uma coisa cuja ideia não depende de uma outra, não supondo nada que a tenha formado, mas confina uma existência necessária. Ora, esta definição é falsa, já que, ou Spinoza quer dizer com esta linguagem misteriosa que a própria ideia de substância, quer dizer, a essência e a definição da substância, independe de toda causa, ou que a substância existente subsiste tão completamente por si mesma que não pode depender de qualquer causa.

O primeiro sentido é muito ridículo e, mais do que isso, inútil para Spinoza, para se acreditar que o tivesse pensado, pois este sentido estaria reduzido a dizer que a definição da substância não pode produzir uma outra definição de substância, o que é impertinente e absurdo. Por pouco que Spinoza seja consequente, jamais acreditaria que ele empregasse uma tal definição de substância para provar que uma não produz outra, como se isso fosse impossível, sob pretexto de que uma definição de substância não possa produzir uma outra definição.

É preciso, pois, que Spinoza, por sua definição embaralhada de substância, tenha querido dizer que ela existe tão completamente por si mesma que não depende de qualquer causa. Ora, é esta definição que todos os filósofos atacam. Eles vos dirão que a definição da substância é simples e indivisível, sobretudo se a considerarmos por oposição ao nada. Mas negarão haver uma só substância. Uma coisa é dizer que só há uma definição de substância; outra, que só há uma substância.

Pondo-se de lado as ideias de metafísica e esses nomes de *essência, existência, substância*, que não possuem uma distinção real entre si, mas somente nas diversas concepções do entendimento, será preciso dizer, para falar mais inteligível e humanamente, que por haver duas espécies de existências – uma necessária, outra contingente –, existem também, necessariamente, dois tipos de substâncias: uma que existe necessariamente, e que é Deus; e outra que tem uma existência emprestada do primeiro ser, e da qual goza por sua virtude, e que são as criaturas. Logo, a definição de Spinoza não serve para nada. Ela confunde o que deve ser necessariamente distinto – a essência, que nomeia substância – com a existência. A definição que ele traz para provar que uma substância não pode produzir outra é tão ridícula quanto o raciocínio que se faria para provar que um homem é um círculo. Pois eis como raciocina Spinoza: apraz-me entender por substância o que não possui causa; logo, uma substância não pode ser produzida por uma outra substância.

A definição que ele dá do finito e do infinito não é das mais felizes. Uma coisa é finita, segundo ele, quando pode ser limitada por uma coisa da mesma natureza. Assim, de um corpo se diz finito porque concebemos um maior do que ele; logo, um pensamento é limitado por outro pensamento. Mas um corpo não é limitado pelo pensamento, assim como este não o é pelo corpo. Pode-se supor dois sujeitos diferentes, dos quais um possui um conhecimento infinito de um objeto e outro tenha dele um conhecimento finito. O conhecimento infinito do primeiro não dá margem à exclusão do conhecimento finito do segundo. Do fato de que um ser conheça todas as propriedades e todas as relações de uma coisa não é motivo para que um outro não possa ao menos captar algumas relações e propriedades.

Mas, dirá Spinoza, os graus de conhecimento que se encontram no ser finito, não estando aduzidos àquele conhecimento que supomos infinito, não pode ser infinito. Para responder a esta objeção, que é puro equívoco, pergunto se os graus de conhecimento infinito não se encontram no conhecimento infinito – creio que isso não se possa negar. Não seriam exatamente os mesmos graus numéricos, mas seriam os mesmos em espécie, quer dizer, semelhantes. Ora, mais não é necessário para o conhecimento infinito. Quanto aos graus infinitos com os quais está composto, acrescentar-se-iam ainda todos os graus que se encontram esparsos e desunidos em todos os conhecimentos finitos, e ele não se tornaria nem mais perfeito nem mais extenso. Se eu tivesse exatamente o mesmo fundo de conhecimento que vós a respeito de algum assunto, tornar-me-ia mais hábil e minhas luzes seriam maiores porque aduziria numericamente vossos conhecimentos aos que já possuo? Sendo vossos conhecimentos absolutamente semelhantes aos meus, esta repetição da mesma ciência não me tornaria mais sábio. Assim, um conhecimento infinito não exige os degraus finitos de outros conhecimentos e, portanto, uma coisa não é precisamente finita porque existem seres da mesma natureza.

Seus raciocínios sobre o infinito não são mais precisos. Ele chama infinito aquilo de que não se pode nada negar e o que abrange em si, formalmente, todas as realidades possíveis. Se essa definição lhe for permitida, está claro que lhe será fácil provar que só há no mundo uma substância única; que esta substância é Deus e que todas as coisas são modos desta substância. Mas como não provou esta definição, tudo o que construiu por cima tem um fundamento ruinoso. Para que Deus seja infinito, não é necessário que enfeixe em si todas as realidades possíveis que são finitas e limitadas, mas apenas as realidades e as perfeições possíveis que são imensas e infinitas. Ou, caso se queira, para falar a linguagem comum da escola, que ele contenha eminentemente todas as realidades e as perfeições possíveis; quer dizer, que todas as perfeições e as realidades que se encontram nos indivíduos de cada ser que Deus pode formar achem-se nele num grau eminente e soberano. De onde não se segue que a substância de Deus enfeixe a substância dos indivíduos saídos de suas mãos.

Os axiomas de Spinoza não são menos falsos e capciosos que suas definições. Escolhamos estas duas que são as principais: *o conhecimento do efeito depende do conhecimento da causa, e a contém necessariamente; das coisas que nada têm em comum entre si, não podem servir para se fazer mutuamente conhecer.* Sente-se de imediato o que há de capcioso em ambos os axiomas. E para começar pelo primeiro, eis como raciocino.

Pode-se considerar o efeito de duas maneiras: enquanto é, formalmente, um efeito; ou materialmente, quer dizer, simplesmente e em si mesmo. É verdade que o efeito considerado formalmente não pode ser conhecido separado da causa, conforme este axioma das escolas: *correlata sunt simul cognitione* (estão correlacionadas ao mesmo tempo pelo conhecimento). Mas se vós tomais o efeito em si mesmo, pode ser conhecido por si. O axioma de Spinoza é, portanto, capcioso, pois não distingue entre as maneiras pelas quais pode ser considerado o efeito. Além disso, quando Spinoza diz que o conhecimento do efeito depende do conhecimento da causa e que ela o contém, quer ele dizer que o conhecimento do efeito arrasta necessariamente consigo um conhecimento perfeito da causa? Mas neste caso o axioma é falso, pois o efeito não contém todas as perfeições da causa e pode ter uma natureza muito diferente da sua. Mas se Spinoza pretende somente que a ideia do efeito é relativa à ideia de causa, o axioma é verdadeiro, mas inútil para o fim proposto. Pois, partindo desse princípio, jamais encontrará que uma substância não possa produzir outra cuja natureza e atributos lhe sejam diferentes. Digo mais: dado que a ideia do efeito é relativa à ideia da causa, segue-se dos princípios de Spinoza que uma substância dotada de atributos diferentes pode ser a causa de uma outra substância. Pois Spinoza reconhece que duas coisas, das quais uma é causa de outra, servem mutuamente para se fazer conhecer; ora, se a ideia do efeito é relativa à ideia da causa, é evidente que duas substâncias de atributos diferentes poderão se fazer conhecer reciprocamente, desde que uma seja a causa de outra, e não porque tenham uma mesma natureza e os mesmos atributos, pois que os supomos diferentes, mas sim pela relação que existe de causa e efeito.

Quanto ao outro axioma, não é menos falso que o precedente, pois Spinoza diz que as coisas que não possuem nada de comum entre si não servem para se fazer conhecer reciprocamente. Pela palavra *comum* ele entende uma mesma natureza específica. Ora, o axioma tomado nesse sentido é falso, pois sejam os atributos genéricos, seja a relação de causa e efeito, podem se fazer conhecer uns pelos outros.

Examinemos agora as principais proposições que formam o sistema de Spinoza. Ele diz na segunda que *duas substâncias que tenham atributos diferentes não possuem nada de comum entre elas*. Na demonstração dessa proposição ele só alega como prova a definição que deu de substância, a qual, sendo falsa, dela nada se pode concluir legitimamente e, por conseguinte, a proposição é nula. Mas para melhor compreender o erro, basta considerar a existência e a essência de uma coisa para descobrir esse sofisma. Como Spinoza aceita haver duas espécies de existência, uma necessária e outra não, segue-se que duas substâncias que tenham atributos diferentes, como a extensão e o pensamento, convirão entre elas em uma existência de mesma espécie, quer dizer, que serão semelhantes considerando-se que uma e outra não existirão necessariamente, mas apenas pela razão de uma causa que lhes terá produzido. Duas essências ou duas substâncias perfeitamente símiles em suas propriedades essenciais serão diferentes pela fato de que a existência de uma terá precedido a da outra, ou por uma não ser a outra. Embora Pedro seja semelhante a João em todas as coisas, são diferentes pelo fato de Pedro não ser João e vice-versa. Se Spinoza diz algo de concebível, isso não pode ter fundamento ou verossimilhança, a não ser com relação a ideias metafísicas que nada introduzem de real na natureza. Às vezes, Spinoza confunde espécie com indivíduo e, em outras, o indivíduo com a espécie.

Mas, dir-se-á, Spinoza fala precisamente da substância, considerada em si mesma. Sigamos, pois, Spinoza. Eu aproximo a definição da substância à existência, e digo: se esta substância não existe, não passa de uma ideia, de uma definição que nada põe no ser das coisas; se ela existe, então o espírito e o corpo convêm em substância e em existência. Mas, segundo Spinoza, quem diz uma substância diz uma coisa que existe necessariamente. Respondo que isso não é verdade e que a existência não está confinada à definição da substância em geral tanto quanto na definição de homem. Enfim, diz-se, e aqui está o último recorte, que a substância é um ser que subsiste por si mesmo. Eis então onde se encontra o equívoco, pois como o sistema de Spinoza fundamenta-se unicamente sobre esta definição, antes que ele possa argumentar e tirar-lhe as consequências, é preciso antes convir comigo a respeito do sentido da definição. Ora, quando defino a substância como um ser que subsiste por si, não é para dizer que ele existe necessariamente; não é esse o pensamento a respeito; é unicamente para distingui-la dos acidentes, que não podem existir senão na substância e por sua virtude. Vê-se, portanto, que todo o sistema de Spinoza, esta faustosa demonstração, fundamenta-se apenas sobre um equívoco frívolo e fácil de dissipar.

A terceira proposição de Spinoza é que *nas coisas que nada têm em comum entre si, uma não pode ser a causa da outra.* Tal proposição, explicada com precisão, é igualmente falsa. Do único sentido verdadeiro que possa ter, nada se pode concluir. É falsa sob o ponto de vista das causas morais e ocasionais. O som do nome de Deus não tem nada em comum com a ideia de criador que ele produz em meu espírito. Uma infelicidade ocorrida a meu amigo nada tem de comum com a tristeza que me desperta. É ainda falsa a proposição quando a causa é mais excelente do que o efeito produzido. Quando movo o braço por ato voluntário, o movimento não tem nada em comum com o ato da vontade – são coisas diferentes. Não sou um triângulo e, no entanto, formo a ideia de um e examino suas propriedades. Spinoza acreditou não haver substância espiritual; tudo é corpo, segundo ele. Quantas vezes, entretanto, foi forçado a representar uma substância espiritual, tendo em vista tentar destruir-lhe a existência? Há, pois, causas que produzem efeitos e com os quais elas não têm nada em comum, pois não os produzem por uma emanação de suas essências ou com toda a extensão de suas forças.

A quarta proposição de Spinoza não nos deterá muito tempo: *duas ou várias coisas distintas distinguem-se entre elas ou pela diversidade dos atributos das substâncias, ou pela diversidade de seus acidentes*, que ele chama afecções. Aqui, Spinoza confunde a diversidade com a distinção. A diversidade vem à verdade da diversidade específica dos atributos e das afecções. Assim, há diversidade de essência quando uma é concebida e definida de modo diferente de outra, o que faz a espécie, como se diz na escola. Desse modo, um cavalo não é um homem, um círculo não é um triângulo; pois definimos essas coisas diversamente, mas a distinção provém da distinção numérica dos atributos. O triângulo A, por exemplo, não é o triângulo B. Tício não é Mévio e Davus não é Édipo. Assim explicada essa proposição, a seguinte não trará mais dificuldades.

A quinta é concebida nestes termos: *não pode haver no universo duas ou várias substâncias de mesma natureza ou de mesmo atributo*. Se Spinoza fala da essência das coisas ou de sua definição, nada diz. Pois o que diz não significa outra coisa senão que não pode haver duas essências diferentes no universo que tenham a mesma essência. E quem duvida disso? Mas se Spinoza entende que não pode haver uma essência que se encontre em diversos sujeitos singulares, assim como a essência de um triângulo encontra-se nos triângulos A e B, ou a ideia de essência da substância encontra-se no ser que pensa e no ser extensivo, então diz algo manifestamente falso e que não se dá nem mesmo ao trabalho de provar.

Eis-nos enfim chegados à sexta proposição que Spinoza abordou pelos desvios e caminhos encobertos que vimos. *Uma substância*, diz ele, *não pode ser produzida por uma outra substância.* Como o demonstra? Pela proposição precedente, pela segunda e pela terceira. Mas como foram refutadas, esta última cai e se destrói sem mais exame.

Compreende-se facilmente que Spinoza, tendo mal definido a substância, a proposição que lhe serve de conclusão deve ser necessariamente falsa. Pois,k no fundo, a substância de Spinoza não significa outra coisa a não ser a definição de substância ou a ideia de sua essência. Ora, é certo que uma definição não produz uma outra. Mas como todos esses degraus metafísicos do ser subsistem e são distinguidos apenas pelo entendimento, e como na natureza o ser real e efetivo o é em virtude da existência, é preciso falar da substância como existente quando se quer considerar a realidade de seus efeitos. Assim, em um rochedo qualquer, ser existente, ser substância e ser pedra são a mesma coisa. É necessário assim falar dele como de uma substância existente, quando considerado como estando atualmente no ser das coisas e, por conseguinte, como substância existente, por existir necessariamente e por ela mesma, ou pela virtude de outra. Segue-se que uma outra pode ser produzida por uma outra substância, pois quem diz de uma substância que ela existe pela virtude de outra, diz uma substância que foi produzida e recebeu seu ser de outra substância.

Após todos esses equívocos e sofismas, Spinoza, crendo haver conduzido seu leitor aonde desejava, retira a máscara na sétima proposição. Diz ele: *pertence à substância existir.* Como o prova? Pela proposição precedente, que é falsa. Bem gostaria de saber por que Spinoza não agiu de modo mais franco e sincero. Pois se a essência da substância carrega consigo necessariamente a existência, como ele o diz aqui, por que não se explicou claramente a esse respeito na definição que deu de substância, em lugar de se esconder sob o deplorável equívoco de *subsistir por si mesmo*, o que só é verdadeiro em relação aos acidentes e de nenhuma forma em relação à existência? Spinoza esforça-se em vão e não destruirá as ideias mais claras e mais naturais.

A substância não diz outra coisa senão que um ser existe, não sendo um acidente ligado a um sujeito. Ora, sabe-se naturalmente que tudo o que existe sem ser acidente não existe, entretanto, necessariamente; assim, a ideia e a essência da mesma substância não carregam necessariamente a existência com elas.

Não vamos mais longe no exame das proposições de Spinoza, pois, tendo os fundamentos sido destruídos, seria inútil aplicar-se mais em derrubar o edifício; no entanto, como esta matéria é de difícil compreensão, nós a retocaremos ainda de outra maneira. Mesmo quando forem repetições, nem por isso serão inúteis.

O princípio sobre o qual se apoia Spinoza é, por si, obscuro e incompreensível. Qual é o princípio no fundamento de seu sistema? É que no mundo só há uma única substância. Certamente, a proposição é obscura e de uma obscuridade nova e singular, porque os homens sempre estiveram persuadidos de que um corpo humano e uma medida[151] de água não são a mesma substância, que um espírito e outro espírito não são a mesma substância, que Deus e eu e as demais partes da natureza não somos a mesma substância. Por ser o princípio novo, surpreendentemente contra todos os princípios já recebidos, e por isso tão obscuro, é preciso esclarecê-lo e prová-lo. Isso só se pode fazer com o auxílio de provas, que são mais claras do que a coisa a ser provada, sendo a prova como um dia luminoso para pôr em evidência aquilo de que se trata conhecer e convencer. Ora, qual é, segundo Spinoza, a prova desta proposição geral *não há e não pode haver senão uma única substância*? Ei-la:

151. No original, *muid*, medida antiga para líquidos (268 litros) e grãos (1.872 litros).

é que uma substância não poderia criar outra a partir de si. Mas esta prova não enfeixa toda a obscuridade e toda a dificuldade do princípio? Não é ela igualmente contrária à sensação do gênero humano, persuadido que está de que uma substância corporal, tal como uma árvore, produz uma outra substância, tal como a maçã, e que a maçã produzida pela árvore, da qual se encontra agora separada, não é a mesma substância da árvore? A segunda proposição que se traz como prova do princípio é ainda mais obscura. Assim é para cada uma das provas de Spinoza: em lugar de ser um esclarecimento, é uma nova obscuridade. Por exemplo, onde se apega para provar que uma substância não poderia produzir outra? É, diz ele, porque elas não podem conceber-se uma pela outra. Que novo abismo de trevas. Pois, enfim, não tenho mais ou menos dificuldade para esclarecer se duas substâncias podem conceber-se uma pela outra do que julgar se uma substância pode produzir outra. Por exemplo, "não pode haver duas substâncias de mesmo atributo e que tenham algo de comum entre elas". Isso é mais claro ou entende-se melhor do que a primeira proposição, a saber, que "só há no mundo uma única substância".

Ora, como o senso comum se revolta com cada uma dessas proposições, em lugar de raciocinar sobre cada uma das provas em que o senso comum se perde, teríamos o direito de dizer a Spinoza: vosso princípio é contra o senso comum. Para refutá-lo basta, parece-me, detê-lo no primeiro passo, sem se preocupar em seguir esse autor num monte de consequências que tira, segundo seu pretenso método geométrico. Basta substituir o princípio obscuro de seu sistema por este aqui: *há várias substâncias*, princípio que em seu gênero é claro até o mais alto grau. Com efeito, que proposição pode haver mais clara, mais evidente, mais íntima da inteligência e da consciência humanas? Não quero aqui outro juiz senão o sentimento mais reto e a impressão mais justa do senso comum repartido pelo gênero humano. Se vós vos obstinais em sustentar que compreendeis uma coisa que é incompreensível, vós me autorizais a julgar que vosso espírito está nos excessos da extravagância e que perderia meu tempo em discutir contra vós e convosco.

Eis aqui ainda algumas razões das quais se pode servir-se para pôr abaixo o sistema. Não sendo o movimento essencial à matéria, e não tendo a matéria podido dá-lo a si mesma, segue-se que há alguma outra substância além da matéria e que essa substância não é um corpo, pois essa mesma dificuldade retornaria ao infinito. Spinoza não acredita haver absurdo em se remontar assim de causa em causa até o infinito. É precipitar-se no abismo para não querer render-se ou abandonar seu sistema.

Confesso que nosso espírito não compreende o infinito, mas compreende claramente que para um tal movimento, um determinado efeito, um determinado homem deve ter sua primeira causa; pois se não se pudesse remontar à causa primeira, dela não se poderia descer e encontrar o último efeito, o que é manifestamente falso, já que o movimento que se faz no momento em que falo é, por necessidade, o último. No entanto, concebe-se sem dificuldade que remontar do efeito à causa, ou descer da causa ao efeito, são coisas unidas, da mesma forma que a montanha e seu vale. De sorte que, como se encontra o último efeito, deve-se também encontrar a primeira causa. Que não se diga que se pode começar uma linha no ponto em que a faço e puxá-la até o infinito, da mesma maneira que se pode começar um número e aumentá-lo até o infinito, de tal modo que haja um primeiro número, um primeiro ponto, sem que se possa encontrar o último. Seria um sofisma fácil de reconhecer, pois não se trata de uma linha que se possa estirar nem de um número que se possa aumentar, mas de uma linha formada e de um número acabado. E como toda linha que termina e todo número que para de aumentar é necessariamente finito, como também o movimento e o efeito produzido, é preciso que a quantidade das causas que concorrem para o efeito o seja também.

Podemos ainda esclarecer o que dizemos por um exemplo bastante sensível. Os filósofos creem que a matéria é divisível ao infinito. No entanto, quando se fala de uma divisão atual e real das partes do corpo, ela é sempre necessariamente finita. O mesmo se aplica às causas e aos efeitos da natureza. Embora elas pudessem produzir outras e mais outras até o infinito, as causas, todavia, e os efeitos que se dão neste momento devem ser finitos em quantidade; é ridículo acreditar que seja necessário retroagir ao infinito para encontrar a primeira causa do movimento. Além disso, quando se fala do movimento da matéria, não nos detemos em uma só de suas partes, para poder dar espaço à fuga de Spinoza, dizendo que esta parte da matéria recebeu seu movimento de uma outra parte e assim ao infinito. Falamos de toda a matéria, qualquer que seja ela, finita ou infinita. O que se afirma é que ao não ser o movimento algo que pertença à essência da matéria, é necessário que o tenha recebido de uma outra parte. Não pode tê-lo recebido do nada, porque o nada não pode atuar. Existe, pois, outra causa que imprimiu o movimento na matéria e que não pode ser nem matéria nem corpo. A isto chamamos espírito.

Demonstra-se ainda pela história do mundo que o universo não foi formado por uma longa sucessão de tempos, como seria necessário crer e dizer, se uma causa todo-poderosa e inteligente não houvesse presidido a criação, a fim de terminá-la e aperfeiçoá-la. Pois se o universo tivesse sido formado apenas pelo movimento da matéria, por que ter-se-ia esgotado em seus começos, por que não poderia mais continuar e formar, após vários séculos, novos astros? Por que a criação não produziria todos os dias animais e homens por outras vias que a da geração, o que é totalmente desconhecido de todas as histórias? É preciso, pois, crer que uma causa inteligente e todo-poderosa formou desde o início este universo neste estado de perfeição em que vivemos hoje. Faz-se ver também que há um desenho na causa que produziu o universo. Spinoza não poderia, entretanto, atribuir uma visão e uma finalidade à sua matéria informe. Só o concede enquanto encontra-se modificada desta ou daquela maneira, ou seja, porque há homens e animais. Ora, é no entanto o último absurdo acreditar e dizer que o olho não foi feito para ver nem o ouvido para escutar. É preciso, neste sistema infeliz, reformar a linguagem humana, a mais racional e a melhor estabelecida, a fim de não admitir conhecimento e inteligência no primeiro autor do mundo e de suas criaturas.

Não é menos absurdo acreditar que se os primeiros homens saíram da terra, tenham recebido em todos os quadrantes a mesma figura de corpo e de traços. Mas é falar em conformidade com a razão e a experiência dizer que o gênero humano saiu do mesmo molde e foi feito com o mesmo sangue. Todos esses argumentos devem convencer a razão de que há no universo um outro agente que o rege e o dispõe a seu grado. Foi, no entanto, o que Spinoza pretendeu destruir.

Termino por dizer que muitas pessoas asseguraram que sua doutrina, considerada mesmo independente dos interesses da religião, pareceu bastante desprezível a grandes matemáticos. Podemos crê-lo mais facilmente se nos recordarmos de duas coisas: uma, que não há pessoas que devem estar mais persuadidas da multiplicidade das substâncias que aquelas que se aplicam em considerar a extensão; outra, que a maior parte desses sábios admite o vácuo. Ora, não há nada mais oposto à hipótese de Spinoza que sustentar que todos os corpos não se tocam; jamais existiram dois sistemas mais opostos que o seu e o dos atomistas. Está de acordo com Epicuro no que diz respeito à rejeição da Providência. No resto, seus sistemas são como a água e o fogo.

THOMASIUS[152]**.** Não se deve esquecer este homem entre os reformadores da filosofia e os fundadores do ecletismo renovado.

152. Diderot atribuiu uma importância talvez exagerada a Thomasius, comparando-se a extensão dos artigos dedicados a outros pensadores na *Enciclopédia*. As justificativas, se cabem, prendem-se ao fato de ter sido ele um dos primeiros grandes divulgadores das Luzes (*Aufklärung*) na cultura germânica e um pensador eclético, tão ao gosto de Diderot.

Ele merece um lugar na história dos conhecimentos humanos por seus talentos, seus esforços e as perseguições sofridas.

Nasceu em Leipzig, em 1655. Seu pai, homem erudito, nada esqueceu do que pudesse contribuir para a instrução do filho. Encarregou-se pessoalmente dela e associou a este importante trabalho homens célebres de seu tempo, tais como Filier, Rapporte, Ittigius, os Albertos, Menckenius[153], Franckensteinius, Rechenbergius e outros que ilustravam a Academia de Leipzig. Mas o aluno não tardou a excitar o zelo de seus mestres, cujas opiniões não foram uma regra servil para as suas.

Aplicou-se à leitura das obras de Grotius e por elas ao estudo das leis e do direito. Não havia ninguém que o dirigisse e talvez isso tenha sido uma vantagem para ele. Puffendorf tinha então acabado de publicar suas obras e a novidade das questões que tocava suscitara-lhe uma nuvem de adversários. Thomasius tornou-se atento a essas discussões e cedo compreendeu que a teologia e a jurisprudência tinham uma visada particular com a qual observavam um objeto comum, que não devia abandonar uma ciência às pretensões da outra e que o despotismo que alguns se arrogam era um caráter bastante suspeito de sua infalibilidade. Desde então, desprezou a autoridade; tomou a firme resolução de conduzir tudo ao exame da razão e escutar apenas sua voz. Em meio aos gritos que seu projeto poderia espicaçar, compreendeu que o primeiro passo a dar seria o de recolher fatos. Leu os autores, conversou com os sábios e viajou. Percorreu toda a Alemanha e a Holanda. Conheceu o célebre Graevius e este o pôs em correspondência com outros eruditos, propôs-se a mantê-lo na região onde morava e expor suas ideias a Thomasius. Mas nosso filósofo amava sua pátria e resolveu para ali retornar.

Concebeu então a necessidade de atribuir mais seriedade nas discussões dos princípios do direito civil, e aplicar suas

153. Otto Mencke, professor de filosofia moral em Leipzig e fundador do primeiro jornal de ciência alemão, o *Acta Eruditorum*.

reflexões a casos particulares. Frequentou os advogados e as cadeias e confessou na sequência que tal exercício lhe havia sido mais útil que muitas de suas leituras.

Quando acreditou estar bastante instruído na jurisprudência usual, retornou à especulação. Abriu uma escola e interpretava para seus ouvintes o *Tratado da Guerra e da Paz* de Grotius[154]. O medo da peste que assolava o país suspendeu por algum tempo suas lições, mas a celebridade do mestre e a importância da matéria não demoraram a reunir seus discípulos que se haviam espalhado. Concluiu seu curso no qual comparou Grotius, Puffendorf e seus comentadores; remontou às fontes e não negligenciou a história. Observou a influência das hipóteses particulares sobre as consequências, o elo dos princípios e das conclusões, a impossibilidade de contentar-se com uma lei positiva qualquer, universal, que sirva de base ao edifício e esta foi a matéria de um segundo curso que empreendeu sob solicitação de algumas pessoas que haviam seguido o primeiro. Seu pai ainda vivia e a autoridade da qual gozava suspendeu o barulho dos ódios surdos que Thomasius despertava a cada dia por sua liberdade de pensar. Mas logo perdeu a serenidade dada por deste apoio.

Contentou-se em ensinar, como Puffendorf, que a sociabilidade do homem era o fundamento da moralidade das suas ações. Escreveu isso em uma obra, a qual foi seguida por outra na qual exerceu uma sátira sem muitas medidas sobre autores diferentes. E as críticas começaram a elevar-se. Contra ele invocaram-se as autoridades eclesiástica e secular. Os defensores de Aristóteles, pelo qual mantinha o maior desprezo, reuniram-se aos jurisconsultos e o caso teria tido consequências mais sérias se Thomasius não os tivesse detido, rebaixando-se perante os inimigos. Eles o acusavam de menosprezar a religião e seus ministros, de insultar os mestres, de caluniar a Igreja, duvidar da existência de Deus; defendia-se, calava a boca de seus adversários e mantinha seu falar franco.

154. *De Jure Belli ac Pacis.*

Apareceu então uma obra sob o título de *Interesse principum circa religionem evangelicum*. Um professor de teologia, chamado Hector Godefroi Masius, era seu autor. Thomasius publicou suas observações a respeito do tratado e ali comparava o luteranismo com as outras opiniões dos sectários, e tal comparação nem sempre era favorável a Masius. A querela comprometeu os dois homens. O rei da Dinamarca foi solicitado para uma discussão na qual se tratava, entre outras coisas, de saber se os reis recebiam de imediato sua autoridade de Deus. Sem nada declarar de importante, sua majestade contentou-se em ordenar um exame mais atento das obras que Thomasius publicasse na sequência.

Teve a imprudência de se intrometer no caso dos pietistas, de escrever em favor do casamento entre pessoas de religiões diferentes, de fazer a apologia de Michel Montanus [de Montaigne], acusado de ateísmo, e de desagradar tantos homens ao mesmo tempo que, para escapar ao perigo que ameaçava a sua liberdade, foi obrigado a mudar-se para Berlim, deixando para trás sua biblioteca e todos os benefícios que com dificuldade havia conseguido.

Abriu uma escola em Halle, sob a proteção do eleitor e continuou sua obra periódica. Duvida-se que, animado pelo ressentimento e gozando da liberdade de escrever o que lhe agradava, tratasse com cortesia seus inimigos. Até mesmo endereçou a Masius as primeiras folhas que publicou. Elas foram queimadas pelas mãos do verdugo e esta execução valeu-nos uma pequena obra na qual, sob o nome de Átila Frederico Frommolohius, examina o que convém a um homem de bem fazer quando acontece de um soberano estrangeiro alterar suas criações.

A escola de Halle passou a acolher um grande número de alunos. O eleitor convocou para ela personagens célebres e Thomasius foi colocado à sua frente. Não dependia senão de si para ter tranquilidade em meio às honras. Mas não havia questão importante em que não se intrometesse e suas disputas se multiplicavam dia após dia. Sentiu-se embaraçado em questões como concubinato, magia, sortilégio, aparições, espectros e pactos demoníacos. Ora, pergunto como é possível a um filósofo abordar tais assuntos sem se expor à suspeita de irreligião?

Thomasius havia observado não haver nada mais oposto aos progressos dos conhecimentos que o apego opiniático a alguma seita. Para encorajar seus compatriotas a sacudir o jugo e avançar no projeto de reformar a filosofia, após ter publicado a obra *De prudentia cogitandi et ratiotinandi* (Da Sabedoria do Pensar e do Raciocinar), escreveu um resumo histórico das escolas gregas; passando ao cartesianismo, que começava a atrair os espíritos, expôs à sua maneira o que ali julgava repreensível e convidava ao método eclético. Suas obras, aliás excelentes, contêm, no entanto, certas inexatidões.

Tratou ao longo do livro intitulado *Da Introdução à Filosofia Racional* da erudição em geral e de sua extensão, da erudição no âmbito da lógica, dos atos de entendimento, dos termos técnicos da dialética, da verdade, da verdade primeira e indemonstrável, das demonstrações da verdade, do desconhecido, do verossímil, dos erros e de suas fontes, da busca de novas verdades e da maneira de descobri-las; apegou-se, sobretudo, a estes últimos objetos em sua prática da filosofia racional. Era inimigo mortal do método silogístico.

O que acabara de executar sobre a lógica, aplicou à moral; expôs, em sua introdução à filosofia moral, o que pensava do bem e do mal, do conhecimento que deles tem o homem, da felicidade, de Deus, da benevolência, do amor ao próximo, do amor próprio, passando da parte prática às causas da infelicidade em geral, às paixões, às afecções e suas naturezas, ao ódio, ao amor, à moralidade das ações, aos temperamentos e às virtudes, à volúpia, à ambição, à avareza, aos caracteres e ao ócio. Num capítulo em particular, procura demonstrar que a vontade é uma faculdade cega, submetida ao entendimento, princípio que não foi do agrado geral.

Ele havia insistido, sobretudo, na natureza e na mistura dos temperamentos; suas reflexões a respeito deste assunto o conduziram a novos olhares sobre a maneira de descobrir os pensamentos mais secretos dos homens nos contatos cotidianos.

Após ter estabelecido os fundamentos da reforma lógica e da moral, tentou a mesma coisa com a jurisprudência natural e seu trabalho não ficou sem apoiadores e críticos; lê-se ali, com alguma surpresa, que os hábitos teoréticos puros pertencem à loucura, mesmo quando conduzem à verdade; que a lei não é ditada pela razão, mas sim uma consequência da vontade e do poder daquele que comanda; que a distinção da justiça em distributiva e comutativa é vã; que a sabedoria consiste em conhecer o homem, a natureza, o espírito e Deus; que todas as ações são indiferentes no estado de integridade; que o casamento pode ser momentâneo; que pela razão não se pode demonstrar serem o concubinato e a bestialidade ilícitos. Propôs-se neste escrito, *Introductio in philosophiam moralem* (1706), demarcar os limites da natureza e da graça, da razão e da revelação.

Tornou-se teósofo e sob tal forma é que o vemos na *Pneumatologia Física*. Travou conhecimento com o célebre médico Friedrich Hoffman e dele recebeu algumas lições a respeito de física mecânica e de química experimental.

Tentou conciliar então as ideias mosaicas, cabalísticas e cristãs e compôs o seu *Tentamen de natura et essentia spiritus* (Exame Sobre a Natureza e a Essência do Espírito). Com que espanto vê-se um homem de grande tino, de uma erudição profunda, e que havia utilizado a maior parte de sua vida a ridicularizar a incerteza e a variedade dos sistemas de filosofia sectária, teimar em opiniões mil vezes mais extravagantes. Mas Newton, após nos ter dado seus admiráveis princípios de filosofia natural, bem que publicou um comentário sobre o apocalipse.

Thomasius terminou seu curso de filosofia pela prática da filosofia política, com a qual mostrou a ligação com conhecimentos frequentemente negligenciados pelos homens que se ocupam desta ciência.

É difícil expor o sistema geral da filosofia de Thomasius, porque mudava não poucas vezes de opinião. De resto, foi um homem tão estimado por seus hábitos quanto por seus talentos. Sua vida foi inocente, não conhecendo nem o orgulho nem a avareza. Amava ternamente seus amigos, foi um bom marido e ocupava-se com a educação de seus filhos. Conservou o espírito reto e o coração justo. E sua companhia foi instrutiva e agradável. Recriminou-se sua tendência para a sátira, o ceticismo e o naturalismo, com justa razão.

Princípios Gerais da Filosofia de Thomasius

Todo ser é alguma coisa.

A alma do homem possui duas faculdades: o entendimento e a vontade. Uma e outra consistem em paixões e ações. A paixão do entendimento chama-se *sensação*; a paixão da vontade, *inclinação*. A ação do entendimento chama-se *meditação*; a ação da vontade, *impulso*. As paixões do entendimento e da vontade sempre precedem as ações; e as ações são como coisas mortas sem as paixões. As paixões do entendimento e da vontade são percepções da alma.

Os seres reais apercebem-se ou pela sensação e entendimento, ou pela inclinação e vontade. A percepção da vontade é mais sutil que a percepção do entendimento; a primeira estende-se aos visíveis e invisíveis.

A perceptibilidade é uma afecção de todo ser, sem a qual não há conhecimento verdadeiro de sua essência e realidade. A essência é, no ser, a qualidade sem a qual a alma não se apercebe. Há coisas que são percebidas pela sensação; há as que o são pela inclinação e outras ainda por ambos os meios.

Estar em algum lugar é estar dentro ou fora de algo. Há entre o estar em algum lugar determinado e o estar em qualquer lugar a mesma diferença entre o que contém e o que está contido.

A amplitude é o conceito de algo na qualidade de longo ou de largo, abstração feita à profundidade. Ela é ou o espaço onde a coisa se move ou se estende, ou o que é movido ou estendido; ou é a extensão ativa ou passiva; ou a matéria ativa ou a coisa passivamente movida. Há uma extensão finita e passiva e outra infinita e ativa. Há diferença entre o espaço e a coisa estendida, entre extensão e o estendido. O espaço infinito é a extensão ativa onde tudo se move e que em nada se move. É necessário haver alguma coisa estendida finita, na qual, como no espaço, um outro estendido não se mova.

Deus e a criatura são realmente distintos. O que quer dizer que um dos dois pode, ao menos, existir sem o outro. O primeiro conceito de Deus é o de ser ele mesmo e de quem tudo o mais emana. Mas o que provém de outro é posterior ao que é; logo, as criaturas não são coeternas a Deus.

As criaturas percebem-se pela sensação; daí nasce a inclinação que, no entanto, não supõe, necessariamente e sempre, a sensação. O homem não pode meditar a respeito de criaturas que não percebe e que não se apercebem pela sensação. A meditação sobre as criaturas termina se novas sensações não a estimulam.

Deus não é percebido pela sensação. Logo, o entendimento não percebe que Deus vive e toda sua meditação sobre este ser é morta. Ela se limita a conhecer que Deus é outra coisa que a criatura, não se estendendo ao que ele é. Deus é percebido pela inclinação do coração, o que é uma paixão. É necessário que Deus meça o coração do homem. A paixão do entendimento está no cérebro; a da vontade, no coração. As criaturas movem o entendimento; Deus, o coração. A paixão da vontade é de ordem superior, mais nobre e melhor do que a paixão do entendimento. Ela é da essência humana e distingue o homem dos animais.

O homem é uma criatura amante e pensante. Toda inclinação do homem é amor. O intelecto não pode excitar em si o amor de Deus; é o amor de Deus que o excita. Quanto mais amamos a Deus, mais o conhecemos. Deus está em si mesmo; todas as criaturas nele estão; fora de Deus não há nada. Tudo tem sua origem nele e tudo nele está. Qualquer coisa pode agir por ele, mas não fora dele; o que age, age nele. As criaturas foram feitas do nada, exceto Deus. A amplitude é infinita; a da criatura, finita. O entendimento do homem, sendo finito, não pode compreender com exatidão todas as criaturas. Mas a vontade inclinada por um ser infinito é infinita. Nada engloba Deus, mas ele a tudo engloba e desenvolve. Todas as criaturas são extensas e nenhuma engloba uma outra por uma virtude que seja sua. Ser extenso não é a mesma coisa que conter partes. Toda extensão é movimento. Toda matéria se move, Deus a tudo move e, no entanto, é imóvel. Existem dois movimentos: do não-ser ao ser e de um espaço a outro, ou dentro do mesmo espaço.

A essência de Deus era uma amplitude envolvida, antes que ele se estendesse às criaturas. Então, as criaturas estavam nele escondidas. A criação é um desenvolvimento de Deus ou um ato, pois ele produziu do nada, estendendo-se, as criaturas que estavam guardadas em si. Não-ser e estar guardado em Deus é a mesma coisa. A criação é uma manifestação de Deus, com a criatura produzida fora de si. Deus não realiza nada fora de si. E não há criatura fora de Deus. No entanto, a essência da criatura difere da essência de Deus. A essência da criatura consiste em agir e sofrer, ou a mover e ser movida. E assim é que a sensação tem lugar no homem.

A percepção por inclinação é a mais desatada; não há outra mais sutil; o tato mais delicado não lhe pode ser comparado. Todo movimento se faz por tato ou contato, por aplicação ou aproximação da coisa que move e da coisa movida. A sensação se faz por aproximação da coisa aos sentidos e a inclinação por aproximação da coisa ao coração. O sentido é tocado de maneira visível; o coração, de modo invisível. Todo contato do sentido se faz por pulsão; toda moção[155] da inclinação se faz ou por pulsão ou por atração.

A criatura passiva, o ser paciente, chama-se matéria; é o oposto do espírito. Os opostos têm efeitos opostos. O espírito é o ser que age e se movimenta. Tudo o que caracteriza paixão é a afecção da matéria; tudo o que marca a ação é afecção do

155. Moção no sentido original de ato ou resultado do movimento.

espírito. A paixão indica extensão, divisibilidade, mobilidade; pertence, pois, à matéria. A matéria é penetrável, impenetrável, capaz de união, de geração, de corrupção, de iluminação e calor. Sua essência é, assim, fria e tenebrosa, pois não há nada disso que não seja passivo.

Deus deu à matéria o movimento do não-ser ao ser; mas o espírito a estende, a divide, a movimenta, a penetra, a une, a engendra, a corrompe, a esquenta e a refrigera, dado que todos esses efeitos caracterizam a ação. O espírito é, por sua natureza, lúcido, quente e respirador, ou ainda clarifica, esquenta, estende, move, divide, penetra, une, engendra, corrompe, ilumina, resfria.

O espírito não pode sofrer nenhum daqueles efeitos da matéria; no entanto, ele não tem nem sua moção e sua luz em si mesmo, pois é uma criatura. Deus pode converter em nada um espírito. A essência do espírito consiste em virtude ou potência ativa. Sua intenção dá vida à matéria, forma sua essência e a faz o que é, após a existência que conserva de Deus.

A matéria é um ser morto, sem virtude; o que possui ela retira do espírito, que faz sua essência e vida. A matéria torna-se informe se o espírito a abandona. Um espírito pode ser sem matéria, mas a matéria não pode ser sem espírito. Um espírito destinado à matéria deseja a ela unir-se e ali exercer sua virtude. Todos os corpos são compostos de matéria e espírito; têm, portanto, uma sorte de vida em consequência da qual suas partes se unem e se mantêm. O espírito está nos corpos como no centro; é de lá que ele age por radiação e que ele estende a matéria. Se retira seus raios, o corpo se transforma e se corrompe. Um espírito pode atrair e afastar outro espírito.

No homem, a atração e a impulsão chamam-se *amor* e *ódio;* nos demais corpos, *simpatia* e *antipatia*. O espírito não é percebido pelos órgãos dos sentidos, pois nada se permite pela matéria. A matéria, tenebrosa em si mesma, não pode ser vista ou tocada; é pelo espírito que a ilumina que se torna visível; é pelo espírito que a move que ela é perceptível.

A diferença das cores, dos sons, dos odores, dos sabores e do tato nascem da formação e configuração do resto da matéria. O calor e o frio são produzidos pela diversidade das moções do espírito na matéria. É a atração do espírito que constitui a solidez e a fluidez. A fluidez é a atração do espírito solar; a solidez é a atração do espírito terrestre. É a quantidade da matéria que faz a gravidade ou a leveza, estando o espírito do corpo, separado de seu todo, atraído ou inclinado pelo espírito universal. É assim que se explica a elasticidade e a rarefação.

O corpo humano, assim como todos os outros, possui espírito e matéria. Não se deve nele confundir o espírito corporal e a alma. Em todos os corpos, a matéria movida pelo espírito toca imediatamente a matéria de um outro corpo; mas a matéria tocada não percebe o toque; é função do espírito que lhe pertence.

Entendo aqui por perceber o compreender e aprovar a virtude de um outro, procurar unir-se a ela, aumentar sua própria virtude, ceder-lhe o lugar, contrair-se. Tais percepções variam nos corpos com as figuras e conforme as espécies. O espírito, ao contrário do corpo, difere de outro pelo ato intuitivo, mais ou menos intenso.

A estrutura da matéria do corpo do homem é tal que o espírito ou conserva as imagens recebidas, ou as divide, compõe, aprova ou rejeita, mesmo na ausência das coisas, e com elas se alegra ou se atormenta. Este espírito e o espírito de todos os demais corpos é imaterial. É, no entanto, capaz de aprovar o contato da matéria, do prazer e da dor. Está submetido à intenção das operações de acordo com as mudanças da matéria. Ele é, por assim dizer, aderente aos demais corpos terrestres e não pode, sem eles, perseverar em sua união com seu próprio corpo.

O homem animal é aquele considerado sob o aspecto da matéria unida a esse espírito. A propriedade que possui de compreender o uso das coisas, de compô-las e dividi-las chama-se *entendimento ativo*. A propriedade de desejar as coisas chama-se *vontade natural*.

O espaço onde todos os corpos se movem é o espírito; e o espaço onde todos os espíritos se movem é Deus. A luz é um espírito invisível que ilumina a matéria.

Princípios da Lógica de Thomasius

Há duas luzes que podem dissipar as trevas do entendimento: a razão e a revelação. Não é necessário recorrer ao estudo das línguas estrangeiras para fazer bom uso da razão. No entanto, elas possuem sua utilidade relativamente a este objeto. A lógica e a história são os dois instrumentos da filosofia. O fim primeiro da lógica ou arte de raciocinar é o conhecimento da verdade. O pensamento é um discurso interior sobre as imagens que os corpos imprimiram no cérebro, por intermédio dos órgãos. Não é possível que todo exercício do pensamento se faça na glândula pineal[156]. É mais racional que seja em todo o cérebro. Os animais possuem ações parecidas com as nossas, mas não pensam. Têm um princípio interno que nos é desconhecido. O homem é uma substância corporal que pode se mover e pensar. Ele possui entendimento e vontade. E ambos possuem ação e paixão. A mediação não pertence à vontade, mas ao entendimento.

Entendam-se por abstrações as imagens das coisas quando o entendimento delas se ocupa na ausência das coisas. A faculdade que as conserva e as oferece ao entendimento, como estando presentes, é a memória.

A verdade é a adequação dos pensamentos interiores do homem à natureza e à qualidade dos objetos exteriores. Há verdades indemonstráveis. É preciso abandonar aquele que as nega como alguém que não se pode convencer e que não quer ser convencido. É um fato corriqueiro que nem sempre o homem pensa. Os pensamentos que não estão adequados aos objetos exteriores são falsos; se nos agarramos seriamente

156. Nome antigo para a epífise, parte constituinte do diencéfalo (tálamo, epífise e hipotálamo).

a eles, erramos; se são apenas suposições, não passam de um jogo. O verdadeiro, considerado relativamente ao entendimento, é certo ou provável. Uma coisa pode ser certa e parecer, ao entendimento, provável ou falsa.

Há relação e proporção entre o que tem concordância e discordância. As palavras, sem aplicação às coisas, não são nem verdadeiras nem falsas. A característica de um princípio é ser indemonstrável. Só há um primeiro princípio onde todas as verdades se escondem. Este primeiro princípio é que tudo o que concorda com a razão, quer dizer, com os sentidos e as ideias, é verdadeiro; e tudo o que a contradiz é falso. Os sentidos não enganam àquele que é são de espírito e de corpo. O sentido interno não pode ser enganado. O erro aparente dos sentidos exteriores nasce da precipitação do entendimento em seus julgamentos. Os sentidos não produzem sempre e em todos as mesmas sensações. Assim, não há nenhuma proposição universal e absoluta dos conceitos variáveis. Sem a sensação, o entendimento não pode perceber nada nem fazer representações. Os pensamentos ativos, as ideias, suas relações e raciocínios nascem das sensações.

Há duas espécies de demonstração: ou se parte das sensações ou de ideias e de definições e de suas conexões com o primeiro princípio. É impossível descobrir a verdade pela arte silogística. O método reduz-se a uma só regra: dispor a verdade que se quer encontrar ou demonstrar de modo a não se enganar, procedendo do mais ao menos fácil, do mais ao menos conhecido. A arte de descobrir verdades novas exige a experiência, a definição e a divisão. As proposições categóricas não são inúteis no exame das verdades certas, nem as hipotéticas no exame das verossimilhanças.

A educação é a fonte primária de todos os erros do entendimento. Daí nascem a precipitação, a impaciência e os preconceitos. Os preconceitos nascem principalmente da credulidade que dura até a juventude; tal é a miséria do homem e a pobre condição de seu entendimento. Há dois preconceitos: o da autoridade e o da precipitação. A ambição é uma fonte dos preconceitos particulares. Daí o respeito pela Antiguidade. Aquele que se propõe a encontrar a verdade deporá seus preconceitos. Quer dizer que ele duvidará metodicamente, rejeitará a autoridade humana e dará às coisas a atenção que requerem. Apegar-se-á previamente a uma ciência que o conduza à sabedoria real.

Devemos aos outros nossas instruções e luzes e nos aproximaremos, portanto, daquele no qual reconhecemos solidez, clareza, fidelidade, humanidade, benevolência, que não cansará nossa memória, que ditará pouco, que saberá discernir os espíritos, que saberá adaptar-se aos seus ouvintes, que será o autor de suas lições e evitará o emprego de palavras supérfluas e vazias de sentido. Se nós temos de ensinar aos outros, procuremos adquirir as qualidades que nós pediríamos àquele que nos ensinasse. Quando se trata de examinar e interpretar as opiniões dos outros, comecemos por julgar-nos e conhecer nossos sentimentos. Entendamos bem o estado da questão e que a matéria nos seja familiar. Que poderemos dizer de sensato se as leis da interpretação nos são estranhas, se a obra é desconhecida, se estamos animados por uma paixão ou obstinados por um preconceito?

Princípios da Pneumatologia de Thomasius

A essência do espírito, considerado em geral, não consiste somente do pensamento, mas da ação, pois a matéria é um ser puramente passivo e o espírito é um ser inteiramente oposto à matéria. Todo corpo é composto de um e de outro e os opostos possuem predicados opostos. Há espíritos que não pensam, mas que agem, como a luz e o éter. Toda potência ativa é um ser subsistente por si e uma substância que aperfeiçoa a potência passiva. Não há substância passiva que subsista por si. Ela tem necessidade de uma luz para se fazer ver. Todas as potências ativas são invisíveis e embora a matéria seja invisível, não é menos por isso o instrumento e o signo da potência ativa. Sob determinado aspecto, a luz e o éter se fazem invisíveis. Tudo o que se possa conceber privado de ação é espiritual.

Princípios da Moral de Thomasius

O bem consiste na harmonia das coisas com o homem e com todas as suas forças, e não somente com seu entendimento; sob este último aspecto, o bem é a verdade.

Tudo o que diminui a duração das forças do homem e não lhe acrescenta em quantidade, a não ser por pouco tempo, é mau.

A liberdade e a saúde são os maiores bens que temos da fortuna, e não as riquezas, as dignidades e os amigos. A felicidade do homem não consiste da sabedoria ou da virtude. A sabedoria tem relação apenas com o entendimento e a virtude com a vontade. É preciso procurar a felicidade soberana na moderação do desejo e da meditação. Tal estado ocorre na ausência de dor e de alegria; é um estado de tranquilidade. É a fonte do amor racional. O homem nasceu para a sociedade de paz e tranquilidade ou para aqueles a quem tais qualidades são caras e que trabalham para adquiri-las. O homem racional e prudente ama mais os outros homens do que a si mesmo.

Se entendemos por felicidade soberana a reunião a mais completa e a mais perfeita de todos os bens que o homem possa ter, ela não se encontra na riqueza, nas honras, na moderação, na liberdade, na amizade. É uma quimera da vida.

A saúde é uma das qualidades necessárias à tranquilidade da alma. Mas não só ela. A tranquilidade da alma supõe a sabedoria e a virtude; quem não as possui é verdadeiramente um miserável.

A voluptuosidade do corpo é oposta à da alma, pois é um movimento inquieto.

As coisas inconstantes não podem conservar-se por si mesmas; são obras do criador Existe, portanto, uma providência divina. Embora Deus dê a todo momento às coisas uma vida, uma essência e uma existência nova, elas são uma somente e seu estado presente traz em si o passado e o futuro, o que as torna as mesmas. O conhecimento da essência divina é uma regra à qual o homem sábio deve conformar todas as suas ações. O homem sábio amará a Deus sinceramente; ter-lhe-á confiança e o adorará com humildade. A razão não nos apresenta nada além deste culto interior; quanto ao culto exterior, a razão concebe que mais vale submeter-se a ele do que recusá-lo.

Há dois erros principais relativamente ao conhecimento de Deus: o ateísmo e a superstição. A superstição é pior do que o ateísmo.

O amor é um desejo da vontade de unir-se e de se perseverar na união com aquilo no qual o entendimento reconheceu o bem. Pode-se considerar o amor irracional sob aspectos diferentes: ou o desejo é inquieto, ou o objeto amado é ruim e prejudicial, ou nele confundiram-se as uniões incompatíveis. O desejo de possuir uma mulher deve ser examinado cuidadosamente, caso não se queira expor-se à sedução secreta de um amor irracional, escondido sob a máscara de um outro amor. O amor racional por seus semelhantes é um dos meios de nossa felicidade. Não há virtude senão o amor; ele é a medida de todas as outras qualidades louváveis.

Cinco virtudes constituem o amor universal e comum: a humanidade, de onde nascem a beneficência e a gratidão; a veracidade e a fidelidade em suas promessas, mesmo com os nossos inimigos e os inimigos de nosso culto; a modéstia, que não se deve confundir com a humildade; a moderação e a tranquilidade da alma; a paciência, sem a qual não há nem amor nem paz.

Só o casamento não torna o amor lícito. Quanto maior o número daqueles que amam, mais o amor é racional. É injusto odiar aquele que ama o que amamos. A grande estima é o fundamento do amor racional. Dessa estima nasce o desejo contínuo de agradar, a confiança, a benevolência, os bens e as ações comuns. O amor ao próximo é o fundamento do amor próprio. Ele tem por objeto a perfeição da alma, a conservação do corpo e a preferência do amor dos outros, e mesmo pela vida. A conservação do corpo exige a temperança, a pureza, o trabalho e a firmeza. Se há tantos homens mergulhados na infelicidade, é que eles não amam com um amor racional e tranquilo.

É menos no entendimento do que na vontade e nas tendências secretas que é preciso procurar a fonte de nossas dores. Os preconceitos do entendimento nascem da vontade. A infelicidade tem por base a inquietação de um amor desregrado. Dois pré-julgamentos seduzem a vontade: a impaciência e a imitação. Dificilmente nos livramos desta última. As afecções estão na vontade, não no entendimento. A vontade é uma faculdade da alma que inclina o homem e pela qual ele se estimula a fazer ou a omitir alguma coisa. A vontade se movimenta sempre do desagradável para o agradável, do importuno para o prazeroso. Todas as tendências da alma voltam-se para o futuro e para um objeto ausente. As afecções nascem das sensações. O coração é o lugar onde a comoção dos objetos interiores se faz sentir com mais força. Toda emoção violenta é má; só as boas são temperadas. Há quatro inclinações ou afecções gerais: o amor racional, o desejo das honras, a cupidez das riquezas e o gosto do prazer. Os homens sanguíneos são voluptuosos; os biliosos são ambiciosos; os melancólicos são avaros.

A tranquilidade da alma é uma sequência de harmonia entre as forças do pensamento ou entre os poderes do entendimento. Há três qualidades que conspiram para formar e aperfeiçoar o amor racional: o espírito, o julgamento e a memória. O amor racional é silencioso, sincero, liberal, humano, generoso, temperado, sóbrio, contido, econômico, industrioso, disposto, paciente, corajoso, afável, serviçal. É preciso sufocar as afecções viciosas e excitar o amor racional; neste trabalho penoso, é preciso atacar primeiramente a afecção dominante. Ele supõe as intenções puras, a sagacidade e a coragem. É necessário empregar a sagacidade para separar os pré-julgamentos da vontade; em seguida, retirar da afecção dominante o seu alimento, conversar com os bons, exercitar a virtude e fugir das ocasiões perigosas. Mas para adaptar escrupulosamente sua vida às regras da virtude, as forças naturais não são suficientes.

Princípios da Jurisprudência Divina de Thomasius

O mundo está composto de corpos visíveis e de potências[157] invisíveis. Não há corpo visível que não esteja dotado de uma potência invisível. O que há de visível e tangível no corpo chama-se *matéria*. O que há de invisível e insensível chama-se *natureza*.

O homem pertence à classe das coisas visíveis; além das qualidades que têm em comum com os outros corpos, possui potências particulares com que se distingue: a alma, pela qual ele concebe e vê, é uma delas.

As potências produzem as diferentes espécies de corpos, combinando as partículas da matéria e dando-lhes esta ou aquela configuração. A alma faz o mesmo no homem; a estrutura de seu corpo é obra de sua alma. O homem está dotado da virtude intrínseca de reconhecer suas próprias faculdades e de senti-las. É assim que ele se assegura que concebe pelo cérebro e quer pelo coração. A primeira dessas ações chama-se *pensamento*; a outra, *desejo*. O entendimento é assim uma faculdade da alma humana que reside no cérebro e cujo produto é o pensamento; e a vontade é uma faculdade da alma humana que reside no coração e produz o desejo. Os pensamentos são atos de entendimento. Têm por objetivo os corpos ou as potências. Se se referem aos corpos, as ações são *sensações*; no caso das potências, as ações são *conceitos*.

157. No original, *puissance,* podendo comportar diferentes traduções, tais como potência (do latim *potens*, *potentis*, que tem força ou capacidade para algo), poder, faculdade, possibilidade de mover ou influir, virtualidade, eficácia, energia. Optamos aqui pelo termo potência que, nos parece, mantém vínculos semânticos com o original e abrange as possibilidades de sentido aqui mencionadas.

As sensações dos corpos presentes formam o senso comum. Não se devem confundir as sensações com seus objetos. As sensações são dos corpos, mas elas pertencem à alma e é preciso aí considerar a percepção e o julgamento. Não há apetite ou desejo do que não se conhece; todo apetite ou desejo supõe uma percepção. O pensamento que se ocupa de um objeto ausente, mas cuja imagem ficou no entendimento, em consequência da sensação, chama-se *imaginação* ou *memória*. Não há pensamentos abstratos da matéria, mas apenas potências. A potência comum dos corpos, ou a matéria, chamar-se-ia mais exatamente *a natureza do corpo*. Quando nos ocupamos de uma potência, abstração feita do corpo ao qual ela pertence, nosso pensamento é universal. Podemos associar todas as formas de nossos pensamentos ou à imaginação ou à formação de proposições.

Em uma investigação, trata-se de julgar ou suspender o juízo. Na formação das proposições há afirmação e negação: tais ações pertencem ao entendimento e não à vontade. Não há conceito de um termo simples. O raciocínio ou a meditação é um encadeamento de muitos pensamentos. Tem-se memória quando se podem evocar várias sensações, ligá-las e descobrir, por comparação, a diferença que as potências têm entre si.

Toda vontade é um desejo do coração, uma tendência a unir-se à coisa amada. E todo desejo é um esforço para agir. O esforço da vontade conduz o entendimento ao exame da coisa amada e à procura dos meios de possuí-la. A vontade é, pois, um desejo do coração, acompanhado por um ato de entendimento. A vontade não é um pensamento, pois há diferença entre o esforço e a sensação. As ações do entendimento se exercem frequentemente sem a vontade, mas a vontade move sempre o entendimento. As potências das coisas que estão fora de nós movem as faculdades do corpo e aquelas do entendimento e da vontade. O entendimento contém forças que lhe são próprias e sobre as quais a vontade nada pode; ela pode sim, às vezes, colocá-las em ação, mas nem sempre pode detê-las. O entendimento está sempre submetido ao impulso da vontade e ele não a dirige, seja na afirmação de que uma coisa é boa ou má, no exame da própria coisa ou na procura dos meios de obtê-la. A vontade não deseja uma coisa porque parece boa ao entendimento, mas, ao contrário, ela parece boa ao entendimento porque a vontade a deseja.

O entendimento e a vontade possuem suas ações e suas paixões. O intelecto age quando a vontade se inclina ante a reflexão; ele sofre ação quando outras causas que não a vontade o movem e o fazem sentir. A vontade é passiva, não relativamente ao entendimento, mas a outras causas que a movem. Serve-se do entendimento como de um instrumento para excitar as afecções e para um exame mais atento do objeto. A vontade é o primeiro agente da natureza humana, pois ela move o entendimento. Os atos comandados pela vontade ou são voluntários, morais e espontâneos, ou necessários, forçados e físicos. A natureza do homem moral é o conjunto do poder de querer e das potências que estão submetidas à vontade. A razão é predicado só do entendimento, e não da moral. O entendimento julga livremente a natureza das coisas, assim como o bem e o mal, todas as vezes em que a vontade não o move; mas ele está submetido à vontade e lhe obedece quando é por ela movido ou impulsionado. O entendimento e a vontade têm sua liberdade e sua servidão, uma e outra extrínsecas. Não há, portanto, nenhuma escolha da vontade, nenhuma liberdade de indiferença. Como no ato da liberdade nem sempre se concebe que ela seja estimulada por potências exteriores, diz-se, sob este ponto de vista, que ela é livre. Atribuiu-se às ações humanas a espontaneidade porque o homem é seu autor, mas não por serem livres. O que conserva a potência de um corpo é bom; o que a destrói, e consequentemente ao próprio corpo, é mau.

O que é a vida? A união das potências com o corpo. O que é a morte? A separação das potências do corpo. Enquanto o corpo vive, suas partes, que são a sede das potências, permanecem unidas; quando ele se dissolve, as partes se separam. As potências passam a potências separadas, pois é impossível que sejam aniquiladas. O corpo é mortal, mas as potências, imortais. É próprio do homem ser levado a bens particulares que são contrários ao bem geral.

O esforço em direção a uma coisa que lhe convém chama-se *desejo, amor, esperança*; em direção a uma coisa que lhe é contrária, *ódio, fuga, horror, medo*. Dá-se ao esforço o nome de *paixão* porque o objeto jamais deixa de excitá-lo.

A razão é sã quando livre, não movida pela vontade, podendo ocupar-se, sem sua influência, da diferença entre o bem ideal e o bem aparente; a razão está corrompida quando a vontade a conduz ao bem aparente. Cada homem tem suas vontades e as vontades dos homens pouco concordam entre si; são muito diversas e, frequentemente, opostas. Um mesmo homem não quer constantemente o que já quis uma vez; suas vontades se contrapõem de um momento a outro. Os homens possuem muitas paixões durante a duração de suas vidas e há em cada uma delas tanta diversidade quanto podem ser mostradas pelo rosto. O homem não é uma espécie ínfima e a natureza do gênero humano não é uma e a mesma.

Há no homem três vontades principais: a volúpia, a avareza e a ambição. Elas dominam a todos, mas diversamente combinadas. Não são movimentos diferentes que se sucedem naturalmente e dirigidos pelo princípio comum do entendimento e da vontade. Atos voluntários e contraditórios não podem sair de uma vontade una e comum. De onde se segue que são das paixões da vontade, das coerções e da necessidade que é preciso atribuir o que, ordinariamente, se concede à escolha e à liberdade. Na discórdia, uma vez despertada, a mais forte potência sempre vence. A volúpia, a ambição e a avareza são três faculdades ativas que arrastam o entendimento e excitam a potência translativa. A esperança, o medo, a alegria e a tristeza são paixões da alma que nascem do conhecimento de uma potência favorável ou contrária. Há paixões da alma que excitam as primeiras vontades; há outras que as suprimem.

A esperança nasce de alguma primeira vontade; o medo vem de outras potências.

A esperança e o medo podem ser considerados relativamente a Deus: racionais, chamâmo-los *piedade, medo filial*; irracionais, chamâmo-los *superstição, medo servil*. Aquele que apenas se prende a considerações humanas é ateu. O homem é prudente ou sábio quando considera o vínculo das potências, não apenas pelos efeitos presentes, mas ainda nos efeitos futuros. O poder humano é finito e não se estende aos impossíveis. Aquém da impossibilidade, é difícil demarcar seus limites.

É mais fácil conhecer os poderes dos corpos, comparando-os, do que as potências dos homens entre si. Toda potência, sobretudo no homem, pode ser útil ou prejudicial. É preciso mais temer os homens do que ter-lhes esperança, porque eles podem e querem mais frequentemente prejudicar do que servir.

O sábio, com frequência, socorre; mais habitualmente ainda, teme; raramente resiste; põe suas esperanças em poucas coisas e só tem inteira confiança na potência eterna. Ele não toma sua própria potência como medida para a potência dos outros, nem a dos outros como medida da sua.

Há potências que estimulam as primeiras vontades e existem as que as acalmam. Os alimentos aumentam ou diminuem a volúpia; a ambição se fortifica ou se enfraquece pelo louvor e pela desaprovação; a avareza vê motivos para se tornar ociosa ou para trabalhar pela desigualdade dos bens.

A vontade dominante do homem, sem ser excitada nem auxiliada por potências exteriores, sempre vence a vontade de uma potência subordinada, abandonada a si mesma. As forças reunidas de duas potências fracas podem sobrepujar a vontade dominante. O sucesso é mais frequente e mais seguro se as potências auxiliares forem exteriores. Uma paixão fraca, estimulada violentamente por potências exteriores, se exercerá com mais energia em um homem do que a paixão dominante em um outro. Para este efeito, é necessário que a ajuda da potência exterior seja grande.

Há entre as paixões dos homens oposições, concorrências, obstáculos, auxílios e ligações secretas indiscerníveis a todos os olhos.

A vontade do homem nunca se encontra desprovida de esperança e de medo, e não há ação voluntária sem o concurso de ambas as paixões. Não há ação livre considerada relativamente à dependência única da vontade. Caso se examine a ação relativamente a algum princípio que a dirija, ela pode ser livre ou forçada. A potência da vontade é livre quando o homem segue sua esperança natural, quando ela age sem o concurso ou a oposição de uma força exterior que a atraia ou a afaste. Esta força é visível ou invisível e se exerce sobre a alma ou o corpo. Toda ação que não é voluntária ou espontânea faz-se apesar de nós. Não é a mesma coisa no caso de uma ação forçada. Esta aqui nem sempre ocorre apesar de nós. No exame do valor moral das ações voluntárias é preciso considerar não apenas o movimento da vontade que as precedeu, mas a aprovação que a elas seguiu-se. O espontâneo é livre ou forçado; livre, se a vontade pôs em ação a potência translativa, sem o concurso de uma potência estranha, favorável ou contrária; forçada, se interveio alguma força, esperança ou temor exteriores.

Os costumes consistem na conformidade de um grande número de vontades. Os sábios têm seus costumes, que não são os mesmos dos insensatos. Os primeiros se amam, se estimam, depositam sua principal dignidade nas qualidades do entendimento, fazem dele a essência do homem e submetem seus apetites à razão que não se constrange. É da mistura das paixões que se segue que, entre os insensatos, há os instruídos e os idiotas. A força das paixões dominantes não é tanta que não se possa dominá-la.

Não há homem tão insensato que não possa ser dominado pela sabedoria de outro e não se disponha à utilidade geral. As paixões dominantes variam segundo a idade, o clima, a educação: eis as fontes da diversidade dos costumes em diferentes povos. Os costumes dos homens têm necessidade de uma regra. A experiência e a meditação fazem o sábio. Os insensatos fazem pouco caso da sabedoria. Os homens cujo caráter consiste de uma combinação de ambição e de volúpia só têm necessidade de tempo e de experiência para se tornar sensatos. Todos esses princípios que se estabelecem sobre uma consciência justa e uma consciência errônea não possuem qualquer utilidade. A honestidade, o ser agradável e útil são os objetivos do sábio; essas qualidades fazem a sua felicidade e não estão jamais separadas.

O conselho se dá entre iguais; a ordem vai de superior a inferior. O conselho mostra os bens e os males necessários; o poder os faz arbitrários. O conselho não coage, não obriga, ao menos exteriormente; o poder coage, obriga, ao menos exteriormente. O sábio submete-se ao conselho; o insensato só obedece à fôrça.

A virtude é sua própria recompensa.

O insensato teme com frequência dores e poderes quiméricos. O sábio serve-se de tais fantasmas para subjugá-lo. A finalidade da regra é a de conseguir para os insensatos a paz exterior e a segurança interior. Há diferentes espécies de insensatos: alguns perturbam a paz exterior e é preciso, contra eles, empregar a autoridade; e alguns que ignoram a paz exterior, é preciso instruí-los. É difícil que um homem possa reunir em si o caráter da pessoa que aconselha e o caráter daquele que comanda. Assim, houve padres e reis.

Não há ações melhores do que aquelas que tendem a conseguir a paz interior. Aquelas que não contribuem e não prejudicam a paz exterior são como que indiferentes. As más as perturbam. Em todas existem diferentes graus a serem considerados.

O justo opõe-se ao mal exterior; o honesto é o bem em um grau eminente; ele se eleva acima das paixões; o decente é de ordem intermediária entre o justo e o honesto. O honesto dirige as ações exteriores dos insensatos. O decente é a regra de suas ações exteriores.

A lei é aceita estritamente pela vontade daquele que comanda. Neste sentido, ela difere do conselho e do pacto. O fim imediato da lei é o de ordenar e defender. Ela pune pelos magistrados, ela coage pelos julgamentos e ela anula os atos que lhe sejam contrários. Seu efeito é o de obrigar. O direito nasce do abandono de sua vontade: a obrigação vincula. A injúria é a infração à obrigação e ao direito. O direito é relativo a outros; a obrigação é imensa; um nasce das regras da honestidade e a outra, das regras do que é justo.

O direito, como lei, é natural ou positivo. O natural se reconhece pela concentração de uma alma tranquila sobre si mesma. O positivo exige a revelação e a publicação. O direito natural prende-se ao agregado de todos os preceitos morais que são ditados pela reta razão, ou apenas pelas regras do justo.

A lei natural apoia-se mais em conselhos do que na autoridade. Não é a palavra deste último que ensina, mas daquele que comanda que a faz ser recebida. Só a razão não nos conduz a reconhecer Deus como um soberano autorizado a infligir as penas exteriores e arbitrárias aos infratores da lei natural. Vê-se que todos os castigos que não emanam da autoridade são naturais e só impropriamente chamados castigos. Não há castigos propriamente ditos senão aqueles conferidos pelo soberano, e visivelmente infligidos. A publicação é essencial à lei. O filósofo não conhece nenhuma publicação da lei natural: ele vê Deus como seu pai, mais do que como seu mestre. Se há algum temor, ele é filial, e não servil.

O direito, considerado como uma poder moral relativo a uma regra comum e constante para um grande número de homens, chama-se *direito natural*. O direito positivo é relativo a uma regra que varia. O direito da natureza obriga mesmo àqueles que têm opiniões errôneas sobre a divindade.

Nem a vontade divina, nem a santidade do direito natural, nem a conformidade com a vontade divina, nem seu acordo com um estado perfeito, nem a paz, nem os pactos ou a segurança são os primeiros fundamentos do direito natural. Sua primeira proposição é que é necessário fazer tudo o que mais contribua à duração e à felicidade da vida.

Quer para ti mesmo o que desejas dos outros – eis o primeiro princípio do honesto. Dá aos outros o que exiges deles – eis o primeiro princípio do decente. Não faça aos outros o que receias deles – eis o primeiro princípio do justo.

É preciso arrepender-se, visar à felicidade por meios sensatos, reprimir o excesso de seus apetites por medo da dor, da ignomínia e da miséria, fugir das ocasiões perigosas, recusar-se ao desespero, conviver mesmo com aqueles que não tenham os nossos costumes, evitar a solidão, dominar suas paixões, trabalhar sem prazos e sem cessar para corrigir-se. Eis aqui as consequências da regra do honesto.

Ceder seu direito, servir bem e com diligência aos outros, não afligi-los sem necessidade, não escandalizá-los, tolerar a desrazão. Eis as sequências da regra do decente.

Não perturbar os outros em suas possessões, agir com franqueza, impedir-se do deboche. Eis as conclusões da regra do justo.

O sábio se faz pela autoridade, por suas palavras e ações. O sábio serve de exemplo e pelo castigo [que sabe aplicar], do qual não se separa.

É preciso punir e recompensar os que merecem. O que segue a regra da sabedoria merece recompensa. Aquele que a infringe, castigo.

O método de tratar o direito natural que Hobbes apresentou é muito bom: primeiro, é preciso tratar da liberdade; em seguida, do império, e terminar pela religião.

Eis o extrato da filosofia de Thomasius que se apreciará caso se considere o tempo em que ele a escreveu. Talvez tenha mais inovado na linguagem do que nas coisas, mas tem ideias que lhe pertencem.

Morreu em 1728, em Halle, após ter vivido uma vida bastante laboriosa e agitada. Sua tendência para a sátira foi a fonte principal de suas condenações; não se contentava em anunciar aos homens as verdades que ignoravam, mas acabava por revoltar seu amor próprio ao torná-los ridículos por seus erros.

Le Repas des philosophes, tela de Jean Huber, 1772-1773. De frente, braço erguido, Voltaire; à sua direita, La Harpe e, de perfil, Diderot; à esquerda, à sua frente, *père* Adam, observado pelo abade Mauri; de costas, Condorcet e, a seu lado, d'Alembert.

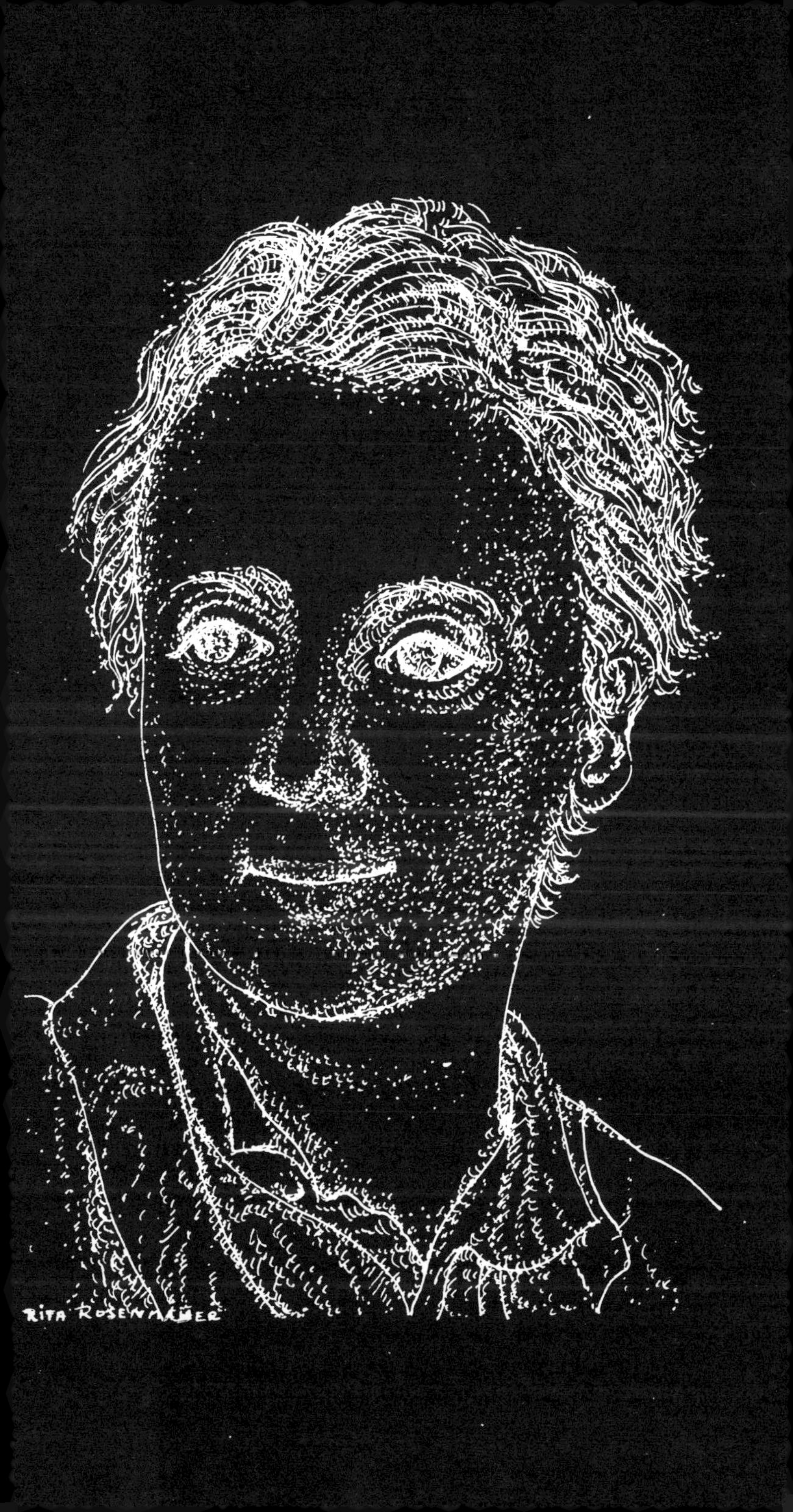

Este livro foi mpresso em São Paulo,
nas oficinas da Yangraf Gráfica e Editora Ltda.,
em dezembro de 2009, para a Editora Perspectiva S.A.